山东女子学院优秀学术著作出版基金项目、山东女子学院高层

（项目编号：2020RCYJ13）

全球价值链背景下
我国体育用品制造业
升级研究

牛建国◎著

经济管理出版社
ECONOMY & MANAGEMENT PUBLISHING HOUSE

图书在版编目（CIP）数据

全球价值链背景下我国体育用品制造业升级研究/牛建国著 . —北京：经济管理出版社，2021.8

ISBN 978 - 7 - 5096 - 7870 - 1

Ⅰ. ①全…　Ⅱ. ①牛…　Ⅲ. ①体育用品—制造工业—研究—中国　Ⅳ. ①F426.89

中国版本图书馆 CIP 数据核字（2021）第 056646 号

组稿编辑：高　娅
责任编辑：高　娅
责任印制：黄章平
责任校对：陈　颖

出版发行：经济管理出版社
　　　　　（北京市海淀区北蜂窝 8 号中雅大厦 A 座 11 层　100038）
网　　址：www. E - mp. com. cn
电　　话：（010）51915602
印　　刷：唐山玺诚印务有限公司
经　　销：新华书店
开　　本：720mm×1000mm/16
印　　张：15.75
字　　数：301 千字
版　　次：2021 年 8 月第 1 版　　2021 年 8 月第 1 次印刷
书　　号：ISBN 978 - 7 - 5096 - 7870 - 1
定　　价：78.00 元

序

习近平总书记在 2017 年指出"体育强则中国强，国运兴则体育兴"。发展体育产业是强体育、兴体育的重要途径。我国体育产业的构成和西方发达国家相比具有自身的特点，体育用品制造业是我国体育产业发展的重要支撑。国家统计局和体育总局联合公布的 2019 年体育产业统计数据显示，体育用品制造业的总产出与增加值分别占到体育产业的 46.2% 和 30.4%，如果再把统计在服务业中的与体育用品制造业存在密切依存关系的体育用品及相关产品销售等活动的产值和增加值包括进来，则合并后的产值与增加值占比分别达到体育产业总额的 61.5% 和 53.2%。可以说，当前体育用品制造业仍是我国体育产业的支柱性部门，且这一地位在未来相当长的一段时期内仍将保持。不仅如此，立足于改革开放以来形成的全球产业链，我国已经成为全球体育用品的制造基地，是世界上能够生产制造体育用品品类最多的国家，我国体育用品制造业已发展为全球化产业。但是，我们也应该看到，我国传统制造业所面临的"大而不强""低端锁定""双端挤压"等问题和挑战在体育用品制造业上表现得更为突出。

牛建国博士的《全球价值链背景下中国体育用品制造业升级研究》一书正是基于这样的背景，以体育用品制造业这一特定的典型产业为切入点进行研究。本书首先对全球价值链理论及研究框架进行了系统的梳理和讨论，在夹叙夹议的综述中，不仅体现了作者对相关理论与文献的把握，更包含了作者本人的思想和观点。本书的整体研究兼顾宏观、中观和微观三个层面，按照供给侧、需求侧和代表性厂商三个维度展开研究，并在理论分析与实证研究的基础上提出体育用品制造业进一步升级的思路、路径与政策建议。

本书基于供给侧的研究涉及要素禀赋比较优势演化对国际竞争力的影响效应以及全球价值链影响产业升级的具体机制与程度。研究发现，以劳动力等为代表的要素禀赋比较优势的弱化对体育用品制造业国际竞争力的影响呈现非线性，其在实质上体现了要素成本与生产率之间的"博弈"。参与全球价值链所获得的技术溢出效应是促进我国体育用品制造业效率提升的主要驱动力,其背后的机制源于"干中学"。但是,2008年金融危机之后这种学习和模仿创新效应明显减弱,与此同时本国资本投入和自主创新越发成为保持竞争优势和推动产业升级的主要动力。基于需求侧的研究主要围绕本国市场依存度、本国市场规模与产业升级之间关系展开。该研究是在"双循环"战略提出之前进行的,是该领域内的一次有益探讨。研究指出,基于微观企业全要素生产率视角,企业国内市场依存度的提升、国内市场规模的扩大以及消费升级叠加有利于体育用品制造企业升级,并通过异质性分析进一步揭示了内、外资企业所受影响程度的差异。

全球价值链中的重要参与者之一是跨国公司,它们通常又是全球供应链的设计师和全球价值链的治理者。较早提出全球商品链概念(全球价值链概念的前身之一)的美国学者杰里菲(Gereffi)曾以耐克公司(Nike)和锐步公司(Reebok)为例研究全球价值链,而这两家跨国公司都是体育用品制造业中的代表性公司或领导企业。本书微观视角的研究聚焦在行业领导企业的比较分析。作者指出,行业的领导企业通常也是价值链主导企业,其生产效率决定了所主导的价值链"涉链"企业的整体效率水平,是产业升级水平的主要代表。作者在研究中基于生产率的视角,将"异质企业"与行业领导企业、价值链主导企业联系在一起,进而通过对"微笑曲线"两端环节的生产率分析提出:与行业内国际性跨国企业相比,我国体育用品制造业领导企业的竞争力不足、效率偏低,且存在较明显的"重营销、轻研发"倾向。此外,研究中还探讨了"自创品牌""自主品牌"及"国家品牌"之间的辩证关系,认为微观企业品牌国际化过程还受到"国家品牌"背书的制约。目前我国体育用品企业纷纷通过购买或特许的形式将"洋品牌"引入本国市场、争夺细分市场,虽然有利于进一步挖掘和释放内需,但从长期看,则将产生对本土自创品牌的挤出效应,值得关注。

本书在理论分析和实证研究的基础上就我国体育用品制造业进一步升级提出了几个方面的思路:以新视角积极参与全球价值链、利用好比较优势;尽快由"模仿依赖"向自主创新转型、塑造新的竞争优势;支持行业内资源向"异质企业"倾斜,提升我国价值链主导企业的竞争力;充分利用国内市场优势促进竞争力提升;以及大力发展制造业服务化和数字化转型。作者的希望是通过进一步升级,可以最终实现我国体育用品制造企业由参与全球价值链到主导全球价值链的转变。

当前，全球产业变革正在深入推进，供应链和产业链的重构是当代产业经济学的前沿问题，也是世界经济发展的突出问题。中国经济正处于向高质量发展转型的关键时点，产业结构调整和传统产业升级是其中的重大课题，需要更多元化、跨学科的理论与实证研究，以及在此之上的政策性解决方案。本书在丰富和充实了体育用品制造业产业升级研究的同时，其研究的框架、视角、思路等对我国制造业转型与升级领域的研究也具有借鉴意义。

中国社会科学院工业经济研究所

张世贤

2021 年 6 月于北京

目　录

导　言

一、研究背景与问题提出

（一）研究背景

以下从宏观经济、中观产业、微观企业、消费需求及政策引导五个维度讨论本书的研究背景。

1. 宏观视角

党的十九大报告明确指出，我国经济正处于攻关期，亟须完成发展方式转变、经济结构优化和增长动力转换。报告要求以供给侧结构性改革为主线，推动经济发展的三个变革（质量变革、效率变革和动力变革），提高全要素生产率。深化供给侧结构性改革必须把着力点聚焦在实体经济，而支持传统产业优化升级、促进产业迈向全球价值链中高端是其中的重要战略路径与举措。

中国经济自20世纪80年代后期经历了40多年的快速发展与高增长，这无疑是改革开放带来的举世瞩目的成果。开放过程本身就是利用全球贸易自由化不断发展的战略发展期积极参与全球分工、通过嵌入全球价值链获取直接和间接增长效应的过程。全球价值链理论的重要代表学者加里·杰里菲（Gary Gereffi）认为，自改革开放以来中国经济对外开放和参与全球价值链的成功轨迹前所未有。由于中国参与了范围广泛的出口导向型全球价值链，因此在很大程度上中国已经成为世界领先的出口经济体（加里·杰里菲等，2017），也是少数的几个从参与全球价值链中受益颇丰的国家之一，国内增加值取得了大幅提升（对外经济贸易大学和联合国工业发展组织，2019）。积极融入全球价值链分工体系是中国产业发展与升级的关键之举（余典范，2018）。

当前，我国已经成为名副其实的工业大国，然而工业"大而不强"是基本国情。制造业是工业化的核心，但从制造业的增加值率、创新能力、核心技术拥有、高价值链环节占有、产品质量和著名商标等指标进行衡量，我国制造业的发展还不充分（黄群慧，2018）。在新一轮科技革命和产业变革的推动下，全球价值链处于不断深化和重塑之中。一国能否从参与全球化中获益，不仅取决于能否成功融入全球价值链，更取决于能否在全球价值链中某一个或某一些特定环节占据新的竞争优势。

从全球价值链的视角考察，目前我国相关产业总体仍处于全球价值链的中低端，与发达经济体相比尚有较大差距。作为后发国家参与到全球生产分工网络，其切入点通常是自然资源和劳动力等初级生产要素所带来的比较优势，这种"定位"在客观上导致大批产业被锁定在全球价值链的低端。随着人口红利弱化、要素成本攀升、资源和环境约束强化等一系列挑战的到来，产业升级成为寻求突破的必由之路。全球金融危机之后，主要发达国家纷纷通过重振制造业参与全球价值链重构，力图以此维持和占据价值链的制高点。与此同时，后进国家同样凭借劳动力成本优势嵌入制造业价值链的中低端，形成快速追赶的态势，导致我国制造业面临着来自发达国家技术创新和发展中国家低要素成本的"双端挤压"（黄群慧，2015）。因此，提升制造业参与全球价值链的能力、加快制造业升级的速度显得尤为迫切。基于国家战略层面的考量，我国一方面需要抓住全球经济结构调整机遇，进一步提高全球价值链的参与度（国务院发展研究中心课题组，2013）；另一方面，为了进一步推动全球价值链升级必须鼓励企业在市场机制下探索多元化、多维度的全球价值链攀升路径，鼓励企业通过全球价值链高效整合全球知识资本和科技资源，提高要素配置效率（中国商务部等，2016）。

2. 产业视角

现阶段，我国体育用品制造业是体育产业的支柱性产业部门。根据国家统计局公布的统计数据，2017 年体育用品制造业总产出占体育产业总产出的 61.4%，增加值的占比为 41.8%。如果包括体育用品制造业产品销售、租赁类所产生的增加值，两部分增加值之和占体育产业总增加值的 75.3%。目前我国体育产业总增加值与全国 GDP 占比接近 1%，相比体育产业发展较为成熟的发达国家明显较低。美国的体育产业在总 GDP 中的占比长期维持在 3% 左右。这一差距显示出我国体育产业的发展潜力。国务院 2015 年颁布的《关于加快发展体育产业促进体育消费的若干意见》中提出 2025 年我国体育产业总规模要达到 5 万亿元的目标，其中体育用品制造业的健康、持续增长具有非常重要的意义。同时从不断满足人民生活方式转变和消费需求升级的角度来看，其重要性也是显而易见的。

江小涓等（2018）认为，我国的体育用品制造业是名副其实的全球化产业，是我国作为"制造大国"的构成部分，为我国创造了财富和就业机会，未来（体育产业）结构改变需要体育服务业加快发展，但不是降低（体育）制造业的产出，不能自毁优势。我国体育用品制造业是较早嵌入全球价值链的出口导向型产业之一。经过几十年的快速发展，我国业已成为世界最大的体育用品制造基地，其出口占世界体育用品市场的 60% 以上。但是在具备了提供最为齐全的出口品类的制造能力的同时，出口增长整体表现为以粗放型为主（司增绰等，2019），产品附加值低，体育用品出口平均价格不及国际著名品牌的 1/10，产业平均销售利润率长期处于 4% 左右，远低于发达国家同类产品 10% ~ 15% 的水平。多数企业为境外品牌代工（杨明，2016），对于企业来讲，以贴牌和加工为主的低成本模式，可以避免价值链两端（研发和营销环节）所带来的高投入和高风险，可以获得相对稳定的收益。然而这种经营模式和策略极易引致路径依赖，强化了被"低端锁定"的程度。随着原有要素禀赋比较优势的弱化，代工业务的竞争力不断被削弱。特别是 2008 年金融危机之后，跨国公司外包业务向周边国家转移的动作加大。如全球最大的体育用品公司——耐克公司的运动鞋类产品外包业务，中国占比由 2008 年的 36% 下降到 2016 年的 29%，而同期在越南的鞋类外包业务量占比由 2008 年的 33% 增加到 2016 年的 44%。另一家体育用品跨国公司阿迪达斯的鞋类外包业务也出现明显的转移趋势，2008 年其在中国的外包占比为 44%，而 2016 年则下降到了 22%。同期，越南的占比从 2008 年的 31% 增加到 2016 年的 42%。中国体育用品制造业升级的迫切性可见一斑。

3. 企业视角

经过三四十年的快速发展，国内体育用品制造企业的品牌意识逐渐增强，本土体育品牌如雨后春笋般出现，并积极拓展国内的销售渠道，纷纷在国内三四线及以下城市跑马圈地。体育用品制造业的上市公司在企业规模和资金实力以及融资能力方面具有了一定的竞争力和抗风险能力，成为该产业的"领导公司"。这些企业基本上都已经拥有自主知识产权的原创品牌（自有品牌），并且在国内市场上与国际品牌同台竞技。具有典型代表性的企业如李宁、安踏等。

2008 年的全球性金融危机某种程度上成为体育用品制造业整体发展水平和体育用品制造业企业真实实力的试金石。受危机的冲击，出口导向型或外贸出口依存度较高的体育用品制造业企业首先受到影响，对以国内市场为主的体育用品企业的影响随后凸显。2011 年，各体育用品上市企业的财报显示业绩普遍大幅下滑，库存高企、低价促销、出现"关店潮"。2014 年后虽呈现恢复性增长趋势，但业绩增长趋势出现明显分化，增长主要来源于市场库存消化后的消费修复、企业产品线扩张、新品牌的引入以及电商渠道和线下店铺渠道等外延性为主的增长。直到 2016 年，多数企业的营业收入等核心经营指标仍未超过其之前的历史高位。同期，国内市场上的国际主流品牌的表现却是经过小幅和短期调整后一路高歌猛进、攻城略地。对于我国体育用品制造业，无论是具有行业代表性的企业还是整个产业仍旧面临不同程度的技术（研发能力）低端锁定、品牌定位低端锁定、消费人群低端锁定、主营市场与渠道低端锁定、营销资源低端锁定等困境。如果再考虑到这些行业领导企业自主知识产权品牌的国际市场经营还处在试水阶段，真正的升级挑战或许刚刚开始。

4. 需求视角

消费升级是基于对人们不断提高的需求的满足。马斯洛的需求层次理论至少说明了一个问题，那就是人的需求是分层次的，而且是不断升级的。改革开放以来，我国总体上出现了三次消费升级：第一次是改革开放初期，随着恩格尔系数的下降，轻纺产品的需求增长强烈；第二次是20世纪80年代末90年代初，家用电器需求快速增长和产品迅速迭代；目前我国正处于第三次消费需求升级阶段，消费需求已经由以物质为主提升到精神与生活方式需求的层面。"80后"新中产和"90后"新生代成为消费的主要贡献者和消费升级的主要驱动群体，他们的平均受教育程度比较高，消费观念也更加开放，既需要物质上的丰满，又需要精神层面的丰富，他们更加关注产品的符号价值（张超，2019）。

2017年，我国人均收入水平超过8500美元①，进入上中等收入国家的队列。从国际经验看，一个国家进入这个阶段后其公民的文化体育消费需求会进入快速增长期，而且我国具有庞大的人口基数，随着休闲时间的增多以及健康意识的提升，体育活动参与人数逐年递增。而且，收入水平的提高促进体育消费从"随意性"向"专业性"转变，对专业技能、装备配置水平有更高的关注。我国4亿多"90后"逐渐进入社会后会进一步推动体育消费需求。另外，我国政府积极推动全民健身、媒体宣传导向以及城镇化加速等积极推动了大众消费习惯和生活方式的快速转变，有利于体育制造业和服务业的加速发展。中国已经进入体育产业需求和体育消费升级快速增长的阶段，而体育用品消费依然是拉动我国体育消费增长的核心增长点（江小涓等，2018，2020）。体育用品制造业企业应抓住这一消费升级的时机，在不断挖掘消费者的潜在需求、创造全新的不同种类的产品满足消费需求的同时打造品牌，向市场供给性能更高、品质更优、档次更高和更有品位的产品。

5. 政策视角

近年来，国务院和相关部委推出了一系列有关鼓励体育经济、体育产业发展的政策、规划和指导意见。除了类似2009年颁发的《全民健身条例》和2016年印发的《全民健身计划（2016—2020年）》这类长期利好体育用品制造业发展政策性文件以外，还有一些相关指导意见和规划明确强调体育用品制造业升级问题：

《国务院关于加快发展体育产业促进体育消费的若干意见》（国发〔2014〕

---

① 2019年人均收入达到10276美元（按年平均汇率折算）。

46号）中明确提出鼓励大型体育用品制造企业加大研发投入、充分挖掘品牌价值，扶持一批具有市场潜力的中小企业。支持体育用品制造业创新发展，提升传统体育用品的质量水平，提高产品的技术含量。

工信部在《关于促进文教体育用品行业升级发展的指导意见》（工信部消费〔2016〕401号）中指出，我国文教体育用品行业大而不强的问题比较突出。要加快开发绿色、智能、健康的多功能中高端产品，支持骨干企业加快智能室内健身器材、休闲运动器材、大力发展赛事用球、促进冰雪用品的产品研发生产等。

《体育产业发展"十三五"规划》（国家体育总局，2016）将体育用品制造业作为体育产业的一个重要组成部分，提出实施体育用品业升级工程、提升体育用品业发展层次，形成全产业链优势、丰富体育产品市场。支持体育类企业积极参与高新技术企业认定，提高关键技术和产品的自主创新能力，打造一批具有自主知识产权的体育用品知名品牌。

进入2019年，支持体育产业（包括体育用品制造业）的政策力度不断加大。2019年9月，国务院办公厅发布《关于促进全民健身和体育消费推动体育产业高质量发展的意见》（国办发〔2019〕43号），在强调要"推动体育产业成为国民经济支柱性产业"的同时，明确要求工业和信息化部、发展改革委以及体育总局联合负责推进体育用品制造业创新发展，推动智能制造、大数据、人工智能等新兴技术在体育制造领域应用。鼓励体育企业与高校、科研院所联合创建体育用品研发制造中心。同时强调落实已有税费政策，体育企业符合现行政策规定条件的，可享受研究开发费用税前加计扣除、小微企业财税优惠等政策。2019年10月，国家发展改革委修订发布了《产业结构调整指导目录（2019）》。其中共涉及48个行业、1477个条目，鼓励类821条。在鼓励类产业中，体育产业首次作为单独行业被列入鼓励项目的第39项，其中"体育用品及相关产品研发及制造""体育用品及相关产品销售、出租与贸易代理"位列其中（目录中体育行业所涉及的11个条目与国家统计局最新公布的《体育产业统计分类（2019）》同步对应）。该目录修订的主要目的之一，就是加速传统产业转型升级、推动制造业高质量发展。

（二）问题提出

我国经济进入增长的换挡期，其本质是经济增长模式的转换。之前以依靠投资拉动、重规模扩张为主的增长方式已难以为继，必须向以依靠创新、提高效率和质量的增长模式转换。这也是产业升级的主线。经济全球化背景下，后发国家及其产业（企业）嵌入全球生产网络是获取全球价值链增长效应的主要方式和有效途径。尽管在这一点上，学者们的研究结论并非一致，特别是存在国别之间、行业之间的异质性，但是我国改革开放以来制造业的迅速发展、技术能力提升的成功经验有目共睹。不过，需要清楚地意识到的是参与全球价值链不等于会自发升级，特别是不能自发地导致持续升级。原有模式的成功往往容易强化一种路径依赖，甚至导致"路径锁定"。打破路径依赖常需要外生的冲击，2008 年全球金融危机的正面意义或许就在于此。

中国体育用品制造业整体上具有传统制造业的特征，其发展过程与整体制造业发展具有共性。原有相对竞争优势的基础正趋于弱化，全球性经济下行的冲击使这种矛盾更加突出、问题暴露得更明显。长期以来体育用品制造业的对外贸易依存度高于制造业的整体水平，受到的冲击更大，即使是那些以国内市场经营为主的体育用品制造业企业也在危机的传导效应影响下面临长期依赖规模和数量扩张为主的经营方式所导致的高库存、低效率、价格"竞底"等一系列严重问题。于是，产业升级和企业升级问题成为研究的焦点和政策制定的切入点。

由此，全球价值链背景下我国体育用品制造业如何进一步升级成为本书研究的核心问题。围绕这一核心问题，本书将就我国体育用品制造业比较优势与国际竞争力变化趋势，全球价值链通过何种机制影响体育用品制造业升级，体育用品制造业企业本国市场经营偏好及本国市场规模与升级存在何种关系等问题进行研究。

二、研究的理论与现实意义

我国体育用品制造业自改革开放初期积极利用比较优势，在有利的制度安排推动下，抓住全球自由化不断深入的发展契机，积极参与全球生产分工、参与全球价值链，在学习与模仿中不断提升自身技术、提高生产效率和竞争力。从 OEA、OEM 为主向 ODM 甚至 OBM 阶段攀升的过程，体现了我国制造业特别是传统制造业不断发展升级的大致轨迹。从战略角度看，本书研究触及我国经济转型时期特别是经济向高质量发展阶段的一个重要问题：基于要素禀赋比较优势参与全球化生产分工并得到发展壮大的传统制造业部门在"传统优势"受到挑战时应如何实现进一步升级。相较于新兴高科技产业，"实现传统产业技术升级更具有普遍意义"（金碚，2017），如何进一步推进传统制造业升级，这本身就具有重要的理论意义和实践意义。而在全球价值链框架下研究我国体育用品业，对于促进体育用品产业升级、形成全球竞争力具有重要的理论和实践意义（张瑞林，2011）。

（一）研究的理论意义

弗里曼和苏特（2004）在研究不同产业的创新时指出，创新模式和路径以及创新的关键在各行业的实现是具有差异性的。类似地，同处全球价值链背景下的各产业的升级也同样呈现异质性。正如联合国工业发展组织（UNIDO）在 2015

年的发展报告中指出的，"全球价值链具有异质性，需要进行更深入的分类分析才能加深理解"。不同产业或行业的全球价值链所存在的差异来源于生产的性质和无形活动的作用（如设计、品牌和营销），这种异质性也表现在同一产业的不同子行业之间（对外经济贸易大学、联合国工业发展组织，2019）。聚焦于我国体育用品制造业研究其升级问题对于在普遍性的基础上更深入地探讨具体产业的特性具有理论意义，研究将为我国体育用品制造业升级研究提供更多的研究线索和参考结论。

全球价值链理论是 20 世纪 90 年代后逐渐发展起来的，其分析框架和研究领域仍处在不断发展中，研究在不断跨界中深入。就升级模式而言，在定性研究领域学者们基于升级的动力视角提出了采购者驱动和生产者驱动型价值链，两种类型的升级方式各异（有学者在此基础上提出"混合型"驱动模式）；基于价值链治理模式视角，俘获型、关系型、市场型等关系类型之间的转换本身就是一种升级；基于动态经济租视角，进入价值链更高壁垒环节就是升级的体现；此外，还有 Hobaby 总结的"东亚模式"，以及微笑曲线所揭示的升级模式等。本书的研究回归到产业升级最核心的效率（或生产率）视角，并尝试给予我国体育用品制造业在全球价值链中的升级以整体的刻画和重点问题的研究。在理论上，研究整体上基于全球价值链分析框架，针对具体问题的分析引入比较优势理论、产业（国际）竞争力理论、内生增长理论、异质性企业贸易理论等。针对我国体育用品制造业，整合在全球价值链分析框架下的多种理论综合运用。这些努力在某种程度上丰富和深化了针对特定产业升级的理论研究。

同时，本书的研究一方面兼顾供给侧与需求侧两端，尝试将多种理论整合到全球价值链分析框架之中进行研究；另一方面在厘清研究对象的基础上，在行业数据、微观企业数据和代表性企业详细的经营数据方面进行较为全面的收集、发掘和分析，并在此基础上采用多种分析工具（方法）进行量化的实证研究，以期提升研究结论的现实解释力。此外，体育用品制造业总体上属于传统劳动密集型产业，从技术角度可以归类为中、低技术行业，且具有供应商驱动创新模式等特点，针对我国体育用品制造业升级的研究，其研究思路、方法和某些结论为具有相同或相似属性的产业的研究提供了一定的参考与借鉴作用。

（二）研究的现实意义

我国体育用品制造业的快速发展始于 20 世纪 80 年代，是在对外开放政策的制度背景与劳动力等基础生产要素成本的比较优势基础上，首先从沿海地区的"政策高地"发展起来的。作为较为典型的出口导向型（外向型）产业，其较早地嵌入全球价值链。可以说加入全球价值链、参与国际分工成为我国体育用品制造业早期得以快速发展的关键性驱动因素。因此，基于全球价值链背景下的升级研究具有重要的现实意义。

相关研究普遍认为，我国已经成为全球最大的体育用品制造业基地，但是存在"大而不强"、企业数量多但规模偏小①、产品科技含量低、同质化高、创新动力不足、品牌培育欠缺等突出问题。这些问题在 2008 年金融危机的冲击下暴露得更加明显。尽管从国际上经济发达国家的体育产业结构来看，服务业部分占比大，但就我国体育产业发展的历史轨迹和现有结构特点来看，我国体育用品制造业在相当长的一段时期内仍然会在体育产业规模和增加值增长中起到非常重要的作用（江小娟，2018）。我国体育用品制造业如何进一步推进升级，使产业发展走向高质量与可持续，已成为紧迫的战略问题。本书整体上从中观和微观两个层面，分别从供给侧和需求侧两端进行研究，并综合运用相关理论和方法，在深度挖掘和整合微观企业数据的基础上进行实证研究，这些尝试在更全面地揭示和评估我国体育用品制造业升级的发展过程、现状以及进一步升级的路径选择方面具有一定的现实和实践意义，同时在某种程度上起到一定的资政作用。

基于产业组织与微观企业视角，我国体育用品制造业企业处在一个具有较高市场化程度的市场环境中，体育用品制造业企业必须通过持续不断的升级获取更强的市场地位。市场竞争和生存法则迫使企业在短期收益和长期发展，在复制、模仿与创新之间不断权衡，研究为微观企业的升级和发展提供了审视和评估升级的视角以及进行战略决策的思路。

三、基本概念的界定

（一）体育产业与体育用品制造业

体育用品制造业是体育产业的一个组成部分。在我国当前和今后相当一段时期内，体育用品制造业是我国体育产业的支柱性行业。本部分就体育产业和体育用品制造业的界定进行概述，第三章相关部分有更为详细的说明和讨论。

1. 体育产业

对于体育产业的具体定义国际上并没有统一的界定，各国在国民经济统计分类标准中所涉及的行业分类和项目也存在差异。在我国，体育产业的边界以国家统计局颁布的《国家体育产业统计分类》为依据。2015 年的《国家体育产业统计分类》将体育产业整体分为 11 个大类、37 个中类和 52 个小类。其中大类主要包括体育竞赛表演活动、体育管理活动、体育健身休闲活动、体育培训与教育、体育用品及相关产品制造、体育用品及相关产品销售贸易代理与出租等 11

---

① 有数据显示（江小涓等，2020），2016 年我国体育用品制造业规模以上企业数量为 1105 家，同时全国体育用品制造业企业总数达到约 400 万家。

类。基于新的《国民经济行业分类》（GB/T4754 - 2017），体育产业统计分类在
2019 年又进行了修订，其中大类和中类数量不变，小类由 52 个增加到 71 个。

有国内学者（江小涓，2018）将体育产业总体上分为四大类：体育用品制造
业、职业体育业（或称为竞技表演业）、体育健身与休闲产业、相关配套服务
业。其中第一类属于制造业，其他三类为服务业（可以统称为体育服务业）。

2. 体育用品制造业

体育用品通常被界定为适用于体育活动中的各种专门物品的总称。多数研究
和相关国际性组织对体育用品的界定主要包括：运动服装、运动鞋和运动器材三
大类。

从我国国民经济统计分类标准的角度来看，体育用品制造业对应于《国家体
育产业统计分类》中的"体育用品及相关产品制造"大类（两位数代码：09），
包括体育用品制造、体育服装鞋帽制造、特殊体育器材及配件制造等。

本书研究涉及的体育用品制造业主要是指以运动服装、运动鞋类、运动用品
等产品制造和相关经营活动为主的厂商集合。其中运动用品在上述体育用品中又
可称为"狭义"的体育用品，主要包括各类运动球类、运动防护类用品、健身
器材类产品和其他器材类等。

（二）全球价值链、价值链战略环节

1. 全球价值链

虽然全球价值链已经成为当下全球经济的一个重要载体，但对于全球价值链
的定义并没有统一，学者们从不同的研究视角和关注点对全球价值链进行不同的
界定和解读，同时全球价值链的研究领域也在不断拓展并出现越来越多的跨学科
研究。

联合国工业发展组织（UNDIDO，2004）认为，全球价值链是指在全球范围
内为实现商品或服务价值而将生产、销售、回收处理等过程连接起来的具有全球
性的跨企业的网络组织，这一过程涉及原料采集和运输、半成品和成品的生产、
分销、最终消费以及回收处理。

2. 国内价值链

国内价值链概念的提出晚于全球价值链，是在对发展中国家参与国际价值链
活动及产业升级研究的过程中提出的，主要观点是在发达国家及其跨国公司主导
全球价值链情况下，发展中国家和企业可以通过首先构建和发展本国（或本地
区）的价值链条获取高端升级能力、摆脱被"俘获"和"低端锁定"状态。

国内价值链概念目前仍没有统一的界定，总体上是指由一国国内企业主导
的，价值链条上的活动或各环节多在国内发生的价值链。其中由后发国家本国企
业主导这层含义较价值链所在区域更为重要。国内价值链又称为"国家价值

链"，与此对应，有学者提出"区域价值链"的概念。

3．（全球）价值链战略环节

全球价值链通常包括多个参与主体，不同主体处于价值链的不同环节之上。基于价值链治理理论，不同的价值链环节所能分配到的收益（增加值）是不同的。那些通常能获取到更高收益的环节被称为价值链上的战略环节。不同价值链和不同时期的价值链战略环节可能是不同的。由于价值链战略环节的高收益性，因此是在位企业极力控制以及升级企业努力获取的战略目标。价值链战略环节通常存在较高的进入门槛（壁垒），与之对应的是对较高"经济租"的获取。

（三）生产率与效率

效率和生产率是经常被相互替代使用的两个概念。虽然效率的外延似乎比生产率更宽，但是从投入产出角度看，效率和生产率本质上一致的，均为产出与所需投入的比值。生产率是将投入转换为产出的生产效率，体现的是要素配置和投入的效率。在经验研究中，生产率指标既可以单一投入也可以用投入组合（多投入）来度量，前者称为单一投入生产率（SFP），后者称为多投入生产率（MFP）或者是通常所说的全要素生产率（TFP）。同理，产出也可以是单一或多项的。本书在研究中会根据不同场景的使用习惯选择性地使用"效率"或者"生产率"概念，如在涉及成本和利润的讨论中将更多使用"效率"一词，但这并不影响两个概念在本质上的一致性，生产率是特定场景和语境下的效率的表现形式。

四、研究内容与可能的创新

（一）研究思路与主要内容

中国体育用品制造业参与全球生产分工较早、全球价值链参与度和对外贸易依存度较高。本书将基于（全球）价值链分析框架针对全球价值链背景下我国体育用品制造业升级进行研究。全球价值链分析框架的思想来源具有多元化和跨研究领域的特点，但由于在长期中生产率所起到的决定作用（Krugman，1991），它成为产业升级的关键指标及研究的核心维度。因此，本书将选择生产率（效率）作为研究的主要切入点，把生产率（效率）的提升作为升级的核心衡量指标。

在全球价值链的分析框架下，Humphrey 和 Schimitz（2002）从微观企业出发提出了工艺升级、产品升级、功能升级和链条升级。四种类型的升级方式被广泛用于企业升级和产业升级的研究中，其中的链条升级通常被理解为跨链条的或者说跨行业部门的升级活动，本书的研究是针对特定产业内部的升级，将不讨论链条间升级方式。

实际上，从定性的研究看，学者们的研究提出了多种视角的分析方法、升级模式，譬如从升级的动力出发，采购者驱动和生产者驱动的升级方式各有不同；从治理模式出发，俘获型、关系型、市场型等关系类型之间的转换也蕴含着升级的含义和路径（杰里菲等，2017）；从动态经济租（Kaplinsky 和 Morris，2003）的角度看，价值链各环节壁垒的构筑以及突破壁垒本身就是升级的体现；此外还有"东亚模式"的 OEM - ODM - OBM 路径（Hobaby，1995），以及微笑曲线的由底部向两端攀升等（Stan Shih，1996）。同时，贸易理论的不断丰富和拓展也使其成为全球价值链分析框架中重要的组成部分。本书在研究中将综合借鉴和使用这些理论成果和分析方式。

　　总体而言，在理论和文献综述的基础上，本书的研究将主要基于产业升级研究的价值链研究范式，从"供给侧""需求侧"以及代表性厂商维度研究我国体育用品制造业进一步升级问题。经验研究部分将主要采用企业微观数据，微观企业数据的使用可以较好地避免宏观数据研究常产生的"宏观加总偏误"（对外经济贸易大学和联合国工业发展组织，2019），有利于更深入地研究问题、增强研究的现实解释力。

　　具体而言，在介绍全球价值链背景下我国体育用品制造业发展状况的基础上，本书首先对我国体育用品制造业全球价值链参与度、地位和国际竞争力进行测度和动态分析。其次从"供给侧"出发，实证研究我国要素禀赋比较优势的变动（价格变化）对体育用品制造业国际竞争力的影响，分析各要素的影响效应。传统要素禀赋的相对优势使我国体育用品制造业获得了嵌入全球价值链的"机会"，但全球价值链又是如何影响体育用品制造业发展与升级的呢？因此，本书接下来需要研究和揭示全球价值链的具体影响机制、影响绩效及主要影响因素（驱动力）是否存在动态演变。这一部分将从"内涵式"增长视角出发，基于内生增长理论和理论模型，建立结构性面板数据计量模型并采用微观企业数据进行实证研究。

　　现有的相关研究多集中在"供给侧"一端，但市场需求对于产业或企业升级的影响不可忽视。由于人口基数，我国拥有相对独特的市场潜力，随着人均GDP 和可支配收入的快速增长，我国进入国内需求得以连续释放、市场规模持续扩张、消费结构不断升级的阶段，可以说是形成了市场维度的"相对优势"。我国体育用品制造业在其发展之初就具有鲜明的出口导向型特点，但近年来企业国内市场经营的偏好不断增强，这一现象使在全球价值链背景下从需求侧关注企业升级与内需的关系变得十分必要。因此，本书将针对国内市场规模、消费升级以及企业国内市场的依赖程度等与企业升级之间的关系进行研究。本部分为了更全面地研究企业对不同市场范围的选择与生产率（升级）的关系，首先对体育用品制造业企业是否存在"生产率悖论"进行了实证检验。

从具体的价值链升级形态看，价值链的"功能升级"通常被认为较工序和产品升级更为困难，甚至是一种"崭新的飞跃"（刘志彪，2005）、是价值链升级的要义所在（余典范，2018）。从我国体育用品制造业发展的实际情况看，经过三四十年的发展更多的企业正面临如何成功实现功能升级的发展阶段。根据"东亚模式"和"微笑曲线"理论和观点，功能升级主要体现在价值链的研发设计和品牌与营销量大环节（微笑曲线的两端），这实际上是企业制造业服务化程度加深和质量提升的体现。本书以中外体育用品制造业代表性企业为例，以生产效率为衡量标准从静态和动态两个层面对比分析我国企业功能升级水平，并分析原因。为了更直观地说明问题，本书还对两家具有代表性的体育用品公司进行了简要的案例研究。

最后在以上理论分析和实证研究的基础上，讨论和分析我国体育用品制造业进一步升级的主要制约因素，并提出我国体育用品制造业进一步升级的思路、路径以及政策建议。

本书研究的技术路线如图 0-1 所示。

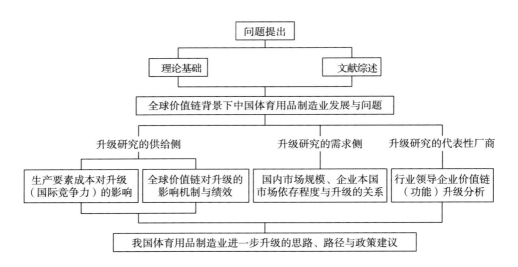

图 0-1 研究技术路线

（二）可能的创新

Satoshi Inomata（2018）认为，思想来源的多样性是全球价值链研究范式的主要特征，而如何采用恰当的方式将相关框架与具体的研究问题相结合是关键，就如同将各项任务整合到生产流程中实现最优配置一样。本书的研究针对我国处于经济增长模式转型期，基于全球价值链理论及分析框架，将生产效率作为产业和企业升级的核心衡量标准，从"供给侧""需求侧"以及代表性企业三个主要维度研究对我国体育用品制造业如何进一步升级。研究中综合运用相关理论与研究方法。在实证数据方面，兼顾中观行业数据的同时，尽量采用微观企业数据，以便避免行业数据容易导致的"宏观加总偏误"。本书的研究并不完善，但相比对体育用品制造业升级的现有研究可能存在以下几方面的创新或推进：

首先，本书从我国经济内涵式增长需要出发，强调提质增效是制造业升级的关键途径与衡量标准，因此在研究全球价值链对我国体育用品制造业的影响机制时依据内生增长理论，采用基于内生增长机制拓展的生产函数对升级进行理论刻画和实证研究。

其次，本书将新贸易理论和新新贸易理论结合起来，尝试从需求侧研究我国体育用品制造业升级与企业本国经营偏好（本国市场依存程度）的提升、本国市场规模扩大和消费升级的关系。在具体研究中提出，由于我国体育用品制造业"生产率悖论"的存在，针对升级企业本国经营偏好及本土市场规模的研究实际是异质性企业理论研究在中国情景下的进一步拓展，并在现有相关研究中首次引入"本国市场依存度"（本国市场偏好度）指标进行实证研究。

最后，本书认为从价值链视角看，制造企业功能升级实际是制造业服务化过程的体现。研究从投入产出效率（全要素生产率及综合效率、纯技术效率等）角度，测度和研究体现功能升级的研发和品牌营销环节的升级效果，并将同业国际企业作为对标进行比较分析。同时，在选择投入产出指标时，选择那些更贴近企业实际经营的指标对经营活动进行刻画，如选择产品销售毛利率作为品牌营销产出效率的一个重要指标。同时，在研究中心提出和分析了"自创品牌"、"自主品牌"（自有品牌）和"国家品牌"的辩证关系。提出"自主品牌"可以理解为企业拥有所有权或控制权的品牌，这与本土企业"自创品牌"不同，前者可以是企业通过现金赎买或资本运作方式获取的通常是在国际或区域有一定影响力的品牌，后者仅指本土企业本身"原创"品牌。辨析两种品牌的联系与差异对于避免目前一些研究中存在的一定程度的混淆有所帮助，同时对企业经营策略的选择有较强的启发作用。此外，企业"自创品牌"与"国家品牌"存在相互依附和相互影响的关系，"国家品牌力"的提升可以为"自创品牌"的国际化节省大量的沉没成本。

第一章 相关理论与文献回顾

第一节 全球价值链、产业升级与效率

一、从"价值链"到"全球价值链"

(一) 价值链与增值链

价值链概念最初是基于微观企业层面提出的。波特(Porter，1985)认为，研究企业竞争优势时不能将企业仅简单地看作一个整体。企业由许多相对独立的但有机联系的活动所构成，如设计、生产、营销、交货(物流)以及其他支持性活动。每一项活动都可以影响到企业相关的成本定位与差异化创造。

企业创造价值是一个动态的过程，并由一系列的与价值创造密切相关的活动环节集合而成。这些活动环节可以分为基本活动和辅助活动两大类(见图1-1)。这些活动既彼此各异又互相密切关联，每项活动都有可能被进一步细分为若干项子活动，各个活动环节均参与价值的创造，但发挥着不同作用，最终共同服务于企业利润的创造。这样一个价值创造的过程，类似一个链条，因此成为"价值链"。价值链概念的一个重要贡献在于其解构了价值创造的过程，是建立在企业"活动基础观"之上的，提供了一个使分析可以深入和细化到构成经营整体的各个活动环节的分析框架。价值链理论实际上是从价值创造的视角考察分工问题。波特区分了价值链的两种形式，即内部链(Intra - link)和交互链(Inter - link)。同时，波特还强调一个企业的价值链是嵌入在一个更大的"价值系统"(Value System)中的，"价值系统"是用来描述一系列企业之间的链接(交互链)，通过这些链接将不同企业和其价值链彼此联系起来。

图 1 - 1　波特的一般性价值链（the Generic Value Chain）

资料来源：Porter（1985）。

同一时期的 Kogut（1985）提出了"增值链"（Value - added Chain）概念。与波特最初关注的是微观企业内部活动相比，"增值链"更倾向于反映价值链条的垂直分离与更大区域空间的再配置之间的关系。在某些全球价值链研究者看来，Kogut 的增值链概念才是全球价值链的源头。

全球价值链组织则指出价值链刻画的是企业和劳动者将产品由概念实现为最终使用等所包含的所有活动，包括研发与设计、生产、营销、分销以及最终消费者服务支持。组成价值链的活动既可以由一家企业完成，也可能是分散在不同的企业进行（Global Value Chains，2018）。这个定义显然是在波特最初定义的基础上进行了拓展，是价值链概念由一个企业内部拓展到不同企业之间。企业分布或价值创造活动如果跨越国界，原本聚焦在企业内部的价值链概念自然就有了全球性属性，也就发展为全球价值链的概念。在这一点上，有学者（Satoshi Inomata，2018）提出不同的看法，认为从研究范围和动机来看，全球价值链分析并非波特价值链方法的全球性延伸，并指出全球价值链的研究起源于社会学领域。

（二）全球价值链与分析框架

全球价值链已经成为当今全球经济的一个重要载体（周琢等，2017）。自波特 1985 年提出价值链的概念后，霍普金斯等提出了"商品链"的概念，杰里菲（Gereffi）等又在其基础上提出"全球商品链（Global Commodity Chain，GCC）"的概念。2000 年 9 月，在意大利的 Bellagio 举行的同行研讨会上，与会学者决定使用"Global Value Chains"（GVC）代替 GCC（Humphrey 和 Schmitz，2002），于是最终有了"全球价值链"这样一个统一名称。对于全球价值链的定义并未达成一致，不同学者和研究组织从不同的视角和侧重点对全球价值链进行理解和界定（见表 1 - 1）。其中，联合国工业发展组织（UNIDO，2004）在定义全球价值链时认为，全球价值链是在全球范围内为实现商品或服务价值而连接生产、销售、回收处理等过程的全球性跨企业网络组织，涉及原料采集和运输、半成品和成品的生产、分销再到终端消费以及回收处理的过程。它包括价值链的共有参与者、生产经销等系列活动的组织以及利益（利润）分配。

表1-1 全球价值链概念理解

	国际商务"公司视角"	经济"国家角度"
概念定义	由领先企业（通常情况下是跨国公司）全球范围内从事的各种经营活动以及分散的供应链	全球价值链解释了出口中可能包含的进口投入，也即出口中所包含的附加值，这些附加值分别是由国外和国内创造的
范围	主要存在于具有这种供应链特征的行业中，如典型的行业：电子产品、纺织行业、汽车等（其范围正在扩散至农业、食品和离岸服务业等领域）	全球价值链和增加值贸易涵盖所有的贸易，可以理解为所有出口的和进口的贸易都是价值链的组成部分
投资和贸易的作用	投资和贸易之间是互补的关系，也是企业国际化经营的替代模式，即企业进入国外市场或获得资源的主要途径	投资可以带来产生附加值的生产要素，无论是投资还是出口所带来的附加值，对GDP都产生贡献

资料来源：UNCTAD. 世界投资报告2013［M］. 北京：经济管理出版社，2013.

随着全球经济一体化的不断加强，基于全球价值链理论和视角的研究领域也得到迅速的拓展，如由最初的制造业外包、跨国生产网络到服务业和生产性服务业领域，从主要关注最终品到对附加值贸易以及中间品领域的关注，从跨国公司的角色到全球经济治理的制度和组织角色，从FDI的研究再到OFDI，从对全球商品与生产加工链条的关注到对东道国与母国的产业升级与发展的影响、就业与收入的影响、技术传播和技能培养的影响、对社会和环境的影响，以及基于以上研究的政策启示等。

杰里菲等（2017）就全球价值链分析框架做了概括。他指出，全球价值链分析框架是通过考察和研究特定产业的结构及其内部行为主体的动态，解释全球产业是如何进行组织的。它关注一个产业内部增值是如何从概念到生产的过程中产生的。Satoshi Inomata（2018）进一步指出，理论思想来源的广泛性是全球价值链研究范式的一大特点，全球价值链的研究框架存在动态分化，而不是随时间"收敛"的。他认为在未来将所有全球价值链的研究方法整合到一起的可能性不大。

二、产业升级研究范式的理论分野

目前，针对产业升级并没有统一的概念界定，对产业升级的理解仍存在差异。有研究将现有指导产业升级的理论大致分为两大类：一是以产业为研究对象，以产业结构理论为代表；二是以产品为研究对象，以价值链理论为代表（张国胜，2011；中国社会科学院工业经济研究所，2016；王海杰，2017）。

"产业结构调整"意义上的产业升级，体现了经济发展的"结构主义"视角，可以溯源到威廉·配第和克拉克提出的相关理论。该产业升级研究范式认为，产业升级是一种产业间结构的变化，这种结构的动态发展总体是要素配置由低附加值产业向高附加值产业和服务业的转移过程。发展经济学对经济结构变动十分重视，认为经济结构中最重要的是产业结构，由于不同产业部门存在不同的边际生产率，因此，资源在不同产业部门中的重新配置可以增加总产出，即钱纳里（1995）提出的"总配置效应"。除了基于发展经济学的产业结构理论研究之外，还有基于经济增长理论的产业结构升级理论和基于产业政策的产业结构升级理论研究（中国社会科学院工业经济研究所，2016）。国内基于产业结构调整视角的研究认为，我国的产业升级与改革开放之后从经济发展层面更多地关注产业结构问题有着密切的关系。20世纪90年代后，"产业结构升级"问题成为国内理论界研究和讨论的热点（陈羽和邝国良，2009）。

以价值链和全球价值链为代表的产业升级研究范式在国际上较为普遍。陈羽和邝国良（2009）认为，国际上通常讨论的"产业升级"是从价值链或全球价值链的角度上界定的，这与国内的"产业结构调整"之间有着较大的差别。他们指出，相较结构调整思路的产业升级研究范式而言，价值链思路的研究范式更接近产业升级的本质，应是产业升级研究的主要方向。刘雪娇（2017）认为，国外学者对产业升级的理解是以 Ernst（1998）所提出的理论为基础的，即产业升级表现为一个国家的产业由低附加值产品的生产向高附加值产品的生产转变的过程。Ernst 提出产业升级的两种形式：一是产业间升级，二是产业内升级。其中的产业间升级类似于国内的产业结构调整概念。而陈羽和邝国良（2009）则认为，国外正式研究产业升级问题始于杰里菲（Gerrifi），同时指出在 Ernst 那里，产业升级与"结构调整"存在巨大差异。刘仕国（2015）则强调产业结构升级与产业升级是两个不同的概念，如极端状况下，各行业均存在同等水平的升级，但显然并未导致各行业之间比例关系的变化，所以这种状况在推动经济整体产业升级的同时并没有出现对产业结构升级的促进。

基于全球价值链的"经典"理论，升级（经济升级）被定义为企业、产业、国家和区域向价值链中的更高价值环节移动，以便提升参与全球生产的收益（如安全、利润、增加值和能力）（杰里菲等，2017）。多数学者认为，这种"经典"的全球价值链升级研究是杰里菲（Gerrifi，1999）在研究东亚服装产业发展时正式提出的。他最早以服装业为例研究全球价值链中的产业升级，并将服装业界定为采购商驱动的链条（另一类是供应商驱动的链条）。其基本观点是，发展中国家从被接纳（嵌入全球价值链）经过组装出口升级到贴牌生产再到自主品牌生产出口，即由价值链的低端向价值链中的更高价值环节移动。Hobday（1995）在研究东亚新兴经济体升级中提出了非常类似的观点。Humphrey 和 Schmitz（2002）则提出了四种序贯升级路径（本书称为"HS"模式）。

从分工的视角看，在垂直分工和水平分工之间，产业升级更多的是基于前者（当代上海研究所，2012）。无论是产业间、产业内还是产品间等，从分工的最低端到分工的最高端，垂直分工都可存在。但垂直分工也存在风险，由于功能升级相对于产品和过程（工艺）升级更加困难，并在多数情况下受到领先企业的限制，同时由于全球价值链的竞争，当地企业追求短期利润最大化的低效行为，以及价值链的固化作用和"路径依赖"效应，使当地企业容易被"锁定"在低附加值活动中（Hanlin，2012）。

三、产业升级与效率

（一）效率（生产率）、增加值与升级

效率和生产率是经常被相互替代使用的两个概念。虽然效率的外延似乎比生产率更宽，但是从投入产出角度看，效率和生产率本质上是一致的，均为产出与所需投入的比值。生产率是将投入转换为产出的生产效率，体现的是要素配置和投入的效率。在经验研究中，生产率指标既可以单一投入也可以用投入组合（多投入）来度量，前者称为单一投入生产率（SFP），后者称为多投入生产率（MFP）或者是通常所说的全要素生产率（TFP）。同理，产出也可以是单一或多项的。本书在研究中会根据具体情况使用"效率"或者"生产率"概念，如在涉及成本和利润的讨论中将更多使用"效率"一词，但这并不影响两个概念在本质上的一致性，生产率是特定环境和语境下的效率的表现形式。

杰里菲（Gerriri，1999）认为，基于全球价值链理论，产业升级的目的在于提升参与全球生产的收益。此处的收益包括安全、利润、增加值和能力，其中能直接量化的是利润和增加值。基于增加值计算的收入法，利润实际上是增加值的一个构成部分。也就是说，杰里菲所提出的四项"收益"，其核心是增加值。从要素投入的角度出发，增加值率是增加值占总投入的比率，是度量投入产出效益的综合指标（沈利生和王恒，2006）。在经济含义上总投入等同于总产出，因此从产出的角度看，增加值率则可以是增加值占总产值（总产出）的比率，是产出效率的一个重要衡量指标。因此，通常情况下增加值率所代表的是效率或效益。同时，在通常的理解中，增加值率等同于附加值率，正如投入产出中的直接消耗系数，它们都是对技术水平高低、生产率高低的度量指标（夏明和张红霞，

2015）。于春海和常海龙（2015）则认为，增加值率是一国经济效益和增长质量的综合反映，是技术效率、结构特征以及分配关系等因素的函数。张建华等（2018）则更明确地提出，我国产业升级应表现为在国际分工中获取的产品附加值增加或在国际分工中贡献的增加值增加，应表现为技术禀赋增长和生产率的改善。

增加值问题是产业升级的一个核心问题，单纯的增加值绝对值增长并不能全面和准确地体现产业升级。产业升级内涵和产业升级的经济意义还需要通过提高增加值的比例、提高投入产出比的内涵式增长（吴进红，2007），通过提高单位产品价值和提升增加值率（刘仕国，2015）体现。因此，从经济和产业增长的角度出发，产业升级的本质在于产业的内涵式增长，而如何通过提升生产率（效率）获得增加值提升是产生升级研究的核心问题。正如 Nadim Ahmad 和 Annalisa Primi（2018）所言，通常所指的升级，其意义是通过创造更有效率的生产过程，进而产生更高增加值的过程。我国经济发展模式由粗放型向创新驱动的内涵式增长模式转变，增加值率高低体现了经济发展质量水平（张杰等，2018）。

针对制造业升级，杨丽丽等（2018）认为，制造业升级是通过改进要素投入、技术水平以及产出结构提高产业平均增加值率的过程，其核心在于增加值问题，而增加值提升的关键在于生产率的提高。生产率的提高是升级的基本特征和关键所在（李春顶，2015）。肖宇等（2019）也强调全要素生产率的提升和技术效率的改善是我国制造业全球价值链升级的关键。

（二）企业生产率与价值链升级

从企业层面考察，联合国贸发组织（UNCTAD，2013）指出，企业生产率的提升与全球价值链的参与度存在重要联系，从事出口业务的企业生产率水平显著高于非出口厂商。而高生产率企业推动了一个国家的全球价值链参与度，同时也是这些高生产率企业促进了产业的成功升级。这一观点的理论渊源是所谓的"异质性企业贸易（Heterogeneous – Firms Trade，HFT）理论"，该理论指出由于存在"自我选择"效应和"出口学习"效应，从事出口业务的厂商的生产率要高于从事内销的厂商的生产率。Melitz（2003）在这方面做了开创性的工作，他的研究揭示了企业是否选择参与国际市场竞争同自身的生产率之间存在密切关系，生产率高的企业在其跨入国际市场时可以承受高的沉没成本，这样就可以在竞争中更容易存活。

Antras 和 Helpman（2004）从要素流动的角度出发，认为微观企业是否进行要素流动，取决于企业之间不同的生产率。企业对外进行要素流动通常要比在本国国内进行生产要素流动活动产生更多的沉没成本，而只有企业的生产率足以抵消这些"额外"的成本时，企业才会产生对外的要素流动行为。相对于运用本国要素进行产品生产的出口模式，如果在企业的生产率水平条件得到满足的情况下，企业更倾向于通过要素跨境流动来推动本国要素与目的地要素的合作，实现产品的共同生产。

微观企业"出口—生产率"关系是异质性企业理论的核心组成部分，也可以说是核心论点。这方面的经验研究出现了不同的结论，针对发达国家以及中国以外的新兴市场，甚至包括非洲欠发达国家的实证研究结果较为一致地支持上述观点，即从事出口业务的厂商其生产率相对非出口业务的厂商更高。但针对中国情景的国内研究则出现一种相反的研究结果，即相当部分研究的实证结果显示从事出口业务的厂商的生产率低于内销厂商。这一结果被称为"生产率之谜""生产率悖论"或"出口—生产率悖论"。

李锋（2015）将产业和经济升级与异质性企业联系起来，认为我国产业和经济升级的现实需求与异质性企业理论研究存在很好的契合。他尝试将异质企业理论与产业升级放在同一研究框架中，基于异质企业理论，他提出通过不断提高生产率而成为异质性企业或维持其异质性企业地位的两种力量提升了产业平均生产率，进而驱动产业升级。而那些非异质性企业则逐渐被淘汰出市场，资源会向异质企业集中。其中，企业生产率的提升是推动产业升级的关键。

（三）效率与发展质量

效率或生产率水平同时也体现经济发展的质量高低。郭春丽等（2018）认为，经济发展质量概念包括多个维度的内容，从投入产出维度看，关注点在于经济发展的效率。经济发展效率包括宏观和微观两个层面，分别可以用全社会劳动生产率、资本产出率、全要素生产率以及反映企业经营效率的利润率、净资产收益率等指标。张杰等（2018）认为，从增加值的内涵进行考察，增加值率实际上就是经济发展质量的重要指标之一。蔡昉（2018）认为，提高劳动生产率有三种方式：提高资本劳动比、改善人力资本以及提高全要素生产率。他指出，在劳动力无限供给成为过去时的情况下，提高全要素生产率成为经济可持续增长的"唯一源泉"。黄群慧（2018）持有类似的观点，他指出工业高质量发展的最为核心的内涵，在于创新驱动之下的基于全要素生产率的提升。刘志彪和凌永辉（2020）进一步指出，全要素生产率的提升是高质量发展的核心。

第二节　全球价值链与产业升级研究

一、全球价值链理论的发展与研究框架

全球价值链的形成与产品生产分工的全球化密不可分。因此不可否认的是，

分工理论是全球价值链理论的基础和渊源。但古典分工理论的关注点在于分工所带来的生产率的提高，如亚当·斯密指出，分工所产生的工作内容专业化和劳动技能专业化导致生产效率的提升。即使是李嘉图的相对优势理论其核心也是效率问题。杨小凯和黄有光（1999）认为，基于李嘉图的外生比较优势可以将国际分工归因于个人生产率的事前差异，而亚当·斯密的分工理论则是分工所产生的个人生产率的事后差异。到了马歇尔那里，这种分工及效率问题被组织理论所覆盖，规模经济的概念替代了专业化经济的概念。

国际上对于全球价值链的定义还没有统一的界定，学者们和研究机构从不同的视角和研究重点对全球价值链进行理解和界定（见表 1－1）。正如 Satoshi Ino-mata（2018）所指出的，"全球价值链"概念被越来越多地使用，但在不同的场合却往往被赋予不同的含义。他进一步指出，全球价值链概念的基本含义在不同时期、不同的研究领域被以不同方式构思和发展。

全球价值链概念的正式提出经历了一个过程，其起始点是价值链概念的提出。价值链概念和相关理论的核心在于价值链的分割或者说是对价值链条的解构。学界较普遍的看法将价值链理论的产生与波特在 20 世纪 80 年代提出的价值链概念联系在一起。波特的价值链概念是从企业的微观层面提出的，其最初的目的是通过解构企业价值创造的各项活动从战略层面分析企业的竞争力（Porter，1985）。

沃顿商学院教授 Kogut 也是最早提出价值链（增值链）概念并将其作为核心要素进行竞争力分析的学者之一。Kogut（1984）认为，制定战略要考虑如何确定企业优势的要素和关系，如何确定价值链的跨境分布问题。Kogut（1985）提出"增值链"（Value Added Chain）概念，将其定义为这样一种过程：技术、原料和劳动相融合在一起，并形成各种投入环节，这些环节又通过组装产生最终商品，最终商品经过市场交易以及消费等活动完成价值循环。

"商品链"（Commodity Chains）是一个与价值链同期被提出的概念（Hopkins 和 Wallerstein，1986），指以实现最终商品为目的的劳动与生产过程的网络。基于价值链、增值链以及商品链，Gereffi 等在 20 世纪 90 年代提出了"全球商品链"（GCC）分析框架，强化了价值链、增值链与商品链概念在地理空间维度上的研究价值。同时明确地将价值链、增值链与全球产业组织直接联系起来（Gereffi 和 Korzeniewicz，1994；Gereffi，1999，2001）。全球商品链在关注对商品的地理空间维度的同时，关注全球生产与销售网络中发挥作用的多个行为主体。同时，全球商品链侧重于研究供应链的内部治理结构，特别是强调生产商驱动和采购商驱动两种类型下的治理结构问题，不同的主导企业或领导企业在建立全球生产和采购网络中的作用也是全球商品链框架的分析重点。

由于价值链的概念更侧重于整个相关活动链条和最终有形产品及无形产品（服务）中的价值创造与获得，同时可以避免"商品"本身的含义限制。2000 年 9 月，学者们在意大利的 Bellagio 召开研讨会，会议最终使用 Global Value Chains 代替 GCC（Humphrey 和 Schmitz，2002），于是最终明确和统一了全球价值链这一称谓。

杰里菲等（2017）认为，全球价值链的分析框架始于 21 世纪初，并已经得到广泛的应用，其原因在于这一框架能够系统地刻画和解释全球产业的兴起。在杰里菲看来，全球产业的兴起始于 20 世纪七八十年代，首先由一批领先的跨国公司采用外包和离岸生产两种路径，逐渐演变成国际生产网络。他认为，全球价值链涵盖了全球产业涉及的整个供应链条，而全球价值链的分析重点则是构成不同产业具体活动的产品和服务，还包括构成全球制造体系的企业和企业之间的网络。正如 Gereffi 和 Lee（2012）所指出的，全球价值链的相关分析证明了现代生产网络的国际扩张和其地域碎片化，同时其重点关注了价值链中的产业组织、协调、治理及权力分布等问题。

基于全球价值链分析框架，在宏观层面通常有两个维度考察全球化经济：一是自上而下的维度，其重点强调全球产业的组织形式，关注点是每个产业中的"主导企业"，所涉及的核心概念是全球产业的治理问题；二是自下而上的维度，其关注点是各国经济如何嵌入全球价值链之中，也即如何联结到全球经济，以及各国经济如何从初级出口方实现在全球产业中的"升级"。这样的升级，在全球价值链的研究中通常被称为"经济升级"，并且逐步将其和社会的发展、环境的保护等概念建立起联系。这种联系的目的在于各国应致力于发展更具包容性和公平性，以及可持续的经济增长（杰里菲等，2017）。从产业层面看，全球价值链分析框架则关注的是某个产业内部从概念到生产，再到最终使用的增值过程。杰里菲认为，这一综合性的分析框架能够帮助政策制定者关注到一些其他分析范式所没有涉及的领域的问题。

基于产业视角，杰里菲等（2017）指出，全球价值链分析框架通过考察和研究特定产业的结构及其内部行为主体的动态，解释全球产业是如何进行组织的。他总结了六个基本的全球价值链方法的应用维度，分别为：第一，价值链的投入—产出结构，这个维度主要是刻画原材料转变为最终产品的过程；第二，地理范围，解释产业的全球地理分布和价值链活动的国家分布；第三，治理结构，探讨和解释全球价值链被哪些企业控制以及如何控制的问题；第四，升级问题，考察价值链中的生产者是怎样在全球价值链中不同环节之间进行转换的，旨在刻画全球价值链内部的动态过程；第五，本地制度环境，主要是说明全球价值链通过本地经济与社会诸要素所嵌入的制度环境和背景；第六，产业的利益相关方，刻画和探讨全球价值链中不同的本地参与者（行为主体）之间的互动进而实现产业升级。前三个维度由全球产业动态所决定的全球要素，而后三个维度则是揭示各国如何参与全球价值链的本地要素。

Satoshi Inomata（2018）对全球价值链分析框架的思想谱系进行梳理（见图1－2），他指出思想来源的多样性是全球价值链研究范式的主要特征，其理论分析的方法论不仅在贸易理论中不断丰富，而且在社会学中也得到了发展。全球价值链的跨学科特征，为各学科之间的大规模合作提供了前景。

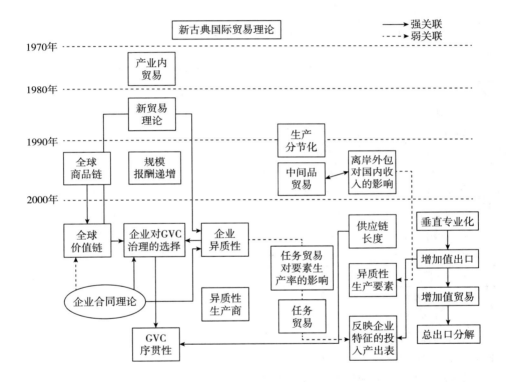

图1－2 全球价值链分析框架的谱系

资料来源：基于 Satoshi Inomata（2018）简化。

二、全球价值链的驱动力、治理与利益分配

（一）全球价值链驱动力

全球价值链理论中关于动力机制的研究大多是延续了 Gereffi 和 Korzeniewicz（1994）全球商品链研究中提出的两种模式，又被称为"二元动力论"（张辉，

2006），即购买者驱动（也称为采购商驱动）与生产者驱动。值得注意的是，这里涉及的采购商驱动模式，是建立在非产权（所有权）关系基础上的通过非市场的外在协调方式，即所谓介于公平市场和公司内部垂直一体化之间的一种模式。企业间的市场关系与企业内垂直一体化所形成的"等级"关系，实际上构成了一种外在的协调和组织关系的两端。随着研究的深入，这种购买者和生产者驱动的二元动力分析对有些现象缺乏现实解释力，如服装行业存在品牌商拥有自己的垂直一体化生产系统，而汽车行业也存在有些跨国公司（如福特）向购买者驱动型价值链转化的倾向。于是张辉（2006）提出了作为第三种驱动力的"中间类型"，并就三种驱动类型的价值链做了进一步的区分（见表1-2）。

表1-2　三种驱动类型的价值链比较

项目	生产者驱动的价值链	购买者驱动的价值链	中间类型
动力根源	产业资本	商业资本	二者兼有
核心能力	研发、生产能力	设计、市场营销、品牌	二者兼有
价值环节分离形式	海外直接投资	外包网络	二者兼有
进入门槛	规模经济	范围经济	二者兼有
制造企业的业主	跨国企业（主要来自发达国家）	地方企业（主要位于发展中国家）	二者兼有
主要产业联系	以投资为主线	以贸易为主线	二者兼有
主导产业结构	垂直一体化	水平一体化	二者兼有
典型产业部门	航空器、钢铁等	服装、鞋、玩具等	二者兼有
典型案例	波音、丰田等	沃尔玛、耐克等	Intel、DELL

资料来源：张辉（2006），有删减。

需要强调的是，全球价值链的动力机制研究实际上更多的是讨论经济全球化过程中发展中国家与发达国家之间的分工合作与竞争问题。对于全球价值链驱动力的研究，也存在不同研究视角和理解，如世贸组织（2008）从成本角度出发，认为有两大因素驱动全球价值链：国际贸易成本降低和相对更低的离岸外包所需要的管理成本，即交易费用的降低和管理成本的降低。周琢等（2017）则认为，科技进步是全球价值链的关键驱动力，而科技革命所带来的生产和消费空间的分离、生产活动分布的空间分离（两次分离）以及由此促进的垂直专业化分工的发展，这些因素同样成为全球价值链的驱动力。

（二）全球价值链治理

"治理"（Governance）最早见于世界银行1989年的年度报告（张辉，2006），具有双重含义：一是强制性的含义，二是在自愿基础上对制度与规则安排的服从。基于学术研究的角度，治理更倾向于被理解为一个协调的过程以及连续互动的过程，但通常不具有正式的制度属性。

经济全球化和全球分工深入，特别是产品内分工的进一步细化和全球化，导致全球价值链与生产网络的形成。全球生产网络的研究强调的是跨国公司以及公司之间网络所带来的发达国家与发展中国家之间的关系。基于这一语境，治理通常是由全球产业中的领导企业实施的，于是产业升级问题就成为一项需要应对的重大挑战。从国家层面上讲，也就是在以权力不对称和从网络中获取机遇为特征的全球经济中，发展中国家如何努力改善自身的地位（Gereffi 等，2005；Mark 等，2017）。

Powell（1990）提出市场型、层级型和网络型三种全球价值链治理模式。基于交易成本理论，Humphrey 和 Schmitz（2002）将全球价值链治理模式区分为四种：市场型或者称为"松散型"（Arm – length Market Relations）、网络型（Network）、准等级制型（Quasi – hierarchy）和等级制型（Hierarchy）。

从微观层面考察全球生产网络产生的直接原因来自跨国公司内部的垂直非一体化。由此产生的全球价值链所涉及的各种"网络"形态介于公平市场和垂直一体化的公司之间，即公司之间的市场关系和垂直一体化的公司（或等级型的公司）构成了外在协调区间的两端，而网络关系包含了价值链治理的一种中间模式（杰里菲等，2017）。在这一认识的基础上，又可以将网络类型区分出三种：模块型、关系型和俘获型（或称为从属型）。于是，价值链治理的类型可以分为五种（杰里菲等，2017）：市场型、模块型、关系型、俘获型和等级型（见图 1 – 3）。

杰里菲等（2017）指出，存在三种主要变量决定着价值链治理模式：交易复杂性、信息标准化和供应商能力，每一种治理模式下的外包收益和风险平衡方面都存在着差异。如市场型治理模式情况下交易复杂性较低，对交易标准化能力的需求较高，供应端需要有较高的能力。而俘获型模式下，能够满足交易复杂性较高的要求，对交易标准化能力的需求高，但对供应端能力的需求比较低。

价值链治理模式是动态的，并非严格与特定产业类型相对应（杰里菲等，2017）。治理模式不仅取决于采用何种方式管理和协调价值链参与方行为主体之间的互动，还取决于技术是怎样被应用于设计、生产等价值链环节以及价值链治理本身。但从整体视角和历史视角考察，存在一种大体上的一般趋势，即供应厂商能力的增加显然有助于推动全球价值链治理结构远离等级型和俘获型，向着关系型和市场型靠近。例如，Gereffi 等（2005）认为，东亚在纺织服装产业中的成功关键在于逐渐摆脱俘获型价值链，更多地发展为"整包"供应（Full – package Supply）。整包供应形式包含了更多的复杂协调、知识交换、供应商"自治"这些典型关系型价值链的要素。

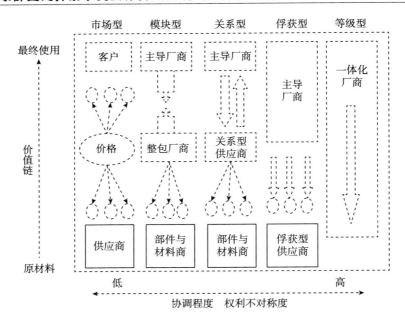

图 1 - 3 五种全球价值链治理类型

资料来源：Gerrifi 等（2005）。

尽管影响全球经济发展的因素很多，全球价值链的治理结构便于我们更为全面地理解全球价值链。价值链研究的一项重要发现是，能够进入发达国家的市场越来越取决于是否参加了由发达国家企业主导的全球生产网络，因此，全球价值链的治理对于理解今天发展中国家如何进入全球市场以及进入的收益和被排除在外的风险，对于增加参与全球价值链的净收益，都十分重要（杰里菲等，2017）。

（三）全球价值链利益分配与"经济租"

基于要素和收益的角度，要素收益规律是全球化经济要素合作下的国际收益分配的决定因素。要素的稀缺性决定要素的收益，国际收益的分配不再是产品市场而是要素市场。发达国家相对更多地拥有高级稀缺要素，而发展中国家则通常在低级的非稀缺要素方面拥有"比较优势"，这一基本格局决定了前者的收益高而后者的收益低（周琢等，2017）。全球价值链理论所讨论的利益分配问题，则更多从价值链条各环节的"垄断性"（存在进入壁垒）以及由此可能带来的垄断性质的"经济租"的角度解释价值链上不同的收益分配。

收益的基本来源是"经济租"。经济租源于对各种稀缺生产要素的占有、控制以及拥有较高配置效率的能力。在要素流动性不断增强的全球化背景下，要素配置效率显得越来越重要和关键。同时，面临全球化进程中要素收益率降低的趋势，企业必须不断强化其对资源的控制能力和自身配置资源的能力，设置或强化一种相对的"进入壁垒"。所谓壁垒，是那些在竞争中能够阻碍某些竞争者进入的能力或条件（Kaplinsky 和 Morris，2002）。价值链中的进入壁垒是产生租金的最重要原因（江静，2014）。

从价值链的视角看，进入壁垒较高的价值链环节所能带来的经济租通常较高，而且进入壁垒高低与经济租高低通常呈正向关系。这些进入壁垒高的价值链环节也被称为价值链的"战略环节"。"壁垒"具有动态性，企业通过持续创新和提升生产效率以及从事新的经济活动均使已有壁垒不断得以"加固"和提高。另外，由于竞争效应的存在，那些进入壁垒越低的价值链环节，竞争愈加激烈，导致这些环节的"经济租"发生耗散。Kaplinsky（2000）将这种现象称为价值链中的"动态租"，他进一步指出动态租和价值链的治理、各环节系统效率是分析全球化分布与其收入分配相背离现象的关键。

如果我们把企业的价值链大体解构为三大环节：设计研发环节、生产制造环节和品牌营销环节。那么，其中的生产制造环节往往是有形物质的投入和产出，其他两个环节则通常是价值链中的"无形"过程。总体上看生产制造环节的进入壁垒随着技术水平的提高以及资金的积累，其进入壁垒呈下降趋势，这就导致越来越多的后发国家和企业参与到全球价值链的生产制造（组装）环节，结果是该环节可获得的增加值持续降低。而且，一旦企业被锁定在这个环节，则只能获得较低的收益，不断地在价格"竞底竞赛"中求生存，即掉入所谓的"贫穷陷阱"。设计研发环节和品牌营销环节则通常是另外一种表现。由于设计研发成果存在知识产权保护以及率先进入市场的"占先效应"，而品牌和营销环节则大多是隐性知识和长期积累的结果，于是这两个环节通常具有较高的进入壁垒，由此也享受到较高的收益（增加值）。

Kaplinsky 和 Morris（2003）进一步将企业在价值链上的经济租按内生性与外生性进行区分。内生性经济租主要包括技术（包含以商业秘密和知识产权形态存在的技术）、人力资本、组织、品牌、关系等方面，外生性经济租则包括自然禀赋、制度（政策）、基础设施和金融等方面。内生性经济租又可以划分为基于链条内部单个行动者构建的租金和基于链条内部行动者群体构建的租金。Kaplinsky和 Morris 实际上是根据价值链经济租的理论将企业经营所涉及的要素进行了分解。其中的内生与外生因素是相互作用和动态演化的。Gereffi（1994，1999）则基于价值链治理的角度认为价值链的主导者对价值链的性质起着决定性作用，主导者不仅主导价值链的治理模式，也决定了价值链各环节的收益分配。同时，他指出，生产者驱动的价值链和购买者驱动的价值链所存在的进入壁垒可以产生不同种类的租金。

三、基于价值链的产业升级研究

产业升级研究与全球价值链分析的正式结合始于 20 世纪 90 年代后期（吴海英，2016）。Nadim Ahmad 和 Annalisa Primi（2018）认为，通常所指的升级，是指通过创造更高效率进而生产更高增加值的过程。他们认为，"升级"的概念始于国际贸易理论，随着国际生产的分节化，"升级"也就包含了价值链的概念，从而产生了"价值链上的升级"。Kaplinsky 等（2002）则认为产业升级和技术创新之间是存在区别的，产业升级在内涵方面比技术创新更广，除了包括以技术创新驱动的产品改进和工艺改进之外，还包括在市场中为适应市场变化而获得和保持竞争优势的内涵。

基于狭义的全球价值链理论，升级（经济升级）被定义为企业、产业或国家和地区向价值链更高价值环节移动，目的在于提升参与全球生产的收益（杰里菲，2017）。有学者认为，从全球价值链角度研究产业升级是指价值链之中或尚未参与价值链的企业通过嵌入价值链获取技术进步和市场联系，从而提高这个能力，进入价值更高的活动中（李博，2013）。但随着全球价值链理论研究的不断拓展，这种界定愈显狭义。

（一）基于价值链的产业升级模式

（1）HS 模式。在全球价值链理论中，"经典"的升级活动模式最初是从微观企业层面提出的，升级活动主要被归纳为四种类型（Humphrey 和 Schmitz，2002）：工艺（或工序）升级、产品升级、功能升级和价值链升级（或产业间升级），这种分类也被简称为 HS 升级类型。其中，工艺升级是指企业可以通过技术升级或生产系统重构，提升产出效率实现升级；产品升级则指企业可以通过引进和使用更复杂的生产线（可以根据单位附加值判断是不是复杂生产线）实现升级；功能升级可以通过在价值链中获取新功能实现；而价值链升级则体现在企业将价值链特定环节获得的能力应用到新的行业（价值链或产业链）（UNCTAD，2013）。徐娜（2017）认为，流程升级主要体现在生产率的提高上，产品升级体现在产品增加值的提高上，而功能升级则主要体现在产品设计和营销的创新所带来的高附加和细分市场。

（2）参与深度模式。Fernandez Stark 等（2014）从是否嵌入价值链和参与方式角度提出了升级的其他类型。一是融入价值链，即企业首次参与价值链，Fernandez Stark 等认为，这是最具挑战的升级行为；二是后向关联升级，即指本地企业（属地原则）开始向其他公司（通常是跨国公司）提供中间品（如零部件），或者是服务于这些公司位于该国的部分；三是终端市场升级，包括进入新的、标准更严格的、需求更加精细的市场，或者进入对产量规模和价格水平有更高要求的更大型的市场。

（3）OEM－ODM－OBM 模式。基于东亚新兴经济体（Newly Industrial Economies，NIEs）经济和产业升级的经验研究，Hobday（1995）提出后发企业（Latecomer Firms）沿着 OEM－ODM－OBM 的升级路径。这一路径强调了由嵌入到模仿学习再到自主经营和创新的过程。刘志彪（2005）指出，在全球化竞争中，中国制造业的产业升级面临三个不可逾越的阶段，分别是本土企业接受外包订单价值与外商直接投资的比例不断上升阶段、OEM 转向 ODM 阶段和 OEM、ODM 向 OBM "跳跃" 的阶段。

（4）微笑曲线模式。宏碁施振荣（Stan Shih，1996）所提出的 "微笑曲线" 是基于我国台湾地区在电子产品行业价值链上的位置升级经验。对于典型的制造业产品而言，"微笑曲线" 刻画了产品价值是如何被解构为不同的潜在的生产阶段或生产环节，而位于曲线两端的环节（研发、设计与营销）通常是在增加值较高的部分，企业升级应由底部位置（生产制造环节）向两端攀升。但这并不意味着所有企业都必须严格遵循这样一条升级路线，因为如果企业在生产制造环节具有较高的生产率和制造技术优势，那么这类企业也同样会获取较高的增加值。学者们的跟踪研究发现 "微笑曲线" 有两端逐步高起而底部下沉的趋势（见图 1－4），说明价值链增加值分化加剧。

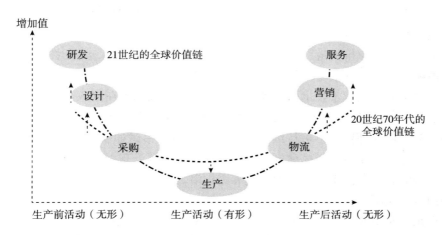

图 1－4　全球价值链微笑曲线

资料来源：Nadim Ahmad 和 Annalisa Primi（2018）。

需要强调的是，不同产业和经济体的升级模式存在差异，具体升级模式主要取决于价值链的投入产出结构和制度环境（杰里菲，2017）。从微观企业层面考察，当地企业的全球价值链升级潜力受制于全球价值链的性质、结构和治理类型、领先企业的特征、东道国与当地企业的特征等因素（UNCTAD，2013）。发展中国家全球价值链升级（产业升级）的路径则更多地受制于全球价值链的治理类型（梁军，2007）。全球价值链的主导企业通过其领先的专利池、战略隔绝、品牌力、终端市场的控制能力等途径提高进入壁垒。进入壁垒越高、垄断性越强，则处于价值链跟随地位的企业被锁定在低端环节的效应越明显，跟随企业实现功能升级和链条升级则更困难（张少军和刘志彪，2009）。

（二）全球价值链对制造业升级的影响机理

刘仕国等（2015）认为，利用全球价值链推动产业升级主要基于两方面的原因：一是全球价值链所呈现的"雁阵"格局使产业升级成为可能，这种格局既存在于产业之间，同时也存在于特定产业内部以及特定的价值链条上。二是全球价值链本质上就是产业升级的重要内容，全球价值链对产业的产出、技术和组织升级都起到促进作用。全球价值链促进产业升级的主要形式是国际贸易和国际投资，如东道国接收的直接投资（FDI）、中间品贸易等。而创新、知识扩散和竞争机制则成为全球价值链促进产业升级的动力源（Sengupta，2012）。在这一点上学者们有较高的共识，同时针对中国的具体情况学者们有各自更具针对性的研究结论。

王海杰（2017）认为，全球价值链分工中产业升级的影响因素主要包括技术因素、市场因素、制度因素和企业家因素。这里的市场因素主要是指扩大国内市场有效需求和促进需求升级。余典范（2018）则从全球价值链角度出发，提出产业升级就是企业通过加入全球价值链获取技术进步、创新与市场延伸等提高企业竞争力、进入全球价值链的高端环节。当前，自主创新能力、生产性服务业以及基于内需的出口发展战略是我国产业在全球价值链中发展与升级的主要动力。技术的自主创新是相对于技术引进和模仿而言的，后发国家在嵌入全球价值链的经济发展初期，通过"干中学"模式和外商投资的技术外溢等吸收和模仿先进技术与经验，但这种模式不可持续。生产性服务业包括诸如研发设计、销售服务、信息金融等，其质量、规模和价格对制造业价值链攀升有着日益重要的影响。作为需求端的我国本地市场的巨大规模和需求潜力同样可以成为我国产业升级比较优势的重要来源。

余东华和田双（2019）在现有研究的基础上将嵌入全球价值链对制造业升级的作用机制归纳为直接作用机理和间接作用机理两类。直接作用机理包括全球价值链带来的垂直专业化分工。他们认为，我国制造业嵌入全球价值链，无论是以中间品生产加工还是以最终品进出口的方式，均使得国内企业得到直接参与全球垂直专业化分工的机会。后发优势是另一项直接作用机制，主要体现在跟随企业可以降低大量技术研发方面的沉没成本。另外，产业关联机制使我国制造业企业直接同发达国家主要企业进行技术、人力资本、知识和管理经验交流等，从而带动自身企业的升级。而"雁阵"转移机制则为后发国家制造业升级提供了可能。间接作用机理主要体现在技术创新效应方面，技术创新至少在三个方面可以推动制造业升级：降低生产成本、提升产品质量和实现差异化、实现规模经济提高生产率。而参与全球价值链促进技术创新的作用机制包括出口倒逼效应、进口学习效应、中间品效应和国际市场效应（市场的激烈竞争与不确定性）。

（三）全球价值链升级建议

基于国家战略层面，要进一步提高全球价值链的参与度，抓住全球经济结构调整机遇，获取直接和间接效应（国务院发展研究中心课题组，2013）。从要素投入和技术升级角度看，全球价值链升级需要提升人力资本要素的质量（隆国强，2007；李晓华，2013）；加强研究开发方面的投入，推进自主创新（邵安菊，2013）；开展国际研发合作、并购国外研发机构（高启明，2013）。品牌建设是全球价值链升级中非常重要的一项工作，必须促进品牌建设、加强品牌和知识产权保护（岳中刚和刘志彪，2013）。还有研究强调，科学技术和商业模式创新正在重塑国际分工的基础（中国社会科学院工业经济研究所，2016），需要注重数据作为全球价值链上主要配置资源的作用（杨丹辉，2016）。

另外，由于发展中国家的制造业通常被置于俘获型的价值链治理关系之中，处于被"治理"的地位，学者们提出通过国家价值链（或国内价值链）的构建迂回进行全球价值链升级的建议。Bazan 和 Navas（2003）较早地提出"国家价值链"（National Value Chains，NVC）或"国内价值链"（Domestic Value Chains）概念，认为国内价值链更有利于产业集群的功能和链条升级。Schmitz（2004）总结发展中国家经验，提出发展中国家企业首先通过在本国市场的发展，借助于在国内价值链下所获取的高端升级能力，使其有能力在国内、外两个市场与国外企业进行竞争，其结果是有可能获得与现有全球价值链治理者均衡的关系。

国内学者的研究更关注我国参与全球价值链的现实。相关研究也指出，国内价值链构建和发展时摆脱全球价值链背景下被俘获地位的路径（刘志彪和张杰，2007），提出对于代工企业而言，可以选择放弃全球价值链选择国内价值链（徐宁等，2014）。高煜（2011）从我国东西部及区域产业协调和均衡发展的角度强调构建国内价值链的必要性，按照与全球价值链的关系，他将国内价值链的构建分为两种模式：一种是非关联模式，即国内价值链总体上是在国内形成，与全球价值链在主要环节方面不存在联系；另一种是嵌入模式，即我国区域之间没有形成一个完整的价值链，必须通过与全球价值链对接或者嵌入全球价值链。国内价值链构建的主体也可以分为两类：以国外直接投资（FDI）所形成的外资企业主导企业的模式和以我国本土企业为主导企业的价值链构建模式。在价值链驱动模式以及治理类型方面，他认为，国内价值链与全球价值链没有本质的区别。

国内价值链构建的一个重要的必要条件是国内市场规模（内需）的可支持性。刘志彪（2017）认为我国经济从之前的国外市场推动国内经济增长正转变为利用本国市场进行全球化扩张。戴翔等（2017）的相关实证显示本国市场规模的扩大可以促进制造业全球价值链攀升。易先忠等（2018）指出，脱离本国市场需求而加入全球价值链容易使出口企业能力短板固化、陷入"低端锁定"。

第三节 体育用品制造业升级的相关研究

目前国际上对体育用品制造业的研究多以微观视野为主，从产业层面研究体育用品制造业的论文相对较少（樊烨，2018）。以下主要就国内相关研究进行梳理。

一、体育用品制造业升级的相关理论研究

（一）我国体育用品制造业升级的必要性

国内学者的研究普遍认为中国体育用品制造业面临诸多挑战，体育用品制造业升级是必由之路。中国体育用品制造业经过几十年的发展，形成了较大的规模，在国际市场上占有一定的份额，成为体育用品制造的第一大国，2012年中国体育用品出口已达到世界体育用品市场的65%（周建社和陶成武，2013）。但在出口种类齐全的同时，出口增长方式表现为粗放式（司增华等，2019），面临"大而不强"的问题，企业数量众多，企业规模普遍偏小（吴建堂，2016）。相对于发达国家，中国体育用品业的国家竞争力总体较弱，存在产量大但质量水平不高、产值高但是利润较低等特点（杜江静，2017）。

2008年席卷全球的金融危机之后，我国体育用品制造业出口贸易受到很大影响，虽然经过几年的恢复，整体情况向暖，但《2016年中国体育用品产业发展白皮书》（以下简称《白皮书》）显示，中国体育用品进出口额已经连续两年出现负增长，贸易顺差也在下降。《白皮书》认为，虽然我国体育用品制造业整体增速高于GDP增幅，但在目前经济下行压力较大的形势下，在劳动力成本上升、原材料价格上涨和汇率波动较大的累加效应下，体育用品制造业的发展面临更多的挑战，特别是产业链中低层风险进一步增大（彭训文，2017）。

吴建堂（2016）将体育用品制造业升级所面临的挑战归纳为四个方面，首先是发达国家对我国体育用品制造业的低端锁定；其次是创新人才匮乏；再次是品牌影响力弱；最后是创新能力亟待增强。杜江静（2017）认为，目前体育用品制造业面临困境的原因在于科技创新动力不足、品牌培育欠缺、产品标准化低等。

李加鹏和陈海春（2018）分析福建省体育用品制造业发展的影响因素，认为存在的普遍问题在于科技含量低、核心技术匮乏、严重的产品同质化、产品获利能力低，同时产品营销模式落后、企业管理理念落后、缺乏市场竞争力、产品定位不清、科研投入少、研发能力差等。魏太森等（2019）则以泉州体育用品制造业为例进行研究，认为泉州体育用品制造业存在治理水平低、创业动力不足、品牌定位模糊、成本比较优势趋弱、人才储备不足等制约进一步升级的因素。因此，中国体育用品制造业必须尽快升级，对于升级的方式与路径，相关研究进行了广泛的探讨。

（二）我国体育用品制造业升级的方式和途径

创新驱动、增加研发投入、提升技术含量、产学研结合、培育品牌、加强品牌文化建设、集约发展和优化布局、建立核心竞争力（吴建堂，2016；杜江静，2017；邢中有，2015）是相关研究中集中提出的升级手段和途径。部分学者从体育用品制造业服务化转型（李碧珍等，2017）、加工贸易转型（薛林峰和杨明，2018）以及自觉开发"附加值"（卢泽华，2016）的视角研究体育用品制造业升级路径。

从全球价值链视角研究中国体育用品制造业升级是学者们重点关注的领域。徐永鑫和吕玉萍（2015）认为，目前我国体育用品产业集群的发展出现"瓶颈"，需要运用全球化视角，嵌入全球价值链，在利用好区域性因素的基础上，整合全球资源要素，进行产业升级和产业转移。具体建议我国体育用品企业应合理运用东盟贸易规则，积极到东盟投资建厂，逐步剥离生产环节，将有限的资源配置到研发、营销等环节，增加竞争力。李滨和刘兵（2017）认为，全球价值链发展过程中出现的新趋势给我国体育用品产业发展和升级带来新的机遇。具体表现为碎片化生产所引致的"技术溢出效应"使部分企业有机会向价值链高附加值环节移动；而"互联网＋"向体育用品企业提供了平等的竞争平台，对价值链传统发展路径进行了颠覆，"互联网＋"向新技术、新工艺、新模式、新业态等颠覆传统的价值增值手段提供了前所未有的平台。李采丰和白震（2013）提出我国运动鞋集群所应遵循的升级途径：自创品牌进入价值链高端环节；与国际一线品牌企业合作，完成价值链升级；并购国外知名品牌，快速拓展国外销售渠道。

部分学者强调应重新审视传统升级模式，重视和首先发展国内价值链。高涛和荣思军（2016）认为，传统的升级模式（通过最初的国际代工到自有品牌的发展路径）已经不适合当前我国体育用品制造业升级。我国体育用品制造业正处于产业调整期，发展动力不足，应立足国内市场、构建国内产业价值链，依靠自主创新（"内力"）与国内市场需求（"外力"）相互促进推动我国体育用品制造业升级，同时构建不同层级的国内价值链，形成国内体育用品制造业价值链网，才能真正拥有产业价值链治理权。谢军等（2015）认为，由于全球价值链以跨国公司为主导，中国体育用品产业升级应考虑基于"国家价值链（NVC）"到全球价值链的路径，并且认为构建国内体育用品产业的价值链在产业基础方面已经初具条件。

张强等（2016）认为，构建 NVC 是实现体育用品产业集群跨越式升级的有效途径，具体措施包括：提升国内核心企业竞争力与"国家价值链（NVC）"的治理能力；建立区域合作机制，公平合理分配利益；核心企业需要重点培育高级生产要素，争取从高端切入全球价值链；针对拉美、东盟等市场进行功能升级；通过贸易壁垒适度保护国内市场；通过产业转移，调整价值链的经营环节。向绍信（2014）提出基于我国体育用品产业升级的优势，如巨大的市场容量以及由此带来的规模经济与范围经济优势、区域间发展层次的差异性，我国体育用品产业可以遵循构建国内价值链体系—融入区域价值链—进入全球价值链体系的升级路径。同时，梁希和袁云（2017）在研究我国体育用品制造业升级路径选择中，强调国内价值链不可能脱离全球价值链，通过 OEM 模式嵌入全球价值链为自主创新构建国内价值链奠定一定的基础，而构建国内价值链反过来进一步促进嵌入全球价值链。从长远发展看，我国体育用品制造业的重点是掌握全球价值链上的设计、研发、品牌等关键环节，突破制约体育用品业发展所需的关键核心技术，加大研发投入，拥有自主知识产权，通过提升体育用品制造业在全球价值链上的发展层次，带动我国整个体育用品制造业的全球价值链升级。

二、我国体育用品制造业升级的相关实证研究

（一）我国体育用品制造业升级影响因素

谈艳等（2017）认为，体育用品制造业是我国体育产业的支柱和主体，是推动体育产业发展壮大的关键要素。体育用品产业从"中国制造"到"中国创造"是产业转型升级的必然选择。基于 2008～2015 年全国 31 个省（自治区）级面板数据，对转型升级的影响因素进行研究。研究选取研发创新水平、生产性服务业发展、外商投资规模和对外贸易为影响因素（作为解释变量），以体育用品制造业增值税额代表体育用品制造业转型升级（作为被解释变量）。实证结果表明：研发创新水平对转型升级有着显著的促进作用，且效果递增；生产性服务业的发展也明显促进体育用品制造业转型升级；外商投资规模具有显著正向作用，但其作用逐渐消减；对外贸易具有一定的积极作用，但作用效果非常有限。

（二）我国体育用品制造业竞争力

钟华梅和王兆红（2018）以我国 2001～2015 年的季度数据为基础进行计量实证研究我国人口红利、劳动力成本变化对体育用品出口贸易竞争力的影响。其中，出口贸易竞争力采用 TCI 指数（净出口额/进出口总额）；人口红利以总抚养比和劳动人口总量刻画；劳动力成本以总体单位劳动力成本和制造业劳动力成本表示；以经济规模（GDP）为控制变量。根据统计数据计算的体品出口贸易竞争力指数（TCI）显示出我国体品制造业出口贸易具有比较优势，但 2012 年后有明显的降低趋势。实证分析结果发现，总抚养比（人口红利）和制造业劳动力成本上升显著降低体育用品出口贸易的竞争力，劳动人口总量的增加降低了体品出口贸易竞争力，但不显著；总体单位劳动力成本与竞争力指数呈正相关，但不显著。董强等（2017）通过构建体育用品制造业企业竞争力评价指数体系，采用 Pearson 相关性分析法，研究发现，我国省域体育用品企业竞争力较好的省份为广东、山东、江苏、浙江、福建和四川。

（三）我国体育用品制造业效率

张宏伟和李雪东（2012）认为，"体育用品制造业是体育产业的核心产业"，分析采用 DEA – Malmquist 指数法，基于 2001～2006 年省级数据研究我国体育用品制造业全要素生产率。研究数据源自《中国统计年鉴》、国研网和《中国轻工业统计年鉴》。其中，产出变量为体育用品制造业工业总产值，投入要素为以体育用品制造业从业人数代替劳动要素投入数据，资本要素投入数据以体育用品制造业固定资产年均余额代表。其研究发现：①2001～2006 年 TFP 均值呈现负增长趋势。主要原因在于资本存量大幅增加，而劳动投入未能匹配（这种矛盾表现为较快的资本深化过程，而全要素生产率的降低正是由于资本深化过程中资本代替劳动或资本排斥劳动的结果）。②东部地区在近五年的全要素生产率体现出明显的地区优势。③外资企业的 TFP 高于内资。

李书娟（2017）运用数据包络（DEA）和 Malmquist 全要素生产率指数方法，研究湖北圣光体育用品制造业效率。数据基于 2012～2013 年湖北省体育用品制造业数据。研究确定了职工平均人数、固定资产、流动资产、销售费用为投入指标；主营业务收入、工业总产值为产出指标。研究结果发现，相对于湖北省其他制造业而言，体育用品制造业均处于无效状态，存在投入过多和产出不足，其中职工人数和销售费用投入冗余相对严重。2012～2013 年，湖北省体育用品制造业全要素生产率下降 12.1%，处于负增长。虽然科技进步实现了正增长，但纯技术和规模无效造成了全要素生产率的负增长，其中纯技术无效是主要原因。建议加大科技投入和创新，逐步提高行业准入门槛。

马轶群（2017）则就"生产率悖论"问题对体育用品制造企业进行研究。研究采用 2013 年的《中国工业企业数据库》截面数据，选择文教体育用品制造业中的体育用品制造业数据，采用三种方法测算生产率，研究发现三种方法测算的生产率均显示支持"生产率悖论"；研究进一步对"自选择效应"进行实证，通过 logit 和 Probit 模型检验，结果同样支持"生产率悖论"。研究认为造成"生产率悖论"的原因在于：国内市场进入和竞争成本较高；出口中加工贸易企业占比较高；以及国际分工的比较优势差异。

（四）全球价值链对体育用品制造业出口贸易的影响

潘磊（2016）选取 2003～2012 年体育用品制造业对外贸易数据，采用时间序列计量分析。分析结果发现在分析期内，体育用品制造业外商直接投资（FDI）增速表现为来回波动趋势，占全国 FDI 比重稳中有升；FDI 和我国对外直接投资均促进了进出口贸易，但 FDI 累计值是影响进出口贸易的主要原因；FDI 累计值对出口影响率大于对进口的影响，短期影响大于长期影响，当年 FDI 变动对进口影响高于出口。因此，他建议进一步加大体育用品制造业开放力度、处理好合理开放与适度保护的关系、正确引导外资投向。

钟华梅等（2017）以 2007～2014 年月度数据为研究样本，以劳伦斯指数代表出口贸易结构稳定性为被解释变量，解释变量分别选取 FDI、汇率、贸易差额、第二产业比重、人力成本，构建多元线性回归模型，分析影响我国体育用品出口贸易结构稳定性的因素。研究结果表明，2007～2014 年我国体育用品出口贸易结构变动幅度较小，贸易结构趋于稳定；FDI 增长、人民币升值、贸易顺差增大有益于提高体育用品出口贸易结构的稳定性；第二产业比重的增大不利于稳定性；人力成本上升显著降低了出口贸易结构的稳定性。政策建议：创建稳定的投资环境、金融环境和贸易环境；调整产业结构，提高第三产业占比；加大企业研发投入。

王学实和潘磊（2018）基于 2003～2014 年数据，研究人民币有效汇率变动对我国体育用品制造业进出口贸易的影响。研究结果显示，进口贸易在长期、短期均与国内收入状况呈负相关，与汇率变动呈正相关；出口贸易在长期与主要贸易伙伴国收入状况、汇率变动呈负相关关系，在短期与主要贸易伙伴国收入状况呈正相关，与汇率变动呈负相关；马歇尔—勒纳条件在我国体育用品制造业进出口贸易中成立，即人民币贬值将有利于改善我国体育用品制造业出口状况。马向文等（2011）基于全球价值链理论，聚焦晋江运动鞋集群，实证研究其升级问题，并以本地和全球两个维度提出了升级的具体政策建议。

小　结

本章首先围绕价值链、全球价值链、产业升级与效率等基本概念及其之间的关系做了进一步的理论介绍和讨论，然后就全球价值链理论的发展脉络、分析框架、主要观点，以及基于全球价值链框架的产业升级研究以及国内学者对我国体育产业升级的研究进行回顾。

产业是一个"中观"概念，其微观主体是企业，通常意义上的企业是作为盈利性经济组织而存在的。获取利润的前提是为市场创造了被认可和接受的"价值"。"价值链"或"增值链"作为一种理论分析视角和理论工具的贡献在于其对企业价值创造链条的解构。价值解构的方法论一旦扩展到全球范围的生产网络和价值链条的研究中，则进而催生出全球增值链、商品链和价值链的分析范式和框架。随着全球经济一体化的不断加强，基于全球价值链视角的研究领域也得到迅速拓展，全球价值链分析框架得到不断的丰富，越来越呈现跨学科研究的特点。

广义的产业升级就其概念本身而言，至少包括产业层面和产业内部升级两层含义。前者表现为不同产业间的转换，其结果是导致产业结构发生变化。动态地看，是要素追求更高产业边际产出的过程。后者则主要是从产品内分工角度出发，寻求价值链条中的更高收益。由此形成了产业升级研究的两种研究范式。虽然研究范式和适用对象存在差异，但本质上都是在研究生产要素如何追求更高边际产出的问题。

从升级研究的价值链范式看，无论是 Humphrey 和 Schmitz 的 HS 价值链升级模式，还是 Hobday 针对东亚新兴国家发展的 OEM – ODM – OBM 升级路径，以及由"微笑曲线"底部向两端的升级方式，这些"经典"的研究方法实际上都是在探讨和揭示经济行为主体（企业）基于价值链条主动寻求更高增加值（收益）的行为模式和路径。正如杰里菲所说，基于全球价值链的产业升级，其目的在于提升参与全球生产的收益。但是这里的更高收益或更高增加值的一个必要前提条件是效率提升所带来的增加值增长，或者说是增加值率的提升。因此，那些基于全球价值链背景下研究通过内涵式增长模式提升增加值（升级）的研究，虽然没有像"经典"一样严格基于价值链路径进行分析，但本质上是基于相同的原理，其优点是更进一步拓宽了研究的方法和视角，丰富了价值链分析框架。

"经典"的价值链分析将全球价值链和全球生产分工网络视为一种组织形式。全球价值链形成的过程也就是组织建构的过程。当我们从组织的视角看待价值链和分工网络时，治理问题就自然而然地浮现出来了。价值链条的驱动者通常也占据着领导者的位置，是游戏规则的主导者甚至是制定者。而各种细分的价值链治理类型，通常体现了价值链条的主导者与其他涉链成员之间的博弈结果。治理关系决定了利益分配的问题。因此，从治理关系类型的角度看，升级未必一定是进行链条上的"位移"，在某个环节的势力增强，同样可以带来利益的重新分配，达到效益改善的目的。从经济租的视角看，具有较高进入壁垒的价值链位置（环节）通常具有较高的"租金"。升级也即在成功逾越壁垒进入高壁垒环节或提高自身所在环节的壁垒两种进路。

总之，全球价值链理论一方面已经形成了比较明确的理论内涵和基本分析框架，另一方面又在不断地"跨界"融合和吸收，处于一个动态完善和拓展的过程中。因此，基于全球价值链分析框架下的研究在理论应用和研究视角方面存在明显的多样性。同时，由于（全球）价值链本身就具有异质性，更深入的理解需要基于更深入的分类分析（UNIDO，2015）。另外，全球价值链概念的界定、测度方法以及具体数据标准还缺乏共识，或者说仍处于不断丰富和深化的过程中，这也是基于全球价值链框架下的研究呈现多样性的另一个原因。

当前，国内学者对我国体育用品制造业发展状况与升级进行了多方面的研究，普遍认为我国体育用品制造业面临诸如"大而不强"、利润水平低下、创新能力弱、产品同质化、低价竞争、面临被低端锁定的风险、品牌影响力差等问题。这些风险和问题既是我国体育用品制造业升级的动因，同时又是解决问题的思考方向。国内学者们对体育用品制造业升级的研究，多数是基于全球价值链的经典升级思路展开的。譬如对应于产品、工艺升级的升级途径实行创新驱动、增加研发投入、提升技术含量、产学研结合等；培育品牌、加强品牌文化建设可以归类到价值链攀升（由生产端向市场和营销端攀升）；向服务化转型的途径则属于功能和链条升级；顺向对外投资的目的是利用当地的低价劳动力成本优势，即使一种分工的梯队转移，又是自身向价值链高端攀升的表现；国内价值链—区域价值链—全球价值链的路线图则体现了价值链治理控制权重塑的行动路线设想。

总体上看，国内有关体育用品制造业的研究仍以定性研究为主，定量的实证研究相对有限。在研究视角、研究方法、理论运用等方面较为单一，如企业功能升级的研究更多的是对单纯研发投入和品牌投入的强调，而没有重视或关注从效率的角度进行更深入的实证研究；缺乏对全球价值链影响机制的理论刻画与实证研究；主要采用较为"经典"和传统的价值链升级理论，缺乏基于其他相关理论的讨论；而且，多数研究停留在传统的"供给侧"一端；在实证研究的数据采用中，企业微观数据的使用十分有限，停留在行业数据层面的实证研究容易导致"宏观加总偏误"，影响对研究对象的现实解释力。本书的研究在吸收全球价值链主要理论观点和基本分析框架的同时，综合运用相关理论，主要采用企业微观数据，探讨和研究全球价值链背景下我国体育用品制造业如何实现进一步升级。

第二章　全球价值链背景下发展起来的我国体育用品制造业

　　中国近代的体育用品是舶来品。直到 19 世纪末，我国才逐渐出现经营体育用品的商家和制造厂家。外国传教士、军事教官，以及外国侨民和中国留学生将现代体育引入中国的同时，与现代体育相伴的体育用品也随之进入中国（席玉宝等，2006）。

　　1910 年，旧中国举办了第一届"全国运动会"，这种现代概念的运动赛事推动了现代体育运动在中国的兴起，同时也催生和促进了对体育用品的需求。中国最早的一批体育用品民族企业产生了。天津的"春合""利生""华北"，上海的"华东""中华""大华"，河北保定的"步云"以及北京的"时昌"，这些带有鲜明时代烙印的企业成为其中的代表者。

　　中华人民共和国成立之初，国内体育用品企业主要集中在上海、广州和天津三地。中华人民共和国高度重视体育运动，蓬勃发展的各项体育运动促进了体育用品业快速发展。中华人民共和国成立初期，上海私营体育用品制造工厂有 20 家，规模均较小。到 1955 年，上海体育器材制造工厂已经增加到 250 家。1956年开始的公私合营，不仅是一项所有制改造活动，在某种程度上也是中华人民共和国成立以后的一次行业的资源整合。部分以手工制造模式为主的体育用品工厂先后进行合并，成立中心厂。1962 年后，合营企业进一步改造为国营或集体性质的企业。

　　计划经济体制下，我国体育用品制造业被划归"二轻"系统之下的一个小门类，全国范围内生产企业近百家，主要以国有企业为主。这一时期，体育用品的主要生产基地仍是上海、天津和广州等沿海轻工业发达的城市。产生了诸如"红双喜"（乒乓球）、"火车头"和"锦杯"（篮、排等球类）、"回力"和"飞跃"（球鞋）以及"梅花"（运动服）等体育用品厂商和品牌。尽管经过了多年发展，但总体上说，体育用品企业的规模仍然相对较小、机械化程度低、标准化程度不高、国际标准还没有被普遍引入和执行，国际认证更是鲜有使用。这种状况下，"出口创汇"成为一种奢望。从国内需求端来看，体育用品市场发展相对缓慢，大众对体育用品的消费尚没有形成规模化市场需求。很大一部分体育用品销往学校、体校、各级运动队。究其原因，与消费水平低、城镇化不高以及大众运动健身认识仍处于初级阶段直接相关。

党的十一届三中全会以来，改革开放政策为中国体育用品业的发展注入了极大的活力，全球贸易自由化和国际分工的发展为我国体育用品业发展提供了难得的机遇。

立足于改革开放以来形成的全球产业链，我国已经成为体育用品的制造基地，是世界上能够生产制造体育用品品类最多的国家。我国体育用品制造业发展成为名副其实的全球化产业（江小涓等，2018）。当前，体育用品制造业已经发展为我国体育产业的支柱性部门。体育产业在我国作为国民经济中一个独立产业，其发展起步较晚，在某种程度上可以称为我国的"新兴产业"，其未来的发展会在市场力量的拉动作用和政府政策的推动作用下保持较快的发展速度。

体育产业整体上可以分为体育服务业和体育用品制造业两部分，但长期以来我国体育产业在结构层面是以体育用品制造业为主。体育用品制造业与体育服务业的比例长期为7∶3，该比例与一些体育产业成熟的国家3∶7的比例形成鲜明的对比。我国体育用品制造和销售是体育产业持续发展的"发动机"（孔令夷，2013），体育用品制造业是我国体育产业发展的核心部分（陈颇，2017）。项亚光（2018）指出，在我国，体育用品制造业的成长反哺了其他体育主体产业的发展。魏和清等（2018）则将体育用品制造业认定为我国体育产业的主体。近年来，我国体育服务业发展较快，从增加值数据看，体育用品制造业占比下降到50%以内，但实际上统计在服务业中的还包括体育用品的销售和贸易等，这些与制造业密切相关并依赖于制造业的部分又占到一半的比例。如果两者相加，其所占比重仍然超过3/4。在未来的一段时间内，我国体育用品制造业在体育产业中的高占比情况还将继续，并具有其合理性。未来体育产业的结构改变要靠体育服务业的加速发展，而不是降低制造业产出，不能自毁优势（江小涓，2018）。

我国体育用品制造业是在20世纪80年代随着经济特区创立和加工贸易兴起而快速发展起来的，主要凭借的是劳动力等生产要素成本的比较优势和沿海地区政策优势。我国体育用品制造业较早地嵌入全球价值链，是典型的出口导向型产业。可以说融入全球价值链和参与国际分工是我国体育用品制造业快速发展的关键性驱动因素。因此，全球价值链也就成为研究我国体育用品制造业发展的一个重要的视角，特别是当我国体育用品制造业的全球价值链地位得到进一步的提升，但同时面临初级要素比较优势趋于弱化的挑战，基于全球价值链背景下的研究有其重要的现实意义。

体育用品制造业首先是属于第二产业的制造业范畴，具有制造业活动的共性。相关国际组织和学术研究中对体育用品行业有基本一致的界定，主要包括运动服装、运动鞋和运动用品（器材）三大类。随着体育产业被提升到我国未来发展的战略产业之一，国家统计局 2015 年颁布了首部国家《体育产业统计分类》，并在 2019 年进行了修订。该分类以官方的形式从国民经济统计角度框定了体育产业范围及其作为子行业之一的体育用品制造业的范围，并与国民经济行业分类标准进行了整体对应。

　　本章主要内容安排：第一节旨在厘清体育用品制造业和体育产业的关系，以及作为本书研究对象的体育用品制造业的范围；第二节在简要介绍我国体育用品制造业的发展历程之后，重点通过各类统计数据描述和讨论我国体育用品制造业的发展现状。最后为本章小结。

第一节　体育产业中的体育用品制造业

一、体育产业及分类

　　体育产业的概念和范围是"体育"概念在国民经济产业层面的延伸，但国际上对于体育产业具体内涵与范围的界定并不统一。整体上看，争议的焦点在于两方面：一是体育产业的范围如何界定，范围究竟有多大。二是物质生产类活动和产品是否属于体育产业。

　　在美国，著名学者费尔丁 1994 年将体育产业定义为，向购买者提供包括与体育运动、娱乐和休闲相关的活动、产品、服务、人员、场所和观念的一个市场（Pitts Feilding，1994）。在日本，1990 年日本通产省服务产业课编制出版的《21世纪体育远景》中，提出体育产业包括体育活动、体育用品制造和销售、体育专用设施、体育传媒和相关体育设施等。1995 年，日本的原田宗彦在借鉴美、德、英等经济发达国家体育产业研究成果的基础上，结合日本的体育产业发展研究，提出复合型体育产业类型理论。该理论认为，复合型体育产业包括体育服务产业、体育用品产业、体育空间设施产业，并在这三个产业相互交叉的基础上发展出体育相关流通产业、体育空间设施经营管理产业和职业体育行业（见图 2-1）（李明和邹玉玲，2005）。江小涓等（2018）则将体育产业归为四个大类，分别是体育用品制造业、职业体育业、体育健身与休闲产业、相关配套服务业。体育用品制造业属于制造业，而其他三类则均为服务业。

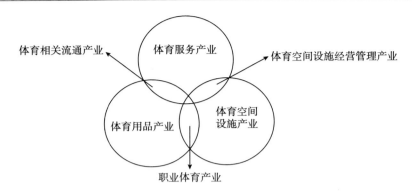

图 2 - 1　经济发达国家的复合型体育产业类型示意（原田宗彦）

资料来源：李明和邹玉玲（2005）。

由此反映出在国民经济的统计分类标准上也存在差异。如加拿大、美国和墨西哥统一使用的北美产业分类体系（NAICS），而《北美产业分类标准》中没有独立的体育产业分类，其中涉及体育用品制造业的分类见于制造业两位数代码（31 - 33）的运动服装制造、运动鞋制造和运动用品制造。欧洲主要国家的关注点放在服务性的体育产业。韩国则就体育产业有单独的统计分类和标准，体育用品制造业包括在其中，体现在"运动和体育用品制造（201）"中，包括运动及游戏设备制造、运动服装及纺织品制造和运动箱包及运动鞋制造三个下位分类（郑芳和杨越，2018）。

在国内，自 1992 年"中山会议"到 21 世纪初，就体育产业概念的争论在学术界一直存在（程林林，2011）。我国的《体育产业发展纲要（1995—2010年)》，将体育产业划分为三个层次：第一层次是体育的主体产业，如体育竞赛表演、训练、健身、娱乐、咨询、培训等方面的经营；第二层次是体育的相关产业，指为体育活动提供服务的经济活动部门，如体育器材和运动用品的生产经营等；第三层次是体育的外围产业，指体育部门开展的旨在补助体育事业发展的产业活动（吴超林和杨晓生，2004）。基于发展纲要的划分层次，2006 年 5 月由国家体育总局、国家统计局等牵头成立的课题组最终将体育产业定性为一种"活动的集合"。同时，将"体育与相关产业"界定为：为社会公众提供体育服务和产品的活动，以及与这些活动有关联的活动集合（中国体育科学学会体育产业分会，2011）。这是一个具有广义性质的体育产业定义，在国际上被各国政府和研究学者较为普遍地采用。2008 年，由国家体育总局和国家统计局颁布的《体育及相关产业分类（试行）》（国统字〔2008〕79 号）采用了该定义。根据此试行分类，体育产业包括三个层次，即体育产业核心层、体育产业外围层、相关体育产业层（见图2-2）。其中，核心层包括体育管理活动、体育竞赛表演活动等；外围层包括体育中介服务、体育培训与教育等；相关层则包括体育用品及相关产品制造、销售，贸易代理与出租等。

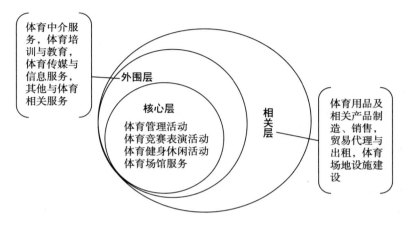

图2-2 我国体育产业分类

资料来源：图中内容依据《国家体育产业统计分类2015》和《体育及相关产业分类（试行）2008》绘制。

2015年对试行分类进行了修订，并由国家统计局颁布了《国家体育产业统计分类》（以下简称《分类》）。大类由原来的8个细化和增加到11个，分别是体育管理活动，体育竞赛表演活动，体育健身休闲活动，体育场馆服务，体育中介服务，体育培训与教育，体育传媒与信息服务，其他与体育相关服务，体育用品及相关产品制造，体育产品及相关产品销售、贸易代理与出租，体育场地设施建设（国家体育总局经济司，2015）。而体育用品及相关产品制造下包括体育用品制造，运动车、船、航空器等设备制造，特殊体育器材及配件制造，体育服装鞋帽制造，体育游艺娱乐用品设备制造以及其他体育用品及相关产品制造。2016年12月，体育总局首次发布了国家统计局依据《分类》提供的2015年中国体育产业统计数据。由于之后国家统计局又更新了《国民经济行业分类》（GB/T4754-2017），2019年，国家统计局就体育产业分类进行修订并颁布《体育产业统计分类（2019）》。修订后的分类仍然有11个大类和37个中类，小类则由52个细化和增补到71个。

二、体育用品制造业及分类

体育用品存在两种界定：一种是指专门用于体育运动并符合运动项目规则的规定、要求的特殊产品（特殊消费品），主要用于竞技体育中的运动竞赛和运动训练；另一种是指主要用于体育活动并符合运动要求的一种特殊生活消费品的总称。我们通常所讨论的体育用品更接近于后者，本书也采用后者的定义。随着物质生活水平的提高、健康理念的提升、生活方式的转变，体育运动已经成为人们日常生活的重要组成部分，同时，体育运动项目越来越丰富、活动的形式与方法更加多样性，这使体育用品在时间和空间上得到延伸。体育用品也不仅包括运动员竞技比赛和训练的专门用品，更包括大众健身运动、运动休闲使用的运动产品，体育用品与日常生活用品之间存在交叉。不过，体育用品总体上仍具有其自身的特性，如运动性、安全性、专门性等（席玉宝等，2006）。

席玉宝等（2006）将体育用品制造业界定为生产体育运动中使用的专门物品的厂商集合，主要包括体育器材制造业、运动服装制造业和运动鞋制造业等。此界定中对三类体育用品的划分与 Lipsey（2006）的分析结论一致。体育用品行业国际性组织——世界体育用品联合会（WFSGI）以及区域体育用品行业组织，如欧洲体育用品联合会（FESI），对体育用品的分类基本一致，整体上也分为体育器材（Sports Equipment）、运动鞋（Athletic Footwear）和运动服装（Sports Apparel）三大类（周建社和陶成武，2013；江亮，2018）。该种划分已经在有关体育用品的研究、行业组织及国际组织交流中被广泛采用（杨明和李留东，2008；张瑞林，2011；孔令夷，2013；张颖，2016；江小娟等，2018，2020；Madeleine Andreff 和 Wladimir Andreff，2009）。在学术研究中基于数据可获得性等原因，一些研究往往倾向于仅采用体育器材类产品作为研究对象（朱云卫和易开刚，2008；马轶群，2017；刘洪铎和陈晓珊，2018），而另一些研究则主要以运动鞋服制造业为代表研究我国体育用品业（谢洪伟和张红艳，2009；陈颇，2017；江亮，2018；李加鹏和陈海春，2018；李建军，2018）。

从现有的各类统计分类标准看，国际和国内有关国民经济和进出口统计分类规则对体育用品的界定存在较大的差异，这给相关体育用品行业的研究带来很大不便，某种程度上妨碍了对体育用品行业更为全面和准确的研究。吴建堂（2016）指出，如果将《国家体育产业统计分类》与联合国颁布的《国际标准行业分类》（ISIC Rev3.0/4.0）、我国颁布的《国民经济行业分类》（GB/T4754－2011）以及中华人民共和国国家标准 GB/T23868－2009 体育用品的分类中有关体育用品、体育用品制造的界定进行比较，会发现各分类体系之间的划分出入明显。

在联合国颁布的《国际标准行业分类》（ISIC Rev3.0）中，运动服装和运动鞋分别归属到纺织服装和皮革、制鞋及相关制品中，而体育器材类总体上被归属到 36 类（家具制造和不另分类制造业）中，但其中的赛马用品、射击用品、台球用品、马术用品等又分别归属到其他类别中。在国际贸易使用的 HS（《商品名称和编码协调制度》，The Harmonized Commodity Description and Coding System）分类标准中，体育器材类产品比较集中地归类在"玩具、游戏品、运动用品及其零件、附件类"（9506）中。而在我国《国民经济行业分类》（GB/T4754 – 2002）中，体育器材配件类在"文教体育用品制造业"之下的"体育用品制造"中体现（四位编码小类：2421、2422、2423、2424 和 2429）。2011 年版本（GB/T4754 – 2011）和 2017 年版本（GB/T4754 – 2017）做了个别的修订。值得注意的是，在《国民经济行业分类》（GB/T4754 – 2017）中，首次针对运动服装类在第 18 大类（纺织服装、服饰业）中，单独划分出两个小类：运动机织服装制造（1811）和运动休闲针织服装制造（1821），并与 2019 年最新修订公布的《体育产业统计分类》中的体育服装制造（0941）直接对应。这一修订也体现出随着体育产业的战略地位提升和体育消费的成熟度快速提高，体育用品及体育用品制造业作为独立和完整的品类与行业分类存在越发显得重要。

我国体育产业独立的产业分类始于 2008 年的《体育及相关产业分类（试行）》。2015 年，国家统计局正式颁布了《国家体育产业统计分类（2015）》。其中"体育用品制造业"大类（09）下，分为 6 个中类，分别是：体育用品制造（091），运动车、船、航空器等设备制造（092），特殊体育器材及配件制造（093），体育服装鞋帽制造（094），体育游艺娱乐用品设备制造（095），其他体育用品及相关产品制造（096）。2019 年基于新修订的《国民经济行业分类》（GB/T4754 – 2017），国家统计局就《国家体育产业统计分类（2015）》进行了进一步的修订，颁布了修订后的《体育产业统计分类（2019）》。2015 年版中的"体育用品制造业（09）"名称调整为"体育用品及相关产品制造（09）"，该大类下的中类由 6 个调整为 4 个：体育用品及器材制造（091）、运动车船及航空运动器材（092）、体育用品相关材料制造（093）、体育用品和设备制造（094）（094 中类的内容基本上是整合了 2015 年版分类中的 094、095 和 096 三个中类）。

从 2008 年的《体育及相关产业分类（试行）》到 2015 年国家统计局正式颁布《国家体育产业统计分类（2015）》，再到 2019 年的修订版，其内容和分类在不断丰富和细化。这种丰富和细化从侧面反映了作为我国"新兴"产业的体育产业的发展过程。

本书的研究依据我国体育用品制造业的总体情况，基于国际组织、行业组织实践和已有研究的处理方式，将体育用品制造业的主体部分界定为运动服装制造、运动鞋制造和运动用品（运动器材或配件类）制造。在现实中，为数众多的体育用品品牌厂商会同时生产或经营运动服和运动鞋类产品，甚至运动配件类产品，譬如比较知名的体育用品品牌公司耐克（NIKE）、阿迪达斯（ADI-DAS）、彪马（PUMA）、李宁、安踏等，因此在实际经济生活中通常也将运动服装和运动鞋制造统称为运动鞋、服制造业。

第二节 我国体育用品制造业的发展

一、改革开放以来的四个发展阶段

中国体育用品制造业的发展同中国经济的改革开放历程紧密联系在一起。自计划经济时代向改革开放时代转变伊始，我国体育用品制造业的发展可以分为四个阶段（鲍芳芳，2013）：初期发展阶段（1978～1991年）、快速和多元化发展阶段（1992～2000年）、加速发展和渐趋成熟阶段（2001～2010年）、调整与升级阶段（2011年至今）。

（一）初期发展阶段（1978～1991年）

初期发展阶段的特点是公有制企业独占和沪、津、粤三地区域集中以及产品单一、企业数量少的状况开始改变。依托劳动力要素的比较优势，我国体育用品制造业承接了大量的海外订单，加工企业数量快速增长，广东的珠三角和福建沿海地区形成了体育用品制造业的主要加工基地。期间，政府通过体育用品博览会和大型运动会等形式为体育用品制造业的市场化助力，如1986年的北京国际体育用品展览会和1990年的第11届亚运会。

（二）快速和多元化发展阶段（1992～2000年）

快速和多元化发展阶段的特征是体育用品制造业呈现出投资主体、所有制形式、产品种类的多元化，以及本土企业数量迅速增加的同时，一些企业开始从事自主品牌经营。政策方面的影响更加具体化，1993年，原国家体委颁布了《关于培育体育市场、加速体育产业化进程的意见》。1996年的"九五"计划和2010年愿景目标纲要中提出"体育事业"要走社会化、产业化道路。

（三）加速发展和渐趋成熟阶段（2001～2010年）

加速发展和渐趋成熟阶段的两大历史性事件是2001年中国加入世贸组织以及2008年北京成功举办奥运会。前者极大地促进了体育用品制造业的外向型发展，后者则进一步扩展了体育用品的国内市场、扩大了国内需求。此阶段中，中国体育用品制造业继续凭借资源禀赋的比较优势以及积累起来的配套基础发展成为体育用品制造业大国。规模以上体育用品制造业企业的数量由2001年的三四百家增加到2010年的上千家（期间，国家统计局对规模以上企业的标准有调整），总资产额也从不到200亿元增长到近600亿元。体育产业集群在东部沿海地区逐渐形成，如福建晋江、广东乐陵等体育产业基地。国内的运动用品和运动鞋、服企业的品牌意识逐渐增强，本土体育品牌如雨后春笋般出现，并积极扩展国内的销售渠道，纷纷在国内二三级及以下市场跑马圈地。这个阶段后期的另一件国际性事件，即2008年的全球性金融危机，出口导向型或外贸依存度较高的体育用品制造业企业首先受到影响，对以国内市场为主的体育用品企业的影响随后凸显。

（四）调整与升级阶段（2011年至今）

产业（或企业）的升级是一个动态和累积的过程。尤其在一个市场化程度很高的产业中，市场竞争和生存法则迫使企业不断寻求效率的提升，也就客观上推动产业的升级。但是当产业受到"外生"事件的巨大冲击时，调整和升级就成为生死存亡的问题，也就显得更加重要了。2008年爆发的全球金融危机就是这个"外生事件"，该冲击给我国严重依赖加工出口的那部分体育用品制造业企业带来了巨大的影响，对那些有一定规模和资金实力的体育用品大型企业和上市企业的影响在2009年后也逐步显现出来。根据《中国体育用品产业发展白皮书》公布的数据，2008年和2009年体育用品制造业的工业增加值增速同比分别下降了约25%和50%。出口增长率也显著回落。即使是那些已经具有一定规模和资金实力的体育用品上市企业，2011年的财报也显示其业绩普遍大幅下滑，库存高企、普遍进行低价促销，并引发"关店潮"。直到2016年，这些企业中的多数企业的营业收入仍未超过其之前的历史高位。无论是这些具有行业代表性的企业还是整个体育用品制造业都面临紧迫的调整和升级，调整、转型和升级成为这一阶段的关键词。

二、产业发展的政策支持与引导

政府有关鼓励体育经济、体育产业发展，鼓励开展全民运动与健身的计划、条例（如2009年《全民健身条例》和2016年印发的《全民健身计划（2016—2020年）》）以及人口政策调整都对直接与国民健康、生活方式息息相关的体育用品制造业产生了直接的促进作用。党的十八大以来涉及体育用品制造业的主要支持性政策体现在两个指导意见和两个规划中（樊烨，2018）。

《国务院关于加快发展体育产业促进体育消费的若干意见》（国发〔2014〕46号）中明确提出鼓励大型体育用品制造企业加大研发投入、充分挖掘品牌价值，扶持一批具有市场潜力的中小企业。支持体育用品制造业创新发展，提升传统体育用品的质量水平、提高产品的技术含量。工信部的《关于促进文教体育用品行业升级发展的指导意见》（工信部消费〔2016〕401号）中指出，经过多年发展，我国已经形成了从原材料、零部件到产品设计、生产、物流的完整的产业体系，成为世界文教体育用品生产、出口和消费大国。但是我国文教体育用品行业大而不强的问题比较突出。企业研发设计、技术创新能力薄弱，产品同质化现象严重，生产设备的自动化程度与国际先进水平差距较大，产品加工精细化程度不高，缺乏国际知名品牌，国内高档产品市场多被国外知名品牌占领。因此，要加快开发绿色、智能、健康的多功能中高端产品，支持骨干企业加快智能室内健身器材、休闲运动器材、大力发展赛事用球、促进冰雪用品的产品研发生产等。

在《轻工部发展规划（2016—2020年）》（工信部规〔2016〕241号）中，搭建基础性创新平台工程得到重视和强调，鼓励体育器材制造业搭建设计软件开发与新材料、新产品创新平台。强调推动（文教）体育用品工业向绿色、健康、新颖、实用方向发展。支持企业加工工艺和装备改造升级，加快采用自动生产线、数控生产线和专业类型的加工设备等。

《体育产业发展"十三五"规划》（国家体育总局，2016）将体育用品制造业作为体育产业的一个重要组成部分，提出实施体育用品业升级工程、提升体育用品业发展层次，引导体育用品企业向服务业延伸发展，形成全产业链优势、丰富体育产品的市场。在结合传统制造业去产能的同时，引导体育用品制造企业转型升级，鼓励企业通过海外并购、合资合作、联合开发等方式，提升高端器材装备的本土化水平、鼓励新型体育器材装备、可穿戴式运动设备、虚拟现实运动装备等的研发。支持体育类企业积极参与高新技术企业认定，提高关键技术和产品的自主创新能力，打造一批具有自主知识产权的体育用品知名品牌。

国家发展改革委《产业结构调整指导目录（2019）》共涉及48个行业和1477个条目，其中鼓励类条目821个。在鼓励类产业中的第39项是体育产业，这是体育产业首次作为单独行业被列入鼓励项目。目录中，体育行业所涉及的11个条目与国家统计局最新公布的《体育产业统计分类（2019）》同步对应。其中，包括"体育用品及相关产品研发及制造""体育用品及相关产品销售、出租与贸易代理"。此目录修订的主旨之一是促进传统产业转型升级和推动制造业高质量发展。

三、体育用品制造业发展现状

改革开放以来，中国体育用品制造业和我国其他劳动密集型制造业一样依托要素的成本优势，以出口导向型为主要发展模式，得以较快发展。以下从产业增加值增长情况、规模以上企业发展状况和对外贸易发展等几个方面进行重点分析与说明：

（一）增加值增长情况

根据《中国体育用品产业发展白皮书》（2017）发布的数据进行整理，我国体育用品制造业增加值从 2006 年的 782 亿元增长到 2016 年的 3077 亿元，11 年间增长了将近四倍，占我国 GDP 的比重由 0.35% 提升到 0.41%，期间有波动。在绝大多数年份中，体育用品制造业增加值增长率高于同期全部工业增加值的增长率，尤其是 2008 年之前和 2014 年之后。具体数据如表 2 - 1 所示。

表 2 - 1　中国体育用品制造业增加值及增长率

年份	2006	2007	2008	2009	2010	2011	2012	2013	2014	2015	2016
体育用品制造业增加值（亿元）	782	1009	1230	1350	1692	1760	1936	2087	2418	2756	3077
同比增长率（%）	—	29.03	21.90	9.76	25.33	4.02	10.00	7.79	15.86	14.01	11.65
全国 GDP 占比（%）	0.35	0.37	0.38	0.39	0.41	0.36	0.36	0.35	0.37	0.40	0.41
工业增加值增长率（%）	12.9	14.9	10	9.1	12.6	10.9	8.1	7.7	7	6	6
全国 GDP 增长率（%）	12.7	14.2	9.7	9.4	10.6	9.5	7.9	7.8	7.3	6.9	6.7

资料来源：体育用品制造业数据根据相关年度《中国体育用品产业发展白皮书》数据整理和测算。其他数据源自国家统计局"国家数据网"。

（二）规模以上企业发展状况

1. 总体发展状况

由于国家统计局对规模以上企业的门槛标准在 2007 年和 2011 年有过两次调整，所以不便于单纯比较不同时期的企业数量。从平均产值来看，2016 年的行业规模以上企业平均产值为 1.39 亿元，是 2008 年的 2.6 倍，高于制造业整体增长（2.2 倍）幅度。而平均资产规模同期也有了较大的提升，约为 2008 年的 2.3 倍，资产规模的增幅低于同期制造业整体平均增幅（2.9 倍）。具体数据如表 2 - 2 所示。

表 2 - 2　运动用品制造业规模以上企业总体状况

年份	企业单位数量（家）			企业平均产值规模（亿元）			企业平均资产规模（亿元）		
	2008	2013	2016	2008	2013	2016	2008	2013	2016
运动用品制造业	1297	977	1076	0.54	1.17	1.39	0.36	0.69	0.81
球类制造业	189	138	145	0.40	1.10	1.24	0.30	0.61	0.61
体育器材制造业	354	261	307	0.56	1.25	1.43	0.39	0.76	0.92

年份	企业单位数量（家）			企业平均产值规模（亿元）			企业平均资产规模（亿元）		
	2008	2013	2016	2008	2013	2016	2008	2013	2016
训练健身器材制造业	355	255	276	0.66	1.14	1.37	0.41	0.69	0.79
运动防护制造业	140	117	124	0.43	0.99	1.30	0.33	0.46	0.58
其他体品制造业	259	206	224	0.52	1.26	1.50	0.32	0.77	0.93
制造业	396950	343584	355518	1.08	2.61	2.35	0.81	1.94	2.35

注：根据国家统计局的规定，2008 年规模以上企业包括主营业务收入达到 500 万元及以上的工业法人企业；2013 年和 2016 年的规模以上企业指收入达到 2000 万元及以上的工业法人企业。

资料来源：数据基于《中国经济普查年鉴》《中国工业统计年鉴》数据测算。

2. 企业经营效益

以 2016 年的数据为例，当期运动用品制造业的利润率约为 6%，与整体制造业利润率基本持平，略高于纺织服装制造业的利润率，低于制鞋业的利润率。但从人均产值和人均营收指标考察，运动用品制造业以及纺织服装制造业和制鞋业的指标值明显低于制造业的整体平均值。该现象与体育用品制造业属于制造业中的劳动密集型部门相关，企业平均用工数指标的对比情况也印证了这一点。具体数据如表 2 - 3 所示，该表中的纺织服装制造业和制鞋业是代理运动鞋、服行业，供比较参考。

表 2 - 3　中国体育用品制造业规模以上企业经营效益

	企业数（家）	利润率（%）	人均产值（万元）	人均营收（万元）	企业平均用工数（人/企业）
制造业	355518	6.06	122.97	123.66	238.31
纺织服装制造业	15445	5.94	54.97	55.15	278.72
制鞋业	4589	6.44	44.16	43.99	392.02
运动用品制造业	1076	6.04	55.75	55.37	249.16
球类制造业	145	6.37	50.79	52.67	244.83
体育器材制造业	307	6.47	56.68	54.19	252.44
训练健身器材制造业	276	5.66	70.72	71.86	193.48
运动防护制造业	124	5.71	38.25	37.45	341.13
其他体品制造业	224	5.93	56.40	56.36	265.63

资料来源：基于《中国工业统计年鉴》（2016）数据测算。

3. 科研和技术能力

《中国经济普查年鉴》（2013）的数据及测算而得的数据显示，总体上无论是运动用品制造业还是可以代表运动鞋、服制造业的纺织服装制造业和制鞋业，其科研和技术开发能力均明显低于制造业的整体平均水平。只有在属于自主知识产权范畴内的企业平均注册商标拥有量一项，运动用品制造业与制造业整体平均水平接近（见表2-4）。这些数据支持了对我国体育用品制造业技术研发、质量水平等的基本判断：企业研发设计、技术创新能力薄弱，产品加工精细化程度不高等。

表2-4　中国体育用品制造业规模以上企业科研和自主知识产权情况

	有R&D活动的企业占比（%）	有研发机构的企业占比（%）	企业R&D经费占比（%）	企业平均注册商标拥有量（项）	企业平均有效发明专利拥有量（项）	当期发明专利申请占总专利申请比（%）
制造业	15.67	12.35	0.88	0.99	0.96	36.57
运动用品制造业	13.20	10.54	0.76	0.91	0.36	14.28
纺织服装制造业	6.66	6.86	0.36	0.62	0.13	14.90
制鞋业	6.22	5.95	0.33	0.65	0.09	19.48

资料来源：基于《中国经济普查年鉴》（2013）测算。

（三）我国体育用品制造业的对外贸易状况

1. 出口贸易依存度

我国体育用品制造业的出口交货值率可以代表该行业的对外出口贸易依存度。统计数据（见表2-5）显示，无论是运动用品制造业还是代表运动鞋、服制造业的制鞋业和纺织服装制造业的出口交货值率均明显高于制造业的整体平均水平。不过从时间序列考察，体育用品制造业的对外贸易依存度呈下降的趋势，特别是在2008年金融危机之后的两到三年，下降趋势明显。这反映了对外贸易依存度较高的行业在全球经济出现下行的情况下，受到的冲击会更大。纺织服装制造业和制鞋业近年的出口占比有了较明显的恢复性提升，但运动用品制造业的出口交货值率却仍呈现缓慢下降的趋势。

表2-5　中国体育用品制造业出口交货值率　　　　　　　单位:%

年份	2002	2005	2008	2010	2013	2016
制造业	20.02	22.06	19.03	15.00	12.56	11.29
运动用品制造业	67.60	64.68	56.71	44.19	41.88	36.92

续表

年份	2002	2005	2008	2010	2013	2016
制鞋业					30.06	26.87
纺织服装制造业	54.49	47.91	35.95	38.53	24.39	20.06

注：出口交货值率＝出口交货值/工业销售产值。表中最后一行数据中 2010 年（含）之前数据为"制鞋业"与"纺织服装制造"之和。数据均为规模以上企业数据，其中 2002 年和 2005 年所涉及的规模以上企业为国家统计局规定的"全部国有及年主营收入达到 500 万元及以上的非国有工业企业"。由于相关年鉴中统计数据分类的详细度口径前后有异，2010 年之前的"运动用品制造"数据基于"文教体育用品制造"。

资料来源：基于《中国工业统计年鉴》《中国经济普查年鉴》数据测算。

2. 对外贸易形式

我国体育用品制造业对外贸易的主要形式有两种：一般贸易和加工贸易。加工贸易中通常又包括来料加工（装配）和进料加工两种主要贸易形式。基于国研网对外贸易数据库数据（2002~2018 年），我们通过海关 HS 四位数编码查询，选择了有代表性的体育用品制造业品类进行测算。其中，运动用品数据为 9504、9506、9507 和 8903 对应的数据，运动鞋类数据为 6402、6403 和 6404 对应的数据，运动服装数据为 6112 和 6211 对应的出口数据。

取样品类数据的测算结果如表 2-6 所示。2002~2018 年，整体上，体育用品制造业出口额中加工贸易出口占比呈下降趋势，加工贸易出口中的来料加工贸易同样呈下降趋势，而同期的一般贸易出口占比则不断提升。三类主要的体育用品情况存在差异，运动服装和运动鞋类的加工贸易出口占比下降速度较快，而运动用品（运动器材类）加工贸易出口占比虽然从 2002 年的 78.87% 逐步下降，但 2018 年的比例仍接近 60%，其中进料加工贸易占比为 51.21%。这表明材料和中间品的进口（或来料贸易形式）在运动用品类制造业的对外贸易中仍是非常重要的影响因素。

表 2-6　中国体育用品制造业出口贸易形式：主要贸易类型占比

	年份	出口总值（百万美元）	一般贸易出口占比（%）	加工贸易出口占比（%）	来料加工（装配）贸易占比（%）	进料加工贸易占比（%）
运动用品	2002	4912.76	18.62	78.87	16.37	62.50
	2007	16832.88	21.14	75.21	12.60	62.61
	2010	17404.54	29.20	64.89	12.77	52.12
	2015	22823.84	37.42	53.20	4.74	48.46
	2018	25602.89	33.24	59.60	8.39	51.21

续表

年份		出口总值 （百万美元）	一般贸易出口 占比（%）	加工贸易出口 占比（%）	来料加工（装配） 贸易占比（%）	进料加工 贸易占比（%）
运动 鞋类	2002	10071.88	35.11	54.09	17.71	36.38
	2007	22062.63	49.81	37.25	11.78	25.48
	2010	30522.83	58.01	32.66	8.74	23.92
	2015	48427.86	64.71	20.10	4.36	15.74
	2018	42687.24	64.68	16.46	3.19	13.26
运动 服装	2002	1859.93	49.66	33.56	16.95	16.61
	2007	5544.87	74.59	20.65	10.6	10.05
	2010	4363.27	72.29	19.04	10.05	8.99
	2015	5659.66	77.03	13.82	5.83	7.99
	2018	5758.83	80.30	10.44	3.81	6.63

注：贸易占比为各贸易类型占出口总值的比重，其中加工贸易占比为来料加工装配贸易占比与进料加工贸易占比之和。

资料来源：基于国研网对外贸易数据库测算。

3. 对外贸易的空间分布

本部分数据同样源于国研网对外贸易数据库数据（2002～2018年），依据四位数海关编码（HS）的品类数据取样同上。三类体育用品产品的出口目的地的空间分布从出口额的占比角度看呈现较大差异（见表2-7）。

运动用品（运动器材）类，2002～2018年，对欧洲、北美洲出口占比整体比较稳定，对亚洲出口有较大幅度下降，特别是2008年之后，但期间对日本、韩国出口占比略有增长；对拉丁美洲和大洋洲的出口占比有较大幅度的增长，但所占比重仍然较低（均低于5%）。

运动鞋类，对亚洲的出口占比呈现明显增长，2010年之后增幅尤为明显；但对北美洲的出口占比出现较大降幅，而对拉丁美洲和非洲占比有所增长。

运动服装类，对亚洲的出口占比呈现明显的"U"形，2008年前后处于"U"形的底部区域，期间对日本、韩国的出口占比出现下降趋势，尤其是对日本出口占比大幅下降。在对欧洲的出口占比呈现下降的同时（对俄罗斯的出口占比下降幅度显著），对北美洲和大洋洲的出口占比有较大幅度的增长。

2002～2018年，虽然三大品类的体育用品对外贸易的空间分布特点和动态趋势各异，但从整体的空间结构看存在以下特点：一是我国体育用品制造业出口仍以传统的亚洲、欧洲和北美洲市场为主。二是在出口贸易出口空间结构调整政

表2-7 中国体育用品制造业出口贸易空间分布：贸易国家或地区占比

单位：%

国家（地区） 年份		亚洲	中国香港	日本	韩国	欧洲	英国	德国	法国	俄罗斯	北美洲	加拿大	美国	拉丁美洲	大洋洲	非洲
运动用品	2002	29.85	16.85	8.18	1.55	26.14	2.39	2.99	1.46	0.58	41.16	2.27	38.89	1.23	1.18	0.44
	2007	34.84	22.43	7.67	1.01	22.99	4.93	5.05	1.46	1.36	37.76	1.86	35.90	1.88	1.96	0.57
	2010	23.20	6.02	8.11	1.89	27.92	4.46	9.40	1.97	1.37	41.44	2.29	39.15	3.64	2.75	1.04
	2015	23.92	6.13	6.69	1.43	27.97	5.55	4.54	1.88	1.25	39.82	3.83	36.00	3.88	2.79	1.61
	2018	23.94	4.57	9.25	2.07	27.48	4.79	3.10	1.49	1.00	40.21	3.36	36.85	4.24	3.08	1.06
运动鞋类	2002	19.59	4.57	7.62	1.06	21.67	2.02	1.26	1.10	4.50	50.27	1.87	48.40	3.66	1.51	3.31
	2007	19.83	5.51	6.21	1.32	30.82	2.65	3.09	1.89	7.00	37.68	1.91	35.76	5.53	1.51	4.64
	2010	20.63	3.45	6.06	1.29	28.91	3.54	3.93	2.17	5.25	36.21	2.01	34.20	6.95	1.76	5.54
	2015	29.85	3.00	4.34	2.20	25.91	5.54	3.94	1.61	3.33	29.28	1.66	27.62	4.70	1.76	8.50
	2018	29.05	2.27	4.50	2.10	28.01	3.44	4.18	1.56	4.20	28.32	1.51	26.81	5.33	1.72	7.57
运动服装	2002	63.2	10.73	35.17	8.70	26.87	1.67	3.29	1.30	6.74	4.58	1.62	2.96	1.98	1.32	2.05
	2007	38.22	4.43	11.73	3.05	35.26	2.77	4.31	1.53	12.01	16.33	6.18	10.15	4.17	1.32	4.69
	2010	36.04	2.87	17.55	3.39	34.58	4.41	5.49	3.40	3.67	18.99	2.43	16.56	3.45	3.13	3.80
	2015	50.20	14.62	5.96	4.45	17.73	2.63	3.04	1.17	1.53	19.29	1.29	17.98	5.80	2.22	4.76
	2018	47.72	12.12	5.93	4.37	19.11	2.28	3.12	1.24	1.93	20.68	1.42	19.26	5.98	2.30	4.21

注：表中数值为体育用品取样品类出口各地区和国家金额占该品类年度总出口额的比例。其中，运动用品类数据为海关 HS 编码（四位）为9504、9506、9507 和8903 对应的数据，运动鞋类为6402、6403 6404 对应的数据，运动服装为6112 和6211 对应的出口数据。

资料来源：基于国研网对外贸易数据库测算。

策的推动下，对拉丁美洲、大洋洲和非洲的出口占比有明显增幅，但所占比例仍然较低，出口空间结构的调整速度（改善速度）非常缓慢。另外，中国香港作为传统上主要的转口贸易港的作用明显弱化。

（四）我国体育用品制造业产业集群现状

我国实施改革开放政策极大地推动了国际产业向我国大陆地区转移的步伐，欧洲、美国、日本等发达国家和地区以及我国香港、台湾地区的大量劳动密集型产业，包括体育用品类的生产、加工、制造和组装等附加值偏低的环节被转移到劳动力成本较低的大陆地区。我国东部沿海地区，如广东、浙江和福建等地借助地理区位优势、鼓励政策以及大量中小民营企业的灵活经营机制等优势，承接了体育制造产业的国际转移，迅速发展为国际体育品牌跨国公司的产品加工和制造基地，成功嵌入其全球生产和价值链分工体系。根据研究测算（杨明，2016），2012年，长三角、珠三角和福建沿海的体育用品制造业基尼系数分别达到0.675、0.703和0.792，处于高度集聚状态，已经形成相关运动产品制造的产业集群。李骁天和王莉（2007）的研究显示，在2008年金融危机爆发之前，我国粤、苏、浙、闽、沪等省市区集中了中国76.38%的运动服装生产企业、79.74%的销售产值和86.04%的出口交货值。

从整体上看，中国体育用品制造业长期为国际品牌商和零售商提供加工生产服务，处于价值链分工的低端环节，也就是Marceau等（1997）所提出的低端发展路径（Low Road）。低端发展路径主要体现为依靠低要素成本，主要生产劳动密集型产品的集群发展道路。同时，体育用品制造业的产业装备技术结构较为落后，据许玲（2011）测算，2009年末，我国体育制造产业装备按原值计算能够达到国际水平和国内先进水平的仅占13%和21%。另外，我国体育用品制造业产业集群存在明显的"复制群居链"的特点，其知识溢出和创新效应并不显著（杨明，2016）。

从产品类型结构上看，目前浙、苏、沪、福、粤、鲁六个省市的体育用品制造业产业集群所制造的体育类产品几乎涵盖了《体育及相关产业分类》标准中的所有品类。其中，运动服装制造集群主要集中在广东中山、福建石狮、浙江海宁等传统的服装加工生产区域。运动鞋制造业集群主要集中在福建晋江和莆田、广东东莞、浙江慈溪以及江苏昆山。体育器材类制造业集群主要分布在山东乐陵、浙江富阳、江苏扬州和泰州、河北沧州等地区。其中，山东乐陵在2012年规模以上企业达到60多家，从业人员1.85万人，在体育器材类占据国内市场份额之首。杭州富阳上官乡逐渐发展成为羽毛球拍、乒乓球拍等球拍的主要基地，被称为"中国球拍"之乡。全乡拥有球拍及配件企业380多家，从业人员2.5万人，年产球拍超过1亿副，占国内中低档球拍的市场份额达到80%以上。浙江安吉年产乒乓球 2 亿只，产品 60% 出口。

低成本特性的体育用品制造业产业集群的快速发展得益于在改革开放的制度创新激励下的以生产要素相对优势嵌入到体育用品制造业的全球价值链分工体系中，但同时，体育用品制造业集群发展长期依靠模仿，新企业的进入绝大多数是对老企业的模仿，形成了一种所谓的"原位膨胀"的发展模式。这种发展模式的可持续性在 2008 年金融危机之后面临更为严峻的挑战。

四、体育用品制造业全球价值链与产品生命周期

以下以运动鞋、服制造为例简要介绍和分析体育用品制造业（全球）价值链构成与体育用品代表性厂商的产品生命周期管理。

（一）运动服装的全球价值链

Gereffi 和 Memedovic（2003）在以耐克公司（NIKE）和锐步公司（Reebok）为例研究（运动）服装全球价值链时给出了一份服装价值链示意图（见图 2 – 3）。该示意图是以美国品牌商为价值链主导企业所形成的全球价值链网络。Gereffi 和

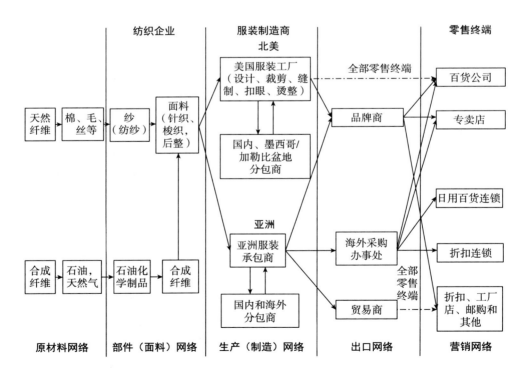

图 2 – 3   （运动）服装全球价值链示意图

资料来源：翻译整理自 Gereffi 和 Memedovic（2003）。

Memedovic 所示的价值链构成，除了从原材料到销售终端做了较为完整的刻画外，其另一特点是对贸易商和零售端业态的分类非常细致。①

Gereffi 和 Memedovic 刻画的服装价值链中，从原材料到零售终端（多种业态）分为五大价值链环节，每一环节均为多厂商参与且可能存在相互联系，因此称为网络（Network）：原材料网络、部件网络（即面料网络）、生产（制造）网络、出口网络（国际贸易网络）和营销网络（销售网络）。实际上在原材料和部件网络中还缺失了两个构成部分：印染与辅料。纺织和印染是两种不同的生产环节（价值链环节）。印染除了必要的设备、基础设施外，很重要的一种材料是染料。染料因种类和质量不同，科技含量存在较大差异，我国重要染料依靠进口。根据成衣的不同，辅料种类十分丰富，主要的有纽扣类、拉链类、填充物（羽绒、化纤）类、洗唛和标识类、包装物类等。这些辅料多数是由与制衣业配套的非纺织类厂商组织批量制造的。

从价值链的主导企业来看，无论是大型跨国企业（如耐克）还是本土企业（如李宁体育用品和安踏体育用品公司），它们基本上分为两种类型：一种是所谓的"轻资产"类型，如耐克，其生产部分基本上采取外包的形式。但这并不意味着没有任何自己的生产基地，对于那些高技术含量或核心技术材料或部件的生产，通常还是直接进行垂直化管控。如耐克运动鞋中使用的气垫部件（Air Cushioning Component），属于其核心技术，则主要由其子公司和经过严格挑选的长期合同制合作方制造生产。另一种是所谓的"重资产"类型，如我国晋江发展起来的主要体育用品企业，它们一般都拥有自己的生产基地，虽然随着规模的扩大也不断扩大外包规模，但自有生产基地仍然占比较高，特别是在运动鞋类产品方面，这些厂商基本上是由 OEM 模式起家的。

依据耐克公司（NIKE, Inc.）2017 年年报（FORM 10 - K）的介绍，耐克公司在运动服装供应方面，从全球 37 个国家的 363 个服装工厂采购。其中最大的单一服装供应商提供了其当年（财年）耐克品牌服装产品的 13%。所有服装产品全部是由美国以外独立的合同制制造商提供的。其中，中国的合同制供应商生产占比 26%，越南占 16%，泰国占 10%。排名前五的合同制制造商提供耐克品牌服装的 43%。

通常情况下，根据全球价值链理论中的"购买型"驱动的价值链，其主要增加值或利润是由价值链的主导企业（品牌商或大型零售商）获取的，它们作为价值链的治理者，在价值链租金的分配方面有直接的话语权。但是这并不是说其他价值链环节的参与者就没有获取高额租金或利润的可能。譬如，运动服装通

---

① 由于当时依托互联网的电子商务经营模式刚刚起步，没有体现在 Gereffi 和 Memedovic 的研究中。

常有一定的比例对材料的功能性有特殊的需求（如速干、防水、透气、轻薄等），那么这种功能性材料或面料的制造商就有较强的议价能力。也就是说，增加值在全球价值链中随着由有形活动到无形活动的移动，其附加值增加是一种整体上的普遍性。

（二）运动服装的产品生命周期（厂商内部）

作为对企业内部运动服装价值链的一个补充说明，在此从厂商的企业内部简单讨论一下运动服装的产品生命周期。主营运动服装和运动鞋类的体育用品厂商，由于产品使用（穿戴）方面存在明显的季节性，所以通常按春、夏、秋、冬四季开发和销售产品，有的运动鞋服厂商按一年春夏和秋冬两大季组织开发、生产，但从销售的角度，仍然遵循按四季上市（分到月）。就服装类产品的生命周期管理（开发—上市的周期管理）而言，不同子行业的特点是存在很大区别的，如单纯的休闲类服装产品，通常多于一年四个开发季的安排。以 H&M 品牌为例，它一年有 8～10 季产品。如果是快时尚服装产品，如 Zara，则采用更为快速的滚动开发模式，每季开发周期可能低于一个月。无论一年安排几次开发季，所有厂商均采用滚动开发的方式，即每年次第开发多季产品。

图 2-4 为我国本土有代表性的体育用品企业——安踏体育用品有限公司的运动鞋、服和配件产品的开发与上市周期。其每年分为四季进行开发、生产和销售，每一季从产品企划（或产品规划）开始到产品上市跨 13 个月。主要环节分为：产品企划、产品设计、产品开发、内部评审、订货、生产计划、制造、验收、物流配送、上市等。安踏 13 个月的开发与上市周期并非所有体育用品（鞋服）厂商都采用的周期，通常来讲，跨国企业，如耐克、阿迪达斯的周期略长，介于 15～18 个月，而国内企业通常介于 10～14 个月。目前的一种竞争趋势是各体育用品（鞋服）厂商倾向于不断压缩开发周期，以便提高对市场流行趋势的把握度以及提升对市场需求的反应速度。这对厂商市场预测的能力和预测的准确度有较高的要求，大数据在这个领域的应用存在巨大前景。需要特别指出的是，在厂商内部的价值链环节中通常并非厂商内部的闭环，其中诸多环节是由外部资源参与的（外包活动），如产品设计和开发、生产制造、物流配送等。这些环节既包括制造环节，更包括所谓"生产性服务"环节。同时，即便是以国内市场为主的本土体育用品企业也多存在跨国资源的利用。

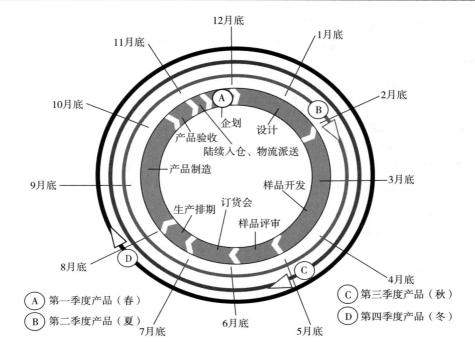

图 2 - 4 运动产品生命周期（厂商内部）

资料来源：依据安踏体育用品公司年报资料（2009，2017）绘制。

小 结

虽然在统计分类方面，不同性质的统计分类标准对体育用品制造业的范围和具体归类方式存在差异，但相关国际组织、行业组织以及学术研究对体育用品制造业的界定还是基本一致的。本书的研究依此将体育用品制造业主体界定为三大类：运动服装类产品制造、运动鞋类产品制造和运动用品制造。

中国体育用品制造业是我国体育产业的重要组成部分，改革开放以来，行业规模与增加值快速增长，但研发与创新能力仍然较为薄弱。相关研究将我国体育用品制造业的发展阶段大致划分为四个阶段，即初期发展阶段（1978～1991年）、快速和多元化发展阶段（1992～2000年）、加速发展和渐趋成熟阶段（2001～2010年）、调整与升级阶段（2011年至今）。2016年，体育用品制造业的增加值为 3077 亿元，是 2006 年的近四倍，占全国 GDP 的 0.41%。2016 年当期运动用品制造业的利润率约为 6%，与整体制造业利润率基本持平。但是从劳动生产率和科研投入与技术能力方面考察，可以发现运动用品制造业以及鞋服制造业的人均产值和人均营收均明显低于制造业的整体平均水平；行业的科研投入水平低于制造业整体水平；技术研发能力较为薄弱，尤其是技术创新能力低于制造业整体水平。这种状况极易导致产品低水平上的同质化和恶性的价格竞争。

中国体育用品制造业是依托我国劳动力等生产要素在成本和供给能力方面的比较优势较早嵌入全球价值链的制造行业，其对外出口贸易依存度较高，加工贸易占比仍然突出，对传统出口市场黏性较强。以运动用品制造业为例，2002 年的出口交货率（出口交货值占工业销售产值的比例）近 68%，2016 年降到 37% 左右，但仍远高于制造业 11% 的平均水平。其另一个特点是加工贸易占比较高，虽然同样呈逐年下降的趋势，但 2002 ~ 2018 年加工贸易出口占比仍维持在 50% 以上，2018 年占比为 59.60%，其中以进料加工为主要形式。运动鞋、运动服制造业的对外贸易依存度和加工贸易占比整体上低于运动用品制造业，特别是在加工贸易占比方面，但是仍属于依存度较高、占比较大的制造业。同时，我国体育用品制造业出口贸易空间分布（地理分布）结构有所改善，但整体上仍然依赖传统出口市场。

对外贸易依存度和对外贸易加工贸易占比是企业参与全球价值链的直接和重要表现，由此可以初步推断，参与全球价值链和全球价值链因素对我国体育用品制造业的发展存在较大的影响。体现出在全球价值链视角下研究我国体育用品制造业升级的问题的必要性和现实意义。

第三章 全球价值链背景下体育用品制造业国际竞争力与要素比较优势

通常一国经济中存在"本地化经济"（或"本国经济"）和"全球化经济"两种经济活动。前者是指厂商的经济活动为国内（或本国）提供产品或服务；后者是指厂商跨出国境，在全球范围从事经济活动。依据产业谱系，"多国内产业"通常指一国的与外国相同产业没有竞争关系的产业；而"全球产业"则是指那些与国外同一产业之间存在明显竞争关系的产业。产业国际竞争力的研究更多关注的是国际竞争性较强的"全球产业"（金碚，1996）。中国体育用品制造业就属于这种具有国际竞争性的"全球产业"，是名副其实的全球化产业（江小涓，2018）。

我国业已成为体育用品的全球制造基地，立足于改革开放以来形成的全球产业链，我国已经是能够独立生产体育用品种类最多的国家，形成了世界最大的体育用品制造业，创造了大量的就业机会和财富（江小娟，2018）。20世纪80年代以来，体育用品制造业得以快速发展，并成为国际贸易依存度较高的产业。以规模以上企业出口交货值率（出口交货值在工业销售产值中的占比）为例，虽然运动用品制造业的出口交货值率由2005年的65%左右下降到2016年的近40%，但仍远高于同期整体制造业11%的平均水平。

研究产业升级的一个重要问题是如何保持和提升竞争能力，在全球化经济的大背景下，离开国际竞争力提升的产业升级无异于伪命题。合理的产业国际竞争力评价是产业升级的前提（马海燕，2010）。我国体育用品制造业作为"全球产业"之一，其国际竞争力的形成、保持与提升是产业升级研究有必要首先予以关注和讨论的问题。产业国际竞争力的内涵在学界并没有统一的界定，而国际竞争力的理论探讨也存在不同的流派和观点。但国际竞争力的手段是生产效率（迈克尔·波特，2002），反映出的是生产力（金碚，1996）。正如蔡昉等（2003）所指出的，从经济学角度看，竞争力就是经济效率或生产效率。而企业的竞争力，在市场竞争条件下，主要体现在企业的效率上。

研究普遍认为，我国制造业，尤其是劳动密集型制造业，之所以能够成功嵌入全球价值链并得以迅速发展，其主要原因是我国在劳动力、原材料等初级生产要素成本方面的比较优势，而这种优势又综合反映在生产效率的相对竞争力上。但是，当中国的经济发展走出"人口红利"阶段，各初级要素价格持续上涨，也即在相当长一段时期所依赖的生产要素比较优势发生变化的情况下，我国体育用品制造业的国际竞争力动态演化趋势，以及这种变化对行业国际竞争力产生怎样的影响，成为本书研究的起点。

本章将以运动服装和运动鞋类行业为例进行相关研究。在具体测度方面，随着全球价值链理论及其实证方法的不断拓展，贸易增加值数据得到发掘和重视。相较直接采用传统贸易统计数据，采用贸易增加值数据进行的各种测度为相关研究提供了一种新的视角。全球价值链参与度和地位指数模型无疑是基于这一新视角的测度方法，其结果可以在一定程度上反映一国或特定产业的竞争力。但刻画国际竞争力显然需要更多的维度和多元化的方法。对"传统"的竞争力指标进行拓展和测算视角的改进有助于对国际竞争力进行更为全面的研究。因此，本章在采用全球价值链参与度和地位指数的同时，采用经过扩展的国际竞争力指标，并在测度时分别采用传统贸易统计数据和贸易增加值数据。生产要素价格变动对国际竞争力的影响通过面板数据计量模型进行实证。

具体结构安排如下：第一节将依据贸易增加值数据，测度我国体育用品制造业全球价值链参与度和全球价值链地位，并分析其动态演化趋势。第二节选择有代表性的 OECD 国家作为对比国家，采用体现生产效率因素的经过扩展的贸易实际竞争力指数（RCI），并分别使用传统贸易统计数据和贸易增加值数据测算与比较国的相对贸易竞争力水平。第三节采用中国与 20 个 OECD 比较国家的面板数据实证研究初级生产要素价格变动对国际竞争力的影响。实证仍分别从传统贸易统计数据和贸易增加值数据两种视角进行研究。最后是本章小结。

第一节　我国体育用品制造业的全球价值链参与度与地位

中国的改革开放首先是一种"制度创新"，在制度创新的激励和驱动下，中国制造业抓住了全球经济自由化和产业梯队式（雁式）转移的历史机遇，凭借要素禀赋的比较优势迅速嵌入全球生产网络和全球价值链之中。我国体育用品制造业是较早加入全球生产网络和全球价值链的制造业之一。

度量一个国家或产业的全球化参与度的传统方法主要体现在基于传统贸易统计数据基础上的进出口贸易额、贸易差额、对外贸易依存度、主要贸易形式占比等方法上。但是仅限于对最终产品进行研究和测度的方法存在容易导致贸易数据的重复计算和难以准确地刻画跨国间贸易流量的问题（王直等，2015）。贸易增加值直接体现了对外贸易的获利能力。这种获利能力往往体现在一国或产业在全球价值链中的相对地位，这种相对地位来自不同国家参与国际分工与贸易的广度和深度（黄先海和杨高举，2010）。

当前分析全球生产网络较为普遍的方法主要有 Hummels 等（2001）最先提出的垂直专业化（Vertical Specialisation，VS）和 Timmer 等（2013）提出的全球价值链方法（以下简称"GVC 方法"）。通过增加关于一国的进口来源地和出口目的地的信息，可以实现对从一国流向另一国的增加值流量进行分析。Johnson 和 Noguera（2012）指出，甲国和乙国产生的增加值在各自的出口目的国被消耗，而在丁国被最终消费。由此，他们引入了增加值出口的概念（Value Added Export，VAX），表示乙国的增加值最终被另一国所吸收。Koopman 等（2010，2014）在他们的基础上提出了一种通用方法（"KPWW"方法或"KWW"方法），并构建了全球价值链参与度和全球价值链地位指数。这两个指数已经成为目前刻画一国或其特定产业在价值链中重要程度和竞争力的重要指标。根据 KPWW 方法，可将一国的出口总量从增价值的视角分解为四个组成部分，而其他测量垂直专业化的方法（如 VS、VS1、VS 等）都可以表现为这四部分的自己的某些线性组合。因此，KPWW 方法对各个垂直专业化测量方法之间的关系提供了准确完整的描述（周琢等，2017）。以下将采用 Koopman 等的衡量指标，并基于 OECD – WTO 增加值贸易（TiVA）数据库，分析中国体育用品制造业在全球价值链中的参与度和分工地位。

一、全球价值链参与度和分工地位的测算方法

《世界投资报告（2013）》是这样定义全球价值链参与率（度）的：参与全球价值链指一个国家多级贸易过程中的出口份额，等于一国出口中使用的国外附加值（上游层面）与供应其他国出口的附加值（下游层面）之和除以出口总额。

Koopman 等（2010）绘制了出口贸易总量的分解框架（KPWW 方法）：一国出口总量可以分解为国内增加值和国外增加值两部分。国外增加值即一国出口总量中包含的非本国产生的增加值（中间品中其他国家的增加值）。国内增加值是出口总额中由本国产生的增加值部分，又可以分为四个组成部分，分别是最终品出口、间接出口（中间品出口）、中间品出口后又出口到第三国、中间品出口后又进口到本国的部分。图 3 – 1 给出了该出口贸易总量的分解框架示意，其中

（1）、（2）、（3）的综合是一国向外实际输出的增加值总额；（1）、（2）、（3）、（4）的综合则是一国总出口中的国内增加值部分。（4）和（5）之和相当于传统贸易统计中被重复统计的部分。

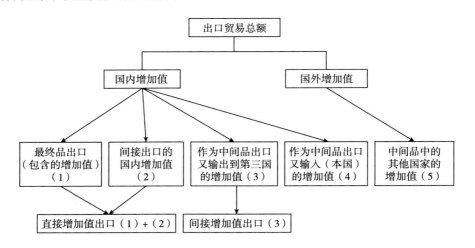

图3-1　出口贸易总量分解

资料来源：基于 Koopman 等（2010）的研究整理。

Koopman 等的所谓 KPWW 方法是基于国际贸易机制增值的分解框架，构建了用于衡量一国（产业）全球价值链条中的地位以及参与全球生产网络的程度的两大指标，分别是全球价值链参与度（*GVC_participation*）和全球价值链地位（*GVC_position*）。两指标的计算公式分别为：

$$GVC\_participation_{ic} = \frac{IV_{ic}}{E_{ic}} + \frac{FV_{ic}}{E_{ic}} \tag{3-1}$$

$$GVC\_position_{ic} = \ln\left(1 + \frac{IV_{ic}}{E_{ic}}\right) - \ln\left(1 + \frac{FV_{ic}}{E_{ic}}\right) \tag{3-2}$$

其中，c 表示国家，i 表示产业或部门。$GVC\_participation_{ic}$ 表示 c 国 i 产业的全球价值链的参与程度。IV_{ic} 代表 c 国 i 产业间接增加值的出口额，该指标测度的是被包含在 c 国的 i 产业的中间品出口中经一国加工后再出口到第三国的增加值额，即他国出口中所包含的本国增加值。FV_{ic} 表示 c 国 i 产业出口额中所包含的国外增加值。E_{ic} 则表示 c 国 i 产业出口总额。全球价值链参与度指标的数值越大，说明 c 国 i 产业的全球价值链参与度越高。其中，IV_{ic}/E_{ic} 和 FV_{ic}/E_{ic} 分别代表全球价值链前向参与度和全球价值链后向参与度。

GVC_position 指数的设立是考虑到在有些情况下即使国家或产业的全球价值链参与度指标相同，但是其在全球价值链上的地位也有可能不同。该指标基于这

样的基本思路，即一国某产业作为中间品出口方与作为中间品进口方的相对重要性体现了该产业在全球价值链分工中的分工地位。如果一国某产业处于上游环节，该产业会通过向他国提供原材料或中间品的形式参与国际生产。这种情况下，其间接增加值（IV）占总增加值出口额的比例就将高于国外增加值（FV）的占比。如果情况相反，一国某产业处于全球价值链（生产网络）的下游环节，该产业就会使用大量来自别国的中间品进行最终产品的生产，这种情况下，IV 将小于 FV。全球价值链地位（$GVC\_position$）数值越大，表明在全球价值链和全球生产网络中所处的位置越高；该指标数值越小，则代表其位置越接近下游。综合考察全球价值链参与度和地位指标有助于更好地说明一国特定产业在全球价值链中的状态。

二、我国体育用品制造业全球价值链的参与度和地位

（一）数据说明

1. 行业代理数据选择

在第二章中讨论了体育产业和体育用品制造业的界定问题，并明确将本书研究的体育用品制造业主体界定为运动服装制造、运动鞋制造和运动用品制造三个主要部分。本章以运动服装制造业和运动鞋制造业为例，研究我国体育用品制造业的全球价值链参与度、地位以及国际竞争力和生产要素的影响效应。

由于体育用品制造业在各国的国民经济统计中有不同的统计口径和标准，我国完整和独立的体育用品制造业统计数据首次发布是在 2016 年，也就是在国家统计局 2015 年颁布的《国家体育产业统计分类（2015）》之后。就体育用品制造业数据进行国际比较目前仍受到不同统计标准和数据可获取性方面的限制。本章在研究运动鞋、服制造业时，将选择其上位行业的数据（纺织服装和制鞋行业）作为行业的代理数据，选取这种处理方式的原因除了受限于现有统计数据外，还基于以下两个方面：

首先，基于统计分类的对应性。我国国家统计局 2015 年首次颁布了《国家体育产业统计分类（2015）》，统计分类在界定体育产业各类别的同时给出了各类别与《国民经济行业分类》（GB/T4754 – 2011）的对应关系，其中运动服装制造和运动鞋帽制造的分类与对应关系如表 3 – 1 所示。从表 3 – 1 中的对应关系可以看出，运动服装制造业的小类编码基本上与国民经济行业分类中的纺织服装、服饰业（18 类）的四位小类编码完全对应；运动鞋（帽）制造业的小类编码与国民经济行业分类中的皮革、羽绒制品、制鞋业（19 类）三位编码的中类制鞋业（195）对应。这种对应实际上反映了基于生产活动角度，其原材料和生产制造工艺、流程及产品特性方面，运动服装和运动鞋类产品与广义的服装、鞋类产

品具有共性。这应该也是在各国（国际组织）的统计中，运动服装和运动鞋类产品通常被统计在服装和鞋类产品的统计类别之中的主要原因。本章研究的问题侧重于较为"宏观"的行业层面总体特性，而非微观企业层面特性，因此采用同类属性的行业作为代理行业存在合理性。

表 3 - 1　体育用品制造业（运动鞋、服）统计分类对照表

代码			名称	国民经济行业分类代码（GB/T4754 - 2011）	国民经济行业分类名称	备注
大类	中类	小类				
09			体育用品及相关产品制造			
	094		体育服装鞋帽制造			
		0941	运动服装制造	1810 * 1820 * 1830 *	机织服装制造 针织或钩针编织服装制造 服饰制造	国民经济行业分类第 18 类的全部小类
		0942	运动鞋帽制造	1951 * 1952 * 1953 * 1954 * 2929 *	纺织面料鞋制造 皮鞋制造 塑料鞋制造 橡胶鞋制造 其他塑料制品制造	国民经济行业分类第 19 大类 195 中类中除 1959（其他制鞋业）外的全部小类；2929 属于 29 大类（橡胶和塑料制品业）中的一个小类
A	B	C	D	E	"＊"表示在国民经济行业分类中，一个行业类别的部分活动属于一个体育产业类别	

资料来源：《国家体育产业统计分类（2015）》和《国民经济行业分类》（GB/T4754 - 2011），其中 A、B、C、D、E 项源自《国家体育产业统计分类（2015）》，其他项内容源自《国民经济行业分类》（GB/T4754 - 2011）。

其次，基于学术研究和权威商业评估的实际处理方式。在针对服装行业或制鞋行业的学术研究中，学者们经常以体育用品企业（运动鞋和运动服装）为例进行定性和定量的经验研究。如较早提出全球商品链（全球价值链的前身）的美国学者杰里菲（Gereffi），其本人是非常有影响力的全球价值链研究学者，他（们）在讨论服装全球价值链时就以耐克（NIKE）公司和锐步公司（Reebok）为例进行分析（Gereffi，1999；Gereffi 和 Memedovic，2003）。但实际上，耐克公司和锐步公司是典型的体育用品企业，其中耐克公司目前仍是全球市值和营收最高的体育用品上市公司，其主要产品为运动服装和运动鞋，两者销售额占比基本维持在 50∶45，其余为运动配件类产品（运动帽、包、基础护具等）。又如 Inter-brand 等品牌价值评估机构也习惯将耐克、阿迪达斯等体育用品公司归类到服装、

服饰行业。《中国纺织行业品牌发展报告》编委会编著的《2016 年中国纺织行业品牌发展报告》中明确地将我国本土的李宁、探路者、浩沙、匹克、乔丹、贵人鸟和鸿星尔克等具有代表性的体育用品（鞋服）企业收录在纺织行业品牌发展与评价之中。而对鞋类制造业进行的相关研究中也经常会将运动鞋、服类体育用品企业（如耐克、李宁、安踏等）作为制鞋业的代表企业进行分析（路华，2019）。这些学术研究和商业评估组织的归类处理方式同时说明选择纺织服装和制鞋业作为运动服装和运动鞋制造业的代理行业在实际应用中的合理性。

2. 数据来源

本节将基于 Koopman 等构建的全球价值链参与度和全球价值链地位指数对中国体育用品制造业在全球价值链中的状态进行研究。该方法需要借助于国际投入产出表数据。目前全球投入产出表的 WIOD（the World Input‑output Database）的编制，为全球价值链宏观层面的测度提供了实质性的支持。2013 年，经合组织（OECD）和世贸组织在 WIOD 的基础上共同发布了增加值贸易（OECD‑WTO Trade in Value Added，TiVA）数据库。2016 年，OECD_TiVA 数据库进行了更新，数据期跨度为 1995～2011 年，采用的分类标准是 ISIC_Rev3。2018 年，又基于 ISIC_Rev4 分类标准更新了数据，数据期跨度为 2005～2015 年。ISIC_Rev3 与 ISIC_Rev4 两套分类标准的两位数代码的对应关系如表 3‑2 所示，其中 C17T19（D10T15）涉及的制造业为本章研究中体育用品制造业（运动鞋、服）的代理行业。

表 3‑2　ISIC_Rev3/4 分类对照

制造业分类名称（部分）	ISIC_Rev3 分类代码	ISIC_Rev4 分类代码
制造业	C15T37	D10T33
纺织服装、鞋类、皮革制品制造（代理行业）	C17T19	D13T15
木材造纸、纸质产品、印刷和出版	C20T22	D16T18、D58
化工及非金属类矿产品	C23T26	D19T23
机械设备	C29	D28
电子和光学设备	C30T33	D26

资料来源：整理自 OECD_TiVA 数据库。

ISIC_Rev3 和 ISIC_Rev4 的两套数据不仅采用了不同的分类标准，而且在时间跨度上存在差异，因此两套数据在研究应用中并不宜互相替代。本部分的研究为了最大限度地利用最新数据，在测度 GVC 参与度和 GVC 地位时就两套数据分别进行了测算。

1995～2011 年数据采用 OECD_TiVA（ISIC_Rev3）的数据库数据，2012～2015 年数据采用 OECD_TiVA（ISIC_Rev4）的数据库数据。

（二）测算结果

基于 ISIC_Rev3 标准的数据测算的结果如表 3 - 3、表 3 - 5、表 3 - 7 和表 3 - 9 所示。基于 ISIC_Rev4 标准的数据测算的结果如表 3 - 4、表 3 - 6、表 3 - 8 和表 3 - 10 所示。对比两套数据的测算结果，在整体趋势上基本一致，但在具体数值和部分具体年度，以及行业和国别方面存在差异。测算结果存在差异说明两套数据在数据源、数据处理方式和分类标准方面存在差异。出于对国际竞争力以及要素成本变动影响的分析需求，本章的研究最终选择时间跨度为 1995～2011 年的数据（基于 ISIC_Rev3 的数据）。因此，下文仅针对 ISIC_Rev3 的数据测算结果进行分析，采用 ISIC_Rev4 标准数据测算的结果一并列出供参考。

1. 全球价值链参与度（GVC_Participation）

表 3 - 3 为我国体育用品制造业（代理行业）的全球价值链参与度与我国制造业整体及部分制造业的全球价值链参与度测算结果的对比。从测算的数据看，我国制造业的全球价值链参与度在 1995～2011 年整体上呈逐渐提升的趋势。以运动鞋服行业为例的体育用品制造业的全球价值链参与度在 1996～2011 年低于制造业整体的参与度，但相较木材加工（C20）和机械设备（C29）行业略高，与电子和光学设备行业（C30T33）的全球价值链参与度相比有较大的差距，后者的参与度在制造业的各子行业中属于较高的水平。

表 3 - 5 为体育用品制造业（代理行业）全球价值链参与度的国别对比。用作比照的国家分别是日本、韩国、美国、澳大利亚、意大利、印度、印度尼西亚、泰国和越南。测算的数据显示，我国体育用品行业的全球价值链参与度明显高于除印度以外的其他比照国同行业的参与度。与印度的全球价值链参与度相比，两国的参与度整体水平相当，各年份互有较小的高低变化。在比照国中，印度尼西亚和泰国的全球价值链参与度较低。

2. 全球价值链地位（GVC_Position）

全球价值链参与度更多的是从增加值贸易的角度刻画一国或产业参与全球分工的程度，测算值越大说明参与程度越深。但仅仅是参与程度还不足以说明一国或产业在国际生产网络中所处的地位如何。全球价值链地位指标的作用就在此。全球价值链地位指标的数值越大，表明一国或产业在全球生产网络中所处的位置就越高，越处于相对上游的环节；该数值越小（可以为负数）则表示在网络中的位置越接近下游。根据相关理论，如果一国某产业处于下游环节，该产业就会使用大量来自别国的中间品进行最终产品的制造，而如果处于上游环节，则该产业会通过向他国提供原材料和中间品的形式参与国际生产网络分工。

表 3 - 3　中国制造业与体育用品制造业全球价值链参与度（1995～2011 年）

年份	C17T19			C15T37			C20			C23T26			C29			C30T33		
	参与度	前向	后向	参与度	前向	后向	参与度	前向	后向	参与度	前向	后向	参与度	前向	后向	参与度	前向	后向
1995	0.779	0.390	0.389	0.742	0.298	0.444	0.668	0.335	0.333	0.709	0.240	0.469	0.698	0.309	0.389	0.752	0.085	0.667
1996	0.725	0.353	0.372	0.727	0.286	0.441	0.662	0.343	0.319	0.706	0.243	0.463	0.666	0.294	0.373	0.769	0.100	0.669
1997	0.685	0.314	0.371	0.723	0.281	0.442	0.666	0.345	0.321	0.714	0.242	0.472	0.651	0.312	0.339	0.779	0.111	0.668
1998	0.696	0.320	0.376	0.731	0.278	0.453	0.689	0.359	0.329	0.720	0.244	0.475	0.671	0.306	0.365	0.784	0.116	0.667
1999	0.702	0.326	0.377	0.740	0.260	0.479	0.704	0.357	0.346	0.722	0.249	0.473	0.688	0.314	0.375	0.804	0.080	0.724
2000	0.702	0.332	0.370	0.741	0.254	0.487	0.716	0.358	0.358	0.727	0.247	0.480	0.701	0.317	0.384	0.804	0.084	0.721
2001	0.708	0.345	0.363	0.740	0.253	0.487	0.680	0.339	0.340	0.721	0.249	0.472	0.692	0.316	0.376	0.802	0.087	0.715
2002	0.711	0.343	0.368	0.737	0.240	0.496	0.658	0.331	0.328	0.710	0.249	0.461	0.682	0.314	0.368	0.792	0.077	0.715
2003	0.707	0.367	0.340	0.749	0.238	0.511	0.674	0.360	0.314	0.725	0.278	0.447	0.694	0.329	0.365	0.810	0.065	0.745
2004	0.711	0.392	0.319	0.758	0.262	0.496	0.686	0.387	0.299	0.737	0.293	0.445	0.707	0.337	0.369	0.816	0.114	0.702
2005	0.718	0.409	0.309	0.768	0.288	0.480	0.704	0.425	0.279	0.750	0.315	0.435	0.722	0.374	0.348	0.820	0.151	0.670
2006	0.737	0.451	0.286	0.772	0.314	0.458	0.745	0.303	0.442	0.759	0.341	0.418	0.731	0.394	0.337	0.815	0.173	0.642
2007	0.759	0.494	0.264	0.781	0.350	0.430	0.742	0.360	0.382	0.775	0.371	0.403	0.742	0.425	0.317	0.818	0.210	0.608
2008	0.753	0.500	0.253	0.771	0.375	0.396	0.741	0.403	0.338	0.778	0.380	0.398	0.730	0.435	0.296	0.807	0.256	0.550
2009	0.761	0.521	0.240	0.780	0.389	0.391	0.740	0.397	0.343	0.781	0.412	0.369	0.738	0.452	0.286	0.813	0.270	0.543
2010	0.755	0.491	0.264	0.775	0.373	0.402	0.737	0.383	0.354	0.779	0.391	0.388	0.731	0.435	0.296	0.811	0.266	0.545
2011	0.762	0.498	0.265	0.775	0.374	0.401	0.749	0.355	0.394	0.784	0.371	0.414	0.733	0.429	0.304	0.807	0.269	0.538

资料来源：表中数据均根据 OECD_TIVA 数据库测算，行业分类标准为 ISIC_Rev3。其中 C17T19 为运动服装和运动鞋制造业（体育用品制造业）代理行业，表 3－5 同。

表3-4 中国制造业与体育用品制造业全球价值链参与度（2005~2015年）

年份	D13T15			D10T33			D16			D19T23			D28			D26		
	参与度	前向	后向	参与度	前向	后向	参与度	前向	后向	参与度	前向	后向	参与度	前向	后向	参与度	前向	后向
2005	0.629	0.454	0.175	0.720	0.436	0.284	0.686	0.498	0.189	0.674	0.435	0.239	0.698	0.449	0.249	0.792	0.361	0.431
2006	0.622	0.455	0.168	0.718	0.439	0.279	0.688	0.499	0.189	0.677	0.439	0.238	0.694	0.454	0.240	0.793	0.366	0.427
2007	0.626	0.473	0.153	0.723	0.457	0.266	0.707	0.528	0.179	0.682	0.457	0.225	0.702	0.468	0.233	0.799	0.390	0.409
2008	0.606	0.467	0.140	0.713	0.468	0.246	0.681	0.521	0.160	0.669	0.446	0.222	0.693	0.478	0.214	0.795	0.424	0.371
2009	0.585	0.473	0.112	0.703	0.493	0.210	0.676	0.545	0.131	0.662	0.478	0.184	0.695	0.508	0.187	0.789	0.469	0.320
2010	0.565	0.444	0.121	0.695	0.469	0.226	0.666	0.519	0.147	0.653	0.448	0.205	0.689	0.490	0.199	0.781	0.445	0.336
2011	0.575	0.443	0.131	0.700	0.467	0.233	0.678	0.513	0.165	0.662	0.441	0.221	0.699	0.487	0.212	0.784	0.449	0.335
2012	0.581	0.458	0.123	0.713	0.490	0.223	0.689	0.536	0.153	0.673	0.466	0.207	0.727	0.516	0.210	0.795	0.460	0.335
2013	0.578	0.460	0.119	0.714	0.496	0.218	0.684	0.536	0.148	0.674	0.476	0.198	0.723	0.533	0.190	0.799	0.465	0.334
2014	0.579	0.465	0.115	0.715	0.505	0.209	0.689	0.536	0.153	0.675	0.482	0.193	0.725	0.542	0.183	0.800	0.477	0.323
2015	0.592	0.490	0.102	0.714	0.528	0.187	0.722	0.584	0.138	0.678	0.521	0.157	0.730	0.570	0.159	0.788	0.483	0.305

资料来源：表中数据均根据 OECD_TiVA 数据库测算，行业分类标准为 ISIC_Rev4，其中 D13T15 为运动服装和运动鞋制造业（体育用品制造业）代理行业，表3-6 同。

表3-5　中国体育用品制造业全球价值链参与度的国际比较（1995～2011年）

年份	中国		日本		韩国		美国		澳大利亚		意大利		印度		印度尼西亚		泰国		越南	
	参与度	前向	参与度	前向	参与度	前向	参与度	前向	参与度	前向	参与度	前向	参与度	前向	参与度	前向	参与度	前向	参与度	前向
1995	0.779	0.390	0.530	0.452	0.642	0.429	0.613	0.464	0.542	0.397	0.565	0.393	0.717	0.619	0.499	0.320	0.510	0.329	0.569	0.214
1996	0.725	0.353	0.530	0.433	0.625	0.412	0.617	0.465	0.541	0.411	0.565	0.404	0.700	0.610	0.464	0.316	0.512	0.345	0.595	0.167
1997	0.685	0.314	0.536	0.436	0.616	0.387	0.629	0.466	0.542	0.395	0.577	0.405	0.710	0.615	0.458	0.309	0.521	0.339	0.595	0.159
1998	0.696	0.320	0.532	0.440	0.640	0.403	0.614	0.452	0.544	0.381	0.584	0.409	0.704	0.611	0.507	0.275	0.528	0.334	0.593	0.154
1999	0.702	0.326	0.548	0.454	0.593	0.364	0.627	0.462	0.544	0.393	0.599	0.421	0.712	0.614	0.487	0.320	0.496	0.309	0.612	0.140
2000	0.702	0.332	0.544	0.431	0.583	0.344	0.625	0.447	0.547	0.408	0.610	0.407	0.692	0.596	0.565	0.331	0.508	0.291	0.603	0.136
2001	0.708	0.345	0.553	0.425	0.589	0.345	0.621	0.447	0.553	0.370	0.608	0.407	0.704	0.595	0.524	0.318	0.520	0.295	0.566	0.138
2002	0.711	0.343	0.555	0.420	0.587	0.350	0.612	0.443	0.544	0.370	0.609	0.409	0.706	0.588	0.483	0.329	0.510	0.292	0.571	0.142
2003	0.707	0.367	0.563	0.418	0.617	0.364	0.656	0.469	0.540	0.360	0.614	0.407	0.721	0.599	0.507	0.355	0.503	0.292	0.597	0.152
2004	0.711	0.392	0.566	0.395	0.626	0.338	0.576	0.398	0.544	0.351	0.620	0.403	0.731	0.585	0.520	0.342	0.519	0.287	0.608	0.149
2005	0.718	0.409	0.594	0.398	0.626	0.355	0.619	0.424	0.544	0.359	0.629	0.399	0.719	0.570	0.564	0.363	0.530	0.283	0.635	0.138
2006	0.737	0.451	0.595	0.382	0.633	0.356	0.625	0.427	0.627	0.394	0.637	0.391	0.725	0.565	0.529	0.357	0.523	0.280	0.670	0.126
2007	0.759	0.494	0.585	0.366	0.650	0.356	0.571	0.387	0.635	0.379	0.634	0.386	0.756	0.601	0.541	0.372	0.512	0.285	0.694	0.163
2008	0.753	0.500	0.578	0.343	0.648	0.286	0.517	0.335	0.568	0.377	0.634	0.386	0.762	0.575	0.543	0.351	0.528	0.275	0.678	0.188
2009	0.761	0.521	0.543	0.344	0.636	0.308	0.504	0.358	0.543	0.343	0.630	0.404	0.748	0.583	0.530	0.382	0.517	0.304	0.673	0.244
2010	0.755	0.491	0.530	0.319	0.655	0.291	0.540	0.375	0.540	0.356	0.644	0.385	0.751	0.563	0.537	0.377	0.511	0.284	0.668	0.258
2011	0.762	0.498	0.539	0.287	0.686	0.333	0.567	0.384	0.538	0.347	0.650	0.376	0.752	0.554	0.539	0.356	0.525	0.267	0.663	0.288

表3-6 中国体育用品制造业全球价值链参与度的国际比较（2005~2015年）

年份	中国		日本		韩国		美国		澳大利亚		意大利		印度		印度尼西亚		泰国		越南	
	参与度	前向	参与度	前向	参与度	前向	参与度	前向	参与度	前向	参与度	前向	参与度	前向	参与度	前向	参与度	前向	参与度	前向
2005	0.629	0.454	0.565	0.421	0.568	0.287	0.631	0.479	0.530	0.326	0.611	0.400	0.588	0.435	0.633	0.409	0.590	0.314	0.515	0.100
2006	0.622	0.455	0.569	0.407	0.570	0.280	0.627	0.472	0.592	0.353	0.617	0.387	0.595	0.430	0.544	0.373	0.589	0.332	0.525	0.103
2007	0.626	0.473	0.561	0.394	0.588	0.289	0.596	0.445	0.599	0.366	0.614	0.384	0.600	0.430	0.548	0.381	0.577	0.341	0.546	0.094
2008	0.606	0.467	0.568	0.391	0.598	0.263	0.576	0.421	0.518	0.293	0.606	0.382	0.638	0.425	0.531	0.327	0.573	0.313	0.539	0.105
2009	0.585	0.473	0.555	0.407	0.582	0.277	0.560	0.435	0.492	0.303	0.607	0.405	0.629	0.454	0.549	0.384	0.562	0.340	0.529	0.120
2010	0.565	0.444	0.563	0.405	0.601	0.293	0.573	0.429	0.506	0.308	0.621	0.385	0.629	0.436	0.589	0.390	0.589	0.323	0.552	0.109
2011	0.575	0.443	0.581	0.396	0.612	0.268	0.627	0.454	0.529	0.322	0.624	0.372	0.695	0.523	0.599	0.378	0.556	0.297	0.561	0.106
2012	0.581	0.458	0.561	0.383	0.619	0.262	0.645	0.478	0.550	0.384	0.631	0.394	0.659	0.501	0.610	0.385	0.555	0.303	0.588	0.133
2013	0.578	0.460	0.576	0.375	0.599	0.264	0.646	0.482	0.480	0.267	0.623	0.391	0.611	0.419	0.604	0.373	0.553	0.312	0.564	0.120
2014	0.579	0.465	0.588	0.374	0.597	0.270	0.651	0.486	0.480	0.273	0.616	0.384	0.614	0.424	0.614	0.379	0.550	0.308	0.566	0.118
2015	0.592	0.490	0.579	0.375	0.582	0.283	0.642	0.483	0.538	0.309	0.556	0.342	0.577	0.413	0.633	0.411	0.533	0.310	0.600	0.138

表 3-7　中国制造业与体育用品制造业全球价值链地位（1995~2011 年）

年份	C17T19	C15T37	C20	C23T26	C29	C30T33
1995	0.001	-0.106	0.001	-0.169	-0.059	-0.430
1996	-0.014	-0.114	0.018	-0.163	-0.059	-0.417
1997	-0.042	-0.118	0.018	-0.170	-0.020	-0.406
1998	-0.042	-0.128	0.022	-0.170	-0.045	-0.401
1999	-0.038	-0.160	0.008	-0.165	-0.045	-0.468
2000	-0.028	-0.170	0.000	-0.171	-0.050	-0.462
2001	-0.013	-0.171	-0.001	-0.164	-0.045	-0.456
2002	-0.018	-0.188	0.002	-0.157	-0.041	-0.465
2003	0.020	-0.200	0.034	-0.124	-0.027	-0.494
2004	0.054	-0.170	0.065	-0.111	-0.024	-0.424
2005	0.073	-0.139	0.108	-0.088	0.019	-0.372
2006	0.120	-0.104	-0.101	-0.056	0.042	-0.336
2007	0.167	-0.058	-0.016	-0.023	0.079	-0.285
2008	0.180	-0.015	0.047	-0.013	0.102	-0.210
2009	0.204	-0.001	0.040	0.031	0.122	-0.195
2010	0.165	-0.020	0.021	0.002	0.102	-0.199
2011	0.169	-0.019	-0.029	-0.031	0.091	-0.192

资料来源：表中数据均根据 OECD_TiVA 数据库测算，行业分类标准为 ISIC_Rev3，表 3-9 同。

表 3-8　中国制造业与体育用品制造业全球价值链地位（2005~2015 年）

年份	D13T15	D10T33	D16	D19T23	C28	D26
2005	0.213	0.111	0.231	0.147	0.149	-0.051
2006	0.220	0.118	0.232	0.151	0.160	-0.043
2007	0.245	0.140	0.259	0.173	0.175	-0.014
2008	0.252	0.164	0.271	0.168	0.197	0.038
2009	0.281	0.210	0.312	0.222	0.239	0.107
2010	0.253	0.180	0.280	0.184	0.217	0.078
2011	0.244	0.174	0.261	0.166	0.204	0.082
2012	0.261	0.198	0.286	0.195	0.226	0.089
2013	0.266	0.206	0.291	0.208	0.253	0.093
2014	0.273	0.219	0.287	0.217	0.265	0.111
2015	0.301	0.252	0.331	0.274	0.303	0.128

资料来源：表中数据均根据 OECD_TiVA 数据库测算，行业分类标准为 ISIC_Rev4，表 3-10 同。

表 3-9　中国体育用品制造业全球价值链地位的国际比较（1995～2011 年）

年份	中国	日本	韩国	美国	澳大利亚	意大利	印度	印度尼西亚	泰国	越南
1995	0.001	0.298	0.164	0.242	0.200	0.173	0.389	0.114	0.118	-0.110
1996	-0.014	0.268	0.152	0.240	0.221	0.190	0.390	0.137	0.142	-0.202
1997	-0.042	0.267	0.121	0.232	0.196	0.182	0.389	0.131	0.125	-0.214
1998	-0.042	0.276	0.125	0.223	0.171	0.181	0.388	0.033	0.111	-0.220
1999	-0.038	0.284	0.104	0.227	0.191	0.188	0.386	0.124	0.098	-0.256
2000	-0.028	0.252	0.081	0.206	0.213	0.157	0.376	0.076	0.058	-0.256
2001	-0.013	0.234	0.079	0.210	0.147	0.158	0.363	0.089	0.055	-0.226
2002	-0.018	0.223	0.087	0.211	0.155	0.160	0.351	0.142	0.059	-0.224
2003	0.020	0.215	0.085	0.212	0.142	0.153	0.354	0.162	0.064	-0.227
2004	0.054	0.175	0.038	0.171	0.124	0.143	0.323	0.130	0.044	-0.239
2005	0.073	0.156	0.065	0.176	0.138	0.129	0.311	0.126	0.028	-0.274
2006	0.120	0.131	0.059	0.175	0.123	0.110	0.299	0.147	0.029	-0.315
2007	0.167	0.115	0.048	0.158	0.094	0.104	0.327	0.161	0.046	-0.275
2008	0.180	0.083	-0.057	0.122	0.146	0.106	0.282	0.125	0.016	-0.226
2009	0.204	0.114	-0.014	0.170	0.112	0.136	0.307	0.186	0.073	-0.139
2010	0.165	0.085	-0.056	0.165	0.136	0.095	0.275	0.171	0.045	-0.115
2011	0.169	0.027	-0.015	0.157	0.122	0.076	0.260	0.137	0.006	-0.065

表 3-10　中国体育用品制造业全球价值链地位的国际比较（2005～2015 年）

年份	中国	日本	韩国	美国	澳大利亚	意大利	印度	印度尼西亚	泰国	越南
2005	0.213	0.217	0.004	0.251	0.096	0.145	0.219	0.141	0.029	-0.252
2006	0.220	0.191	-0.008	0.242	0.089	0.120	0.205	0.159	0.057	-0.255
2007	0.245	0.177	-0.007	0.227	0.103	0.117	0.201	0.168	0.081	-0.283
2008	0.252	0.167	-0.055	0.208	0.053	0.121	0.161	0.098	0.042	-0.260
2009	0.281	0.203	-0.022	0.244	0.091	0.156	0.213	0.172	0.093	-0.229
2010	0.253	0.194	-0.012	0.222	0.087	0.114	0.186	0.148	0.043	-0.264
2011	0.244	0.163	-0.059	0.214	0.091	0.093	0.262	0.121	0.030	-0.274
2012	0.261	0.160	-0.073	0.236	0.172	0.119	0.259	0.122	0.040	-0.250
2013	0.266	0.135	-0.054	0.242	0.043	0.121	0.174	0.109	0.055	-0.255
2014	0.273	0.124	-0.043	0.243	0.053	0.117	0.180	0.111	0.052	-0.258
2015	0.301	0.132	-0.013	0.247	0.063	0.100	0.194	0.143	0.068	-0.250

根据表 3 - 7 中的测算结果，除了木材加工行业（C20）的全球价值链地位指数变化趋势不明显以外，制造业整体和其他行业（包括体育用品制造业）的全球价值链地位指数都呈现上升趋势。其中，以运动鞋服为例的体育用品制造业的全球价值链地位提升明显，呈现出不断向价值链上游攀升的趋势。

表 3 - 9 显示的是体育用品制造业全球价值链地位指数的国别比较结果。主要发达国家（日本、美国、澳大利亚、意大利）以及韩国在全球生产网络中的地位呈现下降的趋势，这与我国的情况形成对比。与我国情况类似的是越南，而印度和泰国则出现下降的情况，印度尼西亚则变化趋势不明显。

第二节　全球价值链背景下我国体育用品制造业的国际竞争力

一、产业国际竞争力的研究

竞争力研究通常涉及三个层面的竞争力：宏观层面的国家竞争力、微观层面的企业竞争力和中观层面的产业（国际）竞争力。在迈克尔·波特（2009）看来，宏观层面讨论的国家"竞争力"是一个伪命题。他认为，在国家层面上，有关竞争力的唯一有意义的概念就是"生产力"。分析国家的"竞争力"必须首先认识决定生产力的因素和生产力发展的速度，然后再针对单个产业和产业部门了解生产力。而国家生产力的提升源于特定产业和产业部门中的企业为了在竞争中胜出而在产品或生产流程等方面的改进。

关于产业国际竞争力的内涵。瑞士洛桑国际管理发展学院（IMD）从财富生产的能力对比角度出发，认为国际竞争力是一国或一国公司在国际市场上持续地生产出比其竞争对手更多财富的能力（芮明杰等，2009）。波特（2002）则是从生产效率与生产力的视角定义一个特定产业的国际竞争力。波特认为，一国国际竞争力主体首先是特定产业，竞争的途径或手段是生产效率，结果是连续的获利能力。与此定义类似的是中国社科院工业经济研究所的《我国工业品国际竞争力比较研究》课题组关于国际竞争力的定义。课题组从我国工业品国际竞争力视角出发，认为国际竞争力是自由贸易条件下，一国特定产业的产出品所具有开拓市场、占据市场并以此获利的能力。国际竞争力的核心就是生产力的比较。产业国际竞争力可以归纳为一国特定产业通过在国际市场上销售其产品而反映出的生产力（金碚，1996）。

有关产业国际竞争力的理论有一个发展过程。亚当·斯密在《国富论》中更倾向于讨论竞争力来自"绝对优势"。但比较优势理论则认为，即使不具备生产效率的绝对优势，只要存在相对的比较优势，同样可以参与国际竞争。其原因在于基于"两利相较取其重，两害相较取其轻"的权衡，而核心因素是生产效率的差异。就生产率与竞争力的关系而言，基于马克思劳动价值理论的相关论述可以得出这样的结论，即生产率是竞争力之源。马克思在《资本论》中指出，商品的价值取决于社会必要劳动时间，当采用新的技术、管理方式等可以使个别劳动时间低于社会必要劳动时间（生产效率提升），使商品在市场竞争中具有了竞争力时，"超额利润"也由此产生。

　　赫克歇尔—俄林的要素禀赋理论则强调一国应基于自身生产要素的丰裕程度，充分利用充裕的生产要素进行生产和出口，而同时应进口那些需要密集使用本国稀缺的生产要素的产品。从传统比较优势理论出发，产业国际竞争力主要来源于一国"先天"的绝对或相对优势。

　　20世纪60年代后，新贸易理论兴起，一方面将生产要素从资本和劳动拓展到自然资源、技术等，另一方面从动态的视角对国际竞争力进行了解释和刻画。20世纪80年代以后产生的内生比较优势理论，从规模优势、专业化分工、技术创新等视角研究进一步拓展了国际竞争力的驱动因素。克鲁格曼（2001）指出，即使不具备要素禀赋差异，一个国家仍然可以通过专业化生产的途径获取规模报酬递增所带来的规模优势。而内生增长理论则将技术创新视为经济增长的源泉，国际竞争力来自内生的技术创新、知识和人力资本的积累所产生的比较优势。

　　波特提出的竞争优势理论的关注点在于为什么有些国家可以在特定产业上获得竞争优势。竞争优势理论认为，与比较优势不同，竞争优势并非一国给定的外生条件，而是受一国的营商环境和制度影响。一国的产业国际竞争力取决于生产要素、需求条件、相关支持产业的发展情况、企业的战略结构和竞争对手这四项核心影响因素，以及机遇和政府行为两项附加条件，构成所谓的"钻石模型"（波特，2002）。

　　虽然新贸易理论拓展了传统的比较优势理论，如"新要素理论"将生产要素由传统的土地、劳动和资本拓展到技术、研发、知识、人力资本以及规模经济和管理等，但是对于中国这样的后发国家（追赶型国家），在全球化与全球分工深化的背景下，生产要素禀赋的相对优势被多数研究认为是其嵌入全球价值链并得以快速发展、形成国际竞争力的主要原因。从某种意义上说，这是"中国奇迹"得以实现的切入点和基础。

　　在我国，针对产业竞争力的研究大致始于20世纪90年代，而且在我国正式加入WTO之后，该领域的研究成为热点。制造业是国内产业竞争力研究的主要领域，原因在于制造业是我国嵌入全球价值链最早和程度最深的产业。加入世贸组织是我国参与国际分工的一个里程碑，而我国在劳动力资源方面的比较优势更需要在 WTO 框架下充分发挥、积极进行产业和分工选择（蔡昉等，2003）。多数研究表明，劳动密集型产业是我国制造业国际竞争力比较优势所在。杨汝岱和朱诗娥（2008）的研究支持了这一判断，他们利用显示比较优势和国际竞争力指数等分析中国产业的国际竞争力变动趋势。研究发现，我国对外贸易产业和技术结构呈现不断优化、国际竞争力不断提升等特征，其中劳动密集型产品自 1994 年以来保持明显的国际竞争力。但李钢和刘吉超（2012）的研究提出，我国劳动密集型产业在出口中的相对地位呈现下降趋势，而技术和资本密集型产业有所提升。他们同时强调，制造业竞争优势的增强是推动我国产业国际竞争力的主要驱动力。这一结论得到谢悦等（2017）的支持，后者基于世界投入产出数据（2000~2014 年）的实证研究发现，中国产业国际竞争力优势主要集中在制造业，尤其是劳动密集型制造业，但随着人口红利消失而减弱。郭京京等（2018）则基于 2000~2015 年联合国商品贸易统计数据进行实证分析并得出类似的结论，同时强调部分劳动与资源密集型产业的比较优势呈下降趋势。基于出口工业制成品技术含量视角的研究发现，我国低、中、高三类技术含量工业制成品的国际竞争力大致呈 "U" 形分布，其中低技术产品领域未来面临的挑战将主要来自南欧和中东欧转型国家以及印度等国家或地区（金碚等，2013）。

针对我国制造业，尤其是劳动密集型和资源密集型制造业，具有相对较高的竞争力优势的原因，学者们的共识指向我国劳动力和资源成本方面的比较优势。任若恩（1998）、郑海涛和任若恩（2005）基于购买力平价理论，从全要素生产率、相对价格水平、单位劳动成本等维度分析认为，我国制造业的比较优势源于劳动成本。王燕武等（2011）研究认为，中国制造业的 "硬实力" 在于劳动力成本优势和巨大的国内市场规模。由此可见，以劳动力为代表的初级生产要素价格的上升将对竞争力产生影响。刘世锦（2010）指出，快速上升的各种要素价值导致我国发展所依赖的低成本竞争优势虽然还能保持一定时间，但业已出现减弱的趋势。从出口竞争力维度看，茅锐和张斌（2013）采用市场渗透率测算的结果显示，劳动力成本上升是我国出口竞争力优势下降的主要原因。同时，劳动力等要素价格的上涨所带来的影响并非简单线性的，这是由于劳动力成本并非产品竞争力的决定因素或者说是唯一决定因素，竞争力的变化还同时取决于劳动生产率水平（蔡昉，2007），以及长期发展所塑造和积累的综合优势（李晓华，2015）。孙婷和余东华（2016）基于我国 2003~2013 年的制造业行业数据实证研究劳动力、原材料等要素价格变动对制造业国际竞争力的影响，研究发现，原材料价格上涨对竞争力的影响呈 "U" 形，而工资上涨的影响呈倒 "U" 形。

竞争力既是相对的，也是动态的。没有比较，竞争力无从谈起，保持和提升（国际）竞争力是产业升级的主要目标和标志。中国体育用品制造业整体上属于传统劳动密集型制造业，在技术层面上属于中、低技术行业。依据要素禀赋相对优势理论，中国体育用品制造业的国际竞争力的形成主要依赖于以劳动力为代表的传统生产要素的价格优势。而进入 21 世纪，我国的"人口红利"期已基本结束，主要生产要素，如劳动力、原材料、能源等价格的上涨导致生产成本呈攀升趋势。从已有的国内研究看，我国劳动力等要素价格的上涨对国际竞争力的影响还存在不同的研究结论，针对制造业各自行业的研究结论也不尽相同。本节接下来将首先研究中国体育用品制造业对比 OECD 国家（20 国）的竞争力。

二、我国体育用品制造业国际竞争力测度

在具体研究中，测算产业国际竞争力的方法有多种，但总体上可以分为两大类：显示性指数和非显示性指数。非显示性指数倾向于"原因"，多是基于产业国际竞争力的影响因素所构建的，而显示性指数则主要基于"结果"，在实际应用中更为普遍。

测度一国产业的国际竞争力显示性指数主要包括：显示性比较优势指数（RCA）、显示性竞争优势指数（CA）、贸易竞争力指数（TC）、产业内贸易指标（IIT）、（贸易）实际竞争力指数（RCI）以及出口贡献率指数（ECR）、国际市场占有率指数（IMS）等（牛建国和张世贤，2019）。

本节核心部分采用经过扩展的实际竞争力指数，分别基于传统贸易视角和全球价值链视角，测算我国体育用品制造业相对于 OECD 样本国家同行业的竞争力指数。

（一）贸易实际竞争力指数的扩展

1. 显示性比较优势指数

显示性比较优势指数（Revealed Comparative Advantage，RCA）由 Balassa（1965）首先提出。该指数的目的在于测度各产业的相对出口竞争力，是对贸易专业化程度测度的常用方法。RCA 指数的测算公式为：

$$RCA_r^i = \frac{E_r^i / E_r^t}{E_w^i / E_w^t} \qquad (3-3)$$

其中，r 和 i 分别代表国家和行业（或产品），RCA_r^i 表示 r 国 i 行业（或产品）的显示性比较优势。其中，E_r^i 代表国家 r 的 i 行业的出口总额，E_r^t 代表国家 r 的全部行业（t）的出口总额。E_w^i 则代表全球范围的 i 行业（或产品）的总出口额，E_w^t 代表全球范围内所有产品的总出口额。也即一国某产业出口产品占本国总出口的比重与全球同类产品出口占全球总出口比重的比值。一般认为，当 $RCA_r^i \geq$ 2.5 时，代表国家 r 的 i 产业的竞争力强；当 $1.25 \leq RCA_r^i \leq 2.5$ 时，表明国家 r 的 i 产业的竞争力较强；当 $0.8 \leq RCA_r^i < 1.25$ 时，则表示竞争力一般；而当 $RCA_r^i <$ 0.8 时，代表竞争力较弱。

RCA 指数在研究中被较为广泛应用的同时也受到一些质疑：如当某个产业的产业内贸易活跃时，以 RCA 衡量的产业比较优势将缺乏客观性。当贸易活动以产业间为主时，RCA 指标可以较好地反映其对外竞争力。另外，RCA 指标没有考虑到进口维度。因此，Balassa（1989）对 RCA 指标进行了改进。改进的 RCA 指数考虑了进口因素，采用一国的某一产业出口与该国总出口的占比减去该国同一产业的进口占该国总进口的比例，所以改进后的指标也称作净出口显示性比较优势指数（NRCA）。该指数值如果大于零，则表示具有竞争优势，反之则表示处于竞争劣势，显然，该指标试图剔除产业内贸易的影响。随着贸易增加值测算方法的提出，基于增加值的 RCA 测算方法（$RCA_{value-added}$）也得以应用（Koopman 和 Wang 等，2014）。

2. 贸易实际竞争力指数及其扩展

贸易实际竞争力指数（Real Competitive Index，RCI），多被使用在一国制造业的国际竞争力水平的测度方面。RCI 指数基于制造业贸易产品视角，将生产率、产品种类和质量等因素包含在测算中。Marsh 和 Tokarick（1996）从实际汇率的角度研究基于贸易产品单位增加值、消费者价格以及单位劳动力成本三方面的竞争力，并在对比分析的基础上确定实际竞争力的具体测算公式。依据 Landsmann 和 Poeschl（1996）的分析，存在四个维度的变量可用来测度一国的实际竞争力水平：实际汇率、工资报酬和劳动生产率三项指标的相对变动，以及产品相对质量的变动。这几个维度变量的相互关系在 Marsh 和 Tokarick（1996）的讨论中也涉及了，不过他们更多关注的是实际汇率变动对其他度量指标的影响情况。毛日昇（2006）在此基础上对测算方式进行了调整。他在研究中国与主要贸易国实际竞争力水平时，将中国相对于贸易伙伴国 j 的实际竞争力指数定义为：

$$RCI_{cj}^s = \frac{(V_c/L_c)\,e_{cj}}{V_j/L_j} \frac{W_j/L_j}{(W_c/L_c)\,e_{cj}} UVR_{cj}^s \qquad (3-4)$$

其中，

$$UVR_{cj}^s = \frac{\sum_{i \in s_c} T_c^i UV_c^i}{\sum_{i \in s_c} T_j^i UV_j^i} \qquad (3-5)$$

式（3-4）中，RCI_{cj}^s 表示 c 国相对于 j 国在制造业 s 部门的实际竞争力指数。

V 表示一国某产业部门的增加值，s 表示制造业部门，L 表示制造业部门的就业人数，W 则表示制造业部门的总劳动报酬（或者是工资水平）。e_{cj} 代表 c 国与比较国实际汇率水平。由于在式（3-4）中增加值和劳动报酬都采用本币计算，因此实际汇率水平可以忽略。而 V/L 可以理解为单位劳动力的工业增加值产出（以工业增加值表现的全员劳动生产率），W/L 则代表单位报酬水平。两者都含有就业人数（劳动力）L，所以可以约分得：

$$RCI_{cj}^{s} = \frac{W_j / V_j}{W_c / V_c} UVR_{cj}^{s} \tag{3-6}$$

式（3-6）中，UVR_{cj}^{s} 表示 c 国相对于 j 国在制造业 s 部门的贸易产品单位价值之比的加权总和。这里以单位价值代表质量水平，设定相同制造业部门产品的出口单位价值相比能够反映该类贸易产品的相对质量水平。T 代表权重，UV 代表出口产品的单位价值。

基于上述指数模型，江静和路遥（2010）认为，由于 RCA 指数衡量的是一个国家的产业在全球市场的竞争力，所以采用该指数可以避免使用双边贸易数据所可能带来的偶然性问题，并且，该指数可以使各国在同一基础上相互比较。同时，RCA 指数也可以间接地反映一个国家的特定产业出口产品的质量。因此，他们在毛日昇对 RCI 指数改造的基础上又做了进一步的调整，主要是引入 RCA 指数代替式（3-4）中的 UVR，于是有：

$$RCI_{cj}^{i} = \frac{RCA_{cj}^{i}}{ULC_{cj}^{i}} \tag{3-7}$$

其中，

$$ULC_{cj}^{i} = \frac{W_c^i / V_c^i}{W_j^i / V_j^i} \tag{3-8}$$

$$RCA_{cj}^{i} = \frac{E_{cj}^i / E_{cw}^i}{E_{wj}^i / E_{ww}^i} \tag{3-9}$$

在 RCA 指标中，E_{cj}^i 代表 c 国出口到 j 国的制造业 i 部门贸易产品的出口额，E_{cw}^i 代表 c 国的制造业 i 部门贸易产品的同期总出口额。E_{wj}^i 表示全球向 j 国出口的制造业 i 部门贸易产品的总额，E_{ww}^i 表示同期全球制造业 i 部门贸易产品的总出口额。由于进行与特定比较国的相对竞争力测算，因此与通常基于一国对全球出口的测算不同，此处 RCA 中的分子包含特定国家的出口额，分母包含了全球对特定比较国的出口。

调整后的 RCI 指数实际上体现了制造业 i 部门的相对劳动生产率以及相对显示性贸易竞争力，两者中最基本的竞争力驱动因素是劳动生产率，显示性贸易竞争力是劳动生产力优势在贸易额上的一种直接体现。

江静和路遥（2010）的研究采用传统的贸易统计数据。本章的研究则将分别使用传统贸易数据和基于全球价值链视角的贸易增加值数据测算相关制造业的国际竞争力。由贸易增加值测算的 RCA 指数可以表示为：

$$RCA^i_{cj(value-added)} = \frac{E^i_{cj(value-added)} \big/ E^i_{cw(value-added)}}{E^i_{wj(value-added)} \big/ E^i_{ww(value-added)}} \qquad (3-10)$$

戴翔（2015）曾经有过类似的研究尝试，他采用两种角度（传统贸易总额数据和基于贸易增加值数据）对比测算了我国 14 个制造业部门的 RCA 指数。具体公式为：

$$RCA_{ij} = \frac{TV_{ij}}{\sum\limits_{i=1}^{m} TV_{ij}} \Bigg/ \frac{\sum\limits_{j=1}^{m} TV_{ij}}{\sum\limits_{i=1}^{m} \sum\limits_{j=1}^{n} TV_{ij}} \qquad (3-11)$$

其中，TV_{ij} 代表 j 国的产业 i 出口所含国内增加值（Domestic Value-added），$\sum\limits_{i=1}^{m} TV_{ij}$ 代表 j 国全部产业出口所含国内增加值总额。$\sum\limits_{j=1}^{m} TV_{ij}$ 代表产业 i 全球出口增加值总额，$\sum\limits_{i=1}^{m} \sum\limits_{j=1}^{n} TV_{ij}$ 代表全球所有产业出口增加值总额（总量测算）。戴翔仍沿用传统的 RCA 指数测算公式（本章称其为"经典公式"），将传统贸易统计数据替换为贸易增加值（附加值）数据。本书所采用的 RCA 指数测算方法考察的是与特定比较国的贸易关系中所形成的"一对一"的竞争力情况，与总量测算不同。

（二）数据来源与处理

1. 比较国家的选择

本章研究的比较国家选自 OECD 国家。选择 OECD 国家主要基于两方面的考虑：其一，针对体育用品制造业（鞋、服行业）竞争力的研究大体可以从两个角度选择参照国（比较国），一类是仍处在主要依靠廉价劳动力等要素禀赋资源进行出口导向型的国家，如泰国、越南、印度尼西亚、巴基斯坦、印度等，这些国家是我国劳动密集型产业的竞争对手和产业转移的目的国；另一类是发达国家或已经将大部分劳动密集型产业转移到其他国家的经济体，包括传统的欧美国家如美国、德国和成功跨越中等收入陷阱的韩国、新加坡等，它们通常是体育用品制造业产品的主要进口国。同两类国家的比较的侧重点有所不同，同第一类国家的比较重点在于直接的竞争对手层面，而同第二类国家的比较研究则侧重于产业竞争实力的发展趋势。其二，数据的可获得性。此项考虑使选择 OECD 国家进行实证成为可行。OECD 组织在统计数据整理方面做了大量的工作，尽管如此仍然存在较多国家的细分行业数据严重缺失的情况。本章在 OECD 国家中最终选择 20 个国家作为我国体育用品制造业行业国际竞争力的参照国（比较国），它们是：欧洲的德国、英国、法国、意大利、西班牙、葡萄牙、芬兰、比利时、丹麦、爱尔兰、捷克、匈牙利、波兰和土耳其，北美洲的美国、加拿大和墨西哥，大洋洲的澳大利亚，亚洲的日本和韩国。根据联合国发布的标准（"人类发展指数"），发展中国家包括捷克、匈牙利、波兰、墨西哥和土耳其（其中捷克、匈牙利和波兰属于所谓的"转型国家"），其他为发达国家。

2. 主要数据及来源

OECD 国家的贸易数据主要来自 OECD 贸易统计数据库和联合国 UNComtrade 数据库以及 OECD 贸易增加值（OECD_ TiVA）数据库、国际投入产出数据库（WIOD）；劳动力相关数据、工业增加值以及劳动力报酬等数据来自 OECD_ STAN 数据库。中国的数据除了针对 OECD 国家的贸易数据外（该部分采用 OECD 贸易数据库数据），其他数据主要来源于历年的《中国工业统计年鉴》《中国统计年鉴》《中国工业经济统计年鉴》和《中国劳动统计年鉴》等（见表 3 – 11）。由于不同数据库提供的数据以及不同版本的数据在时间（年份）跨度方面不同，在以下的研究中，涉及传统贸易数据的研究时间跨度为 2000 ~ 2015 年，涉及增加值贸易数据的研究时间跨度为 2000 ~ 2011 年。

表 3 – 11 数据及数据主要来源

主要数据类型	主要数据来源
OECD 国家主要（传统）贸易统计数据 中国对 OECD 国家的（传统）贸易数据	OECD 贸易统计数据库 联合国 UNComtrade 数据库
OECD 国家工业增加值、劳动力和劳动力报酬等	OECD_ STAN 数据库
OECD 国家贸易增加值（附加值）数据 中国对 OECD 国家出口贸易增加值数据	OECD_ TiVA 数据库 国际投入产出数据库（WIOD）
其他中国数据（如工业增加值、劳动力数量与报酬等）	《中国工业统计年鉴》《中国统计年鉴》《中国工业经济统计年鉴》《中国劳动统计年鉴》

资料来源：笔者整理。

（三）两种视角下的竞争力测度

1. 传统贸易统计视角下的测算与结果

（1）测算公式与数据。

根据 RCI 指数式（3 – 7）～式（3 – 9）有：

$$RCI_{cj}^i = \frac{RCA_{cj}^i}{ULC_{cj}^i} \qquad\qquad (3-12)$$

其中，

$$ULC_{cj}^i = \frac{W_c^i / V_c^i}{W_j^i / V_j^i} \qquad\qquad (3-13)$$

$$RCA_{cj}^i = \frac{E_{cj}^i / E_{cw}^i}{E_{wj}^i / E_{ww}^i} \qquad\qquad (3-14)$$

RCI_{cj}^i、ULC_{cj}^i、RCA_{cj}^i均为国家 c（本节是指中国）与比较国 j（本节是指选择的 OECD 国家）关于行业 i（本节指体育用品制造业代理行业）的对比指数。ULC_{cj}^i 表示相比较的两个国家 i 行业的单位报酬工业增加值的倒数的比值；RCA_{cj}^i 分子是 c 国 i 行业产品出口到 j 国与该行业全球出口的比值，分母为全球各国出口到 j 国的 i 行业产品与全球 i 行业产品出口的总额的比值。

（2）测算结果。

基于贸易实际竞争力指数式（3-12）～式（3-14），和相关数据测算的中国与 OECD 20 国体育用品制造业（代理行业）的相对贸易实际竞争力水平如表 3-12 所示。

表 3-12　中国与部分 OECD 国家体育用品制造业 RCI 指数（传统贸易额视角）

比较国	2000～2015 年 RCI 均值	2000～2007 年 RCI 均值	2008～2015 年 RCI 均值
日本	5.17	6.89	3.45
墨西哥	0.59	0.72	0.45
西班牙	0.76	0.79	0.73
英国	0.69	0.59	0.79
美国	1.42	1.38	1.47
意大利	0.49	0.52	0.46
德国	0.64	0.57	0.71
法国	0.55	0.53	0.58
捷克	1.08	1.87	0.30
波兰	1.48	2.30	0.66
芬兰	0.85	0.84	0.86
加拿大	1.43	1.66	1.20
韩国	2.68	4.07	1.10
土耳其	0.40	—	0.40
葡萄牙	0.27	—	0.27
丹麦	0.83	0.79	0.87
比利时	0.55	0.50	0.59

续表

比较国	2000～2015 年 RCI 均值	2000～2007 年 RCI 均值	2008～2015 年 RCI 均值
爱尔兰	0.38	0.40	0.37
匈牙利	1.51	2.64	0.38
澳大利亚	1.73	2.61	1.51

资料来源：全部数据基于 2000～2015 年的体育用品制造业的代理行业测算而得。表中各时段的均值为该时段各年 RCI 指数的算术平均值。

2. 全球价值链视角下的测算与结果

（1）测算方法与数据。

根据 RCI 指数式（3-7）～式（3-9），传统贸易数据测算方法与全球价值链视角测算方法的不同之处是对 RCA 指标数据的处理方法不同，前者采用传统贸易统计数据，而后者则采用贸易增加值（附加值）数据。这一方法是由 Koopman 和 Wang 等（2014）基于全球价值链理论，将出口总额进行分解而提出的。戴翔（2015）以我国 14 个制造业部门为研究对象，对比测算了两种方法（基于传统贸易总额数据和基于贸易附加值数据）的 RCA 指数。研究所采用的 RCA 指数公式与经典公式一致，不同之处在于将传统的贸易总额数据替换为贸易国内增加值（附加值）数据。表 3-13 中的数据为戴翔测算的部分结果。其测算结果显示，两种方法测算的结果在变化趋势上一致或趋同，但从绝对值上看，采用贸易增加值测算的结果（RCA 指数水平）略高于传统贸易额测算的结果（见图 3-2）。

表 3-13 两种方法测算的 RCA 指数比较

行业部门	指数 \ 年份	2000	2005	2008	2009	2010	2011
纺织及服装制造业	RCA	3.475	3.343	2.944	2.596	2.607	2.553
	$RCA_{value-added}$	3.522	3.403	2.987	2.647	2.653	2.584
皮革毛皮羽毛(绒)及鞋类制造	RCA	4.277	3.565	2.941	1.590	1.666	1.706
	$RCA_{value-added}$	4.322	3.632	2.987	1.646	1.703	1.732

资料来源：整理自戴翔（2015）的测算数据，RCA 指数测算采用的是经典公式。

在本部分研究中，我们依据式（3-10）测算相应的贸易实际竞争力指数，则有：

$$RCI^i_{cj(value-aded)} = \frac{RCA^i_{cj(valued-added)}}{ULC^i_{cj}} \qquad (3-15)$$

测算基于全球价值链视角的中国对 OECD 国家"一对一"的贸易实际竞争力。

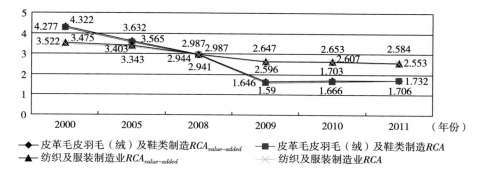

图3-2 两种方法测算的 RCA 指数比较

（2）测算结果。

基于贸易实际竞争力指数式（3-12）、式（3-13）和式（3-15），以及相关数据测算的中国与 OECD 20 国体育用品制造业（代理行业）的相对贸易实际竞争力水平，如表3-14所示。

表3-14 中国与部分 OECD 国家体育用品制造业 RCI 指数（贸易增加值视角）

对比国	2000~2011 年 RCI 均值	2000~2007 年 RCI 均值	2008~2011 年 RCI 均值
日本	8.27	9.65	5.52
墨西哥	0.34	0.31	0.38
西班牙	1.27	1.34	1.13
英国	1.23	1.20	1.30
美国	2.68	2.85	2.34
意大利	2.08	2.16	1.93
德国	1.19	1.19	1.18
法国	1.31	1.31	1.32
捷克	0.83	0.80	0.87
波兰	0.98	0.88	1.17
芬兰	1.30	1.37	1.18
加拿大	2.34	2.38	2.27
韩国	3.26	3.95	1.90
土耳其	0.61	—	0.61
葡萄牙	0.21	—	0.21
丹麦	1.34	1.33	1.38

续表

对比国	2000~2011 年 RCI 均值	2000~2007 年 RCI 均值	2008~2011 年 RCI 均值
比利时	0.99	1.03	0.89
爱尔兰	0.77	0.73	0.78
匈牙利	0.25	0.30	0.14
澳大利亚	3.14	4.83	2.30

资料来源：全部数据基于 2000~2011 年的体育用品制造业的代理行业测算而得。表中各时段的均值为该时段各年 RCI 指数的算术平均值。

（四）我国体育用品制造业国际竞争力现状的基本判断

为了更全面地揭示中国体育用品制造业在全球市场和国别贸易往来中的竞争力水平，本节基于全球价值链和传统贸易统计视角，分别测算了中国同 OECD 20 个比较国相对实际竞争力指数。以 2000 年作为研究的起始年份，主要原因在于：一方面我国经济增长率在 2000 年由两位数调整到高单位数（拐点）；另一方面作为"入世"前一年，经济发展受到良好预期激励。另外，在实际的国际经贸往来中会涉及各国贸易政策的动态调整，譬如中国的出口退税政策。这类情况会进一步导致各年度指数值变动幅度方面的偶然性，因此本部分重点关注平均值。另一个情况就是，在研究期内出现了 2008 年美国金融危机所引发的全球范围的经济下行，所以研究以 2008 年为界分别计算了 2000~2007 年和 2008 年之后两个阶段的均值，通过对比分析揭示国际竞争力的动态变化。

首先，由于两种视角下的测算所包括的代理行业范围有所不同，数据来源也有差异，因此严格意义上讲，两种视角下测算的结果并不能直接进行绝对值的比较。但我们从竞争力指数的国别变化趋势上进行对比，发现 20 国的相对竞争力的变化趋势中，变化趋势不同的只有 5 个国家。也就是说，总体上两种视角下的测算具有趋势上的近似性。

其次，从 2008 年前后相对各 OECD 国家竞争力水平变化看，在传统贸易数据测算的方式下（见表 3-12），2008 年以后，我国体育用品制造业相对竞争力降低的有 11 个，其中有两个国家由于数据缺失无法做两阶段相对竞争力对比。相对竞争力下降幅度较大的有日本、捷克、波兰、韩国、匈牙利和澳大利亚。而相对竞争力水平提升的基本发生在传统发达国家，如英国、法国、美国、德国、丹麦和比利时。

在以贸易增加值测算的结果中（见表 3-14），2000~2007 年与 2008 年之后相比，相对竞争力下降的有 10 个，整体中有两个国家由于数据缺失无法做两阶段相对竞争力对比。针对日本、韩国、匈牙利和澳大利亚等国的相对竞争力下降幅度较大，而针对英国、法国、丹麦、爱尔兰和波兰等国的相对竞争力水平有不同的提升。考虑到传统的发达国家经过产业转移和结构调整，劳动密集型产业或该类产业的劳动密集型生产环节已经在本国的制造业中被边缘化这一情况，测算和比较的结果总体上可以说明我国体育用品制造业的相对实际竞争力是在下降的。

最后，以"一对一"方式测算相对竞争力水平可以发现基于国别的相对竞争力存在较大差异。这种方式的测算更有助于对我国体育用品制造业的竞争力进行更为全面的判断。同时，需要补充说明的是，排除主要贸易壁垒和非贸易壁垒因素的影响，相对竞争力的减弱并不简单意味着比较国在该部门具有相对于中国的竞争优势，一种可能性是由于存在比我国更有竞争优势的"竞争者"。

第三节　生产要素价格变动对竞争力的影响

基于第二节两种视角下相对实际竞争力指数的测算结果，本节将采用面板回归模型分别实证研究在传统贸易统计和贸易增加值视角下主要生产要素对竞争力的影响。

不同生产要素所具有的流动性存在差异，总体上讲，资本和技术等生产要素流动性较强、较易进行跨国流动；但劳动力、能源、基础原材料等的流动性相对较弱，甚至在一定时期无法自由流动。尤其是在商品流通、资本国际流动越来越自由的背景下，劳动力要素的国际流动却受到越来越大的限制（金碚，2014）。在某种程度上我们可以说，新一轮的国际范围内的产业转移所表现出的突出特征是可流动的生产要素追逐流动性差或不可流动的生产要素进行资源全球配置和重组的过程（张二震，2007）。因此，研究流动性较弱或不可流动的要素对产业国际竞争力的影响可能更具有现实意义。本节重点选择劳动力、原材料和能源这三种（初级）生产要素，实证研究其价格的变动对我国体育用品制造业国际竞争力所产生的影响。

一、面板数据回归模型构建、变量选取及数据来源

面板数据（Paneldata）是指在时间序列上选取若干个截面，然后在这些截面上同时选取样本观测值，其所构成的样本数据即为面板数据，或者称为平行数据、综列数据。面板数据反映了时空两个维度的经验信息。面板数据的一大优点在于时间维度产生的非稳定性均可被面板数据估计中的截面维度所吸收，从而可

以使估计参数具有一致性，有效避免了虚假回归的出现（Philips 和 Moon，1999）。经典的面板数据模型大体有六类，其中截面个体变系数模型（"变系数模型"）、截面个体变截距模型（"变截距模型"）和截面个体截距、系数不变模型是经常使用的模型（李子奈和叶阿忠，2012）。

（一）模型构建

本节研究使用的计量模型如下：

1. 传统贸易统计视角下的计量模型

$$RCI_{cj,t} = \alpha_0 + \alpha_1 FPI_{cj,t} + \alpha_2 FPI_{cj,t}^2 + \alpha_3 TRI_{cj,t} + \alpha_4 FKI_{cj,t} + \varepsilon_{cj,t} \qquad (3-16)$$

2. 全球价值链视角下的计量模型

$$RCI_{cj(value-added),t} = \alpha_0 + \alpha_1 FPI_{cj,t} + \alpha_2 FPI_{cj,t}^2 + \alpha_3 TRI_{cj,t} + \alpha_4 FKI_{cj,t} + \varepsilon_{cj,t} \qquad (3-17)$$

式中，下标 c 代表中国，j 代表比较国，t 表示年份。$RCI_{cj,t}$ 代表基于传统贸易统计视角的中国对比较国 j 国在 t 年的相对实际竞争力，$RCI_{cj(value-added),t}$ 则代表基于全球价值链视角的中国对比较国 j 国在 t 年的相对实际竞争力。两者的具体计算方法已在第二节中涉及，且数据也在第二节中测算。该变量是本模型的被解释变量（因变量）。

（二）变量指标选取和数据处理

模型中的 $FPI_{cj,t}$ 代表（包括）三个主要解释变量。第一个解释变量 $LCI_{cj,t}$，是相对单位劳动力成本（劳动报酬）。代表中国对 j 国在 t 年内的单位劳动力成本的比值，具体采用平均劳动力报酬数据测算。由于 OECD 国家各行业（含细分行业）劳动力报酬数据包括支付的工资和全部福利，与《中国统计年鉴》发布的制造业细分行业平均工资统计口径有所不同。为保持数据的可比性，本节采用江静和路瑶（2010）的处理方式，近似地将平均工资的 1.35 倍作为中国平均单位劳动力成本。同时，由于跨国比较涉及不同年份及不同货币转换的问题，本节研究统一按照历年平均汇率，将对比国的薪酬转换为人民币计价，然后测算得到我国与各对比国的相对单位劳动力成本指数。其中，历年平均汇率通过测算各年度12 个月的各月末汇率收盘价的算术平均值而得。研究中涉及的国际货币包括美元、英镑、欧元、韩元、日元、加拿大元、丹麦克朗、澳元、捷克克朗、波兰兹罗提、匈牙利福林、墨西哥比索、土耳其里拉等。

长期以来，我国制造业通过较低的劳动力价格嵌入全球价值链的分工之中，表现出较强的国际竞争力。但随着中国的人口红利逐渐丧失，劳动力价格的快速提升，我国体育用品制造业的国际竞争力也受到一定程度上的冲击。这里的分析强调的是一种国际比较语境下的竞争力的相对变化，而不是劳动力绝对成本的提高。

$FPI_{cj,t}$ 代表的第二个解释变量是原材料相对价格，以 $MCI_{cj,t}$ 表示，指中国对 j 国在 t 年内原材料价格的比值。其中，中国原材料价格采用原材料购进价格指数代表，OECD 国家没有公布制造业原材料购进价格指数，因此采用历年制造业分行业的工业品出厂价格指数代替。OECD 工业品出厂价格指数数据以 2015 年为基期，对应起见，本书将中国原材料购进价格指数也以 2015 年为基期做了相应的调整。

$FPI_{cj,t}$ 代表的第三个解释变量是能源价格相对指数，以 $ECI_{cj,t}$ 表示，指中国对 j 国在 t 年内能源的相对价格。数据的具体处理方式同 MCI 变量的处理方法。

模型中的 $FPI^2_{cj,t}$ 是 $FPI_{cj,t}$ 的二次项。为考察要素价格变动对竞争力的影响可能存在非线性的情况，故将主要解释变量（$LCI_{cj,t}$、$MCI_{cj,t}$、$ECI_{cj,t}$）的二次项加入计量模型中进行分析。在线性关系的计量模型中引入二次项是一种测度递减效应的较为简便的方法（伍德里奇，2007）。例如，含有一个变量的线性方程：$y = \beta_0 + \beta_1 x + \beta_2 x^2$。其中，$\beta_0$、$\beta_1$、$\beta_2$ 是参数，当 $\beta_1 > 0$、$\beta_2 < 0$ 时，因变量 y 和自变量 x 之间的关系表现为抛物线。抛物线顶点的 x 取值 $x^* = \beta_1 / (1 - 2\beta_2)$。当 $\beta_1 < 0$、$\beta_2 > 0$ 时，因变量 y 和自变量 x 之间的关系表现为"U"形，底点 $x^* = -\beta_1 / (2\beta_2)$。

同时，参考既有相关文献（毛日昇，2006；孙婷和余东华，2016）的研究思路基础，本节选取了两个体现行业特征的控制变量，分别以 $TRI_{cj,t}$、$FKI_{cj,t}$ 表示。

$TRI_{cj,t}$ 代表 t 年内我国体品制造业出口到对比国 j 的出口产品占到 j 国该行业进口总额的比重，该比重反映了中国相对于比较国的贸易绝对竞争力，其公式为 $TRI_{cj,t} = \dfrac{IM_{cj,t}}{IM_{wj,t}} \times 100$，其中，$IM_{cj,t}$ 代表我国在 t 年出口到 j 国的某一行业产品的出口总额，$IM_{wj,t}$ 表示 j 国在 t 年的全球进口总额。中国出口额占比越高则表明在该行业的贸易专业化水平越高，也意味着绝对竞争力水平越高。专业化水平的提高对产业的国际竞争力可能会产生两方面的影响：一是专业化水平引致各要素密集型产业对生产要素需求的增加，进而易引发要素价格的上涨，削弱了国际竞争力；二是在较高专业化水平的经济体中，市场竞争者在市场占有率较低的市场中可以迅速获取竞争力，即所谓的追赶效应（Holst 和 Weiss，2004）。两方面影响的相互作用使对国际竞争力的实际影响存在不确定性，需要在实证中加以检验。

$FKI_{cj,t}$ 是代表资本深化程度的控制变量。资本深化程度是指单位就业人数的总固定资本形成量，即总固定资本形成与就业人数的比值，用公式表示为 $FKI_{cj,t} = \dfrac{KL_{c,t}/L_{c,t}}{KL_{j,t}/L_{j,t}}$，其中，$KL_{c,t}$ 和 $KL_{j,t}$ 分别表示中国和比较国 j 在 t 年的固定资本形成额，$L_{c,t}$ 和 $L_{j,t}$ 分别表示中国和比较国 j 在 t 年的就业人数。OECD 各国的行业固定资本形成和就业数据来自 OECD_ Stat 数据库，并将各国货币历年汇率折合为人民币，方法同上文针对$LCI_{cj,t}$变量数据的测算。由于中国的统计数据缺乏针对行业固定资本形成的数据，本书近似采用国家统计数据中的规模以上企业前后两年固定资产原价的差额来表示，将其除以相应年份的规模以上企业平均人数，然后同OECD 国家测算数据进行比较。基于罗伯津斯基定理（Rybczyski Theorem），要素相对比例的变化会影响到对不同要素密集度的产出，也就是说，资本深化程度对于不同性质的产业影响是异质的。通常情况下，对于资本密集型制造业的产品产出，资本深化程度的加强会导致产出量的增加，而对于劳动密集型产业的产品产出则会产生反向作用，即对于劳动密集型产业，资本深化程度的提升并不会表现为对效率的正向作用，因此对行业国际竞争力存在负相关性。对这一假设判断，下文中将通过实证加以检验。

（三）数据来源

同时，由于第二节中所讨论的两种视角下的考察时期不同，所以本节的实证研究数据也相应不同，以便保证与因变量（RCI）的数据相匹配。具体来讲，涉及传统贸易统计视角下的计量模型所研究的样本时期为 2000～2015 年；涉及全球价值链视角下的计量模型所研究的样本时期为 2000～2011 年。

研究数据主要来源于相关各年度的《中国统计年鉴》《中国劳动统计年鉴》《中国工业经济统计年鉴》《中国工业统计年鉴》以及 OECD_ TiVA 数据库、OECD_ Stat 数据库和联合国贸易数据库（UN Comtrade_ Stat）。

二、传统贸易统计视角下的实证

（一）数据的统计描述

研究所涉及的因变量和解释变量都是以中国体育用品制造业相对于 20 个OECD 国家该行业的各个变量指标。为分析生产要素价格的变动（也可以说是生产成本的变动），本书选择了 2000～2015 年共 16 年的数据进行实证。因此，在平衡面板数据下总的观测值为 320 个，但由于部分国家的部分数据有缺失，导致最终回归分析为非平衡面板下的 256 个观测值。具体统计描述如表 3 – 15 所示。

表 3 – 15　面板回归数据的统计描述（传统贸易统计视角）

变量	均值	中位数	最大值	最小值	标准差	偏度	峰度
RCI	1. 144918	0. 6965	7. 751	0. 2	1. 338556	3. 024224	12. 4985
MCI	1. 000457	1	1. 613	0. 778	0. 108698	1. 802183	10. 32687
ECI	0. 97809	0. 972	1. 54	0. 599	0. 145298	0. 888341	4. 737181
LCI	0. 333012	0. 116	9. 352	0. 026	0. 746856	8. 012391	87. 90733

续表

变量	均值	中位数	最大值	最小值	标准差	偏度	峰度
TRI	20.70639	17.2465	61.234	4.742	13.65205	1.29362	4.16664
FKI	0.650902	0.3005	17.986	0.009	1.334931	9.207018	113.8625
$LCII$（LCI^2）	0.666511	0.013456	87.4599	0.000676	5.623088	14.5533	223.6902
$MCII$（MCI^2）	1.012683	1	2.601769	0.605284	0.24051	2.743617	16.01005
$ECII$（ECI^2）	0.977689	0.944784	2.3716	0.358801	0.305099	1.525679	6.880683

（二）计量模型的设定与检验

经典面板数据回归模型的设定通常采用 F 统计量进行检验。

$$F = \frac{(RSS_R - RSS_U)/(K_U - K_R)}{RSS_U/(m - k_u - 1)} \sim F(k_U - k_R, \ m - k_U - 1) \qquad (3-18)$$

基于传统贸易统计数据对计量模型（3-18）进行协方差检验，$F_2 = 3.41$，$F_1 = 0.90$。在给定 5% 的显著水平下，相应的临界值为 $F_2 a$（144，119）= 1.33，F_{1a}（128，119）= 1.36。由于 $F_2 > F_2 a$ 拒绝原假设 H_2（不同截面个体上的截距和系数相同），$F_1 < F_1 a$ 未拒绝原假设 H_1（不同截面个体上的系数相同而截距不同），所以选择变截距模型。

如表 3-16 所示，基于 Hausman 检验结果，$\chi^2_{0.05(8)} = 15.51$，小于 Hausman 统计量（77.19），且 P < 0.05。

表 3-16　模型协方差分析检验结果（传统贸易统计视角）

	模型
F_2	3.41
F_2 的临界值	1.33
F_1	0.90
F_1 的临界值	1.36
结论	变截距模型

因此，检验结果拒绝原假设（个体影响与解释变量不相关），模型设定为固定效应变截距模型：

$$RCI_{cj,t} = \alpha_{c,j} + \beta_1 FPI_{cj,t} + \beta_2 FPI^2_{cj,t} + \beta_3 TRI_{cj,t} + \beta_4 FKI_{cj,t} + \mu_{cj,t} \qquad (3-19)$$

（三）计量结果

出于稳健性检验的考虑，实证中除了对整体变量进行回归之外，同时分别对主要变量（劳动力变量 LCI 及其二次项、原材料变量 MCI 及其二次项、能源变量

ECI 及其二次项）进行回归。回归结果如表 3 - 17 所示。

表 3 - 17　要素价格变动与体育用品制造业竞争力的回归结果汇总（传统贸易统计视角）

解释变量	（1）全部变量	（2）劳动力成本相对指数（*LCI*）	（3）原材料价格相对指数（*MCI*）	（4）能源价格相对指数（*ECI*）
LCI	− 0. 726 *** (− 3. 24)	− 1. 126 *** (− 5. 63)		
LCII（*LCI*²）	0. 105 *** (3. 97)	0. 168 *** (6. 82)		
MCI	− 19. 624 *** (− 5. 23)		− 27. 931 *** (− 8. 54)	
MCII（*MCI*²）	7. 794 *** (4. 52)		11. 851 *** (7. 65)	
ECI	− 9. 941 *** (− 4. 04)			− 14. 209 *** (− 5. 04)
ECII（*ECI*²）	4. 988 *** (4. 26)			6. 898 *** (5. 15)
TRI	0. 048 *** (11. 73)	0. 045 *** (9. 85)	0. 049 *** (10. 90)	0. 041 *** (8. 72)
FKI	− 0. 170 *** (− 2. 66)	− 0. 295 *** (− 4. 26)	− 0. 073 ** (− 2. 32)	− 0. 105 *** (− 3. 13)
C（常数项）	17. 002 *** (7. 32)	0. 652 *** (5. 79)	16. 119 *** (8. 54)	7. 499 *** (5. 12)
R^2	0. 85	0. 80	0. 82	0. 79
N	256	256	256	256
Hausman 检验	Chi2 = 77. 19 P = 0. 000	Chi2 = 65. 75 P = 0. 000	Chi2 = 32. 93 P = 0. 000	Chi2 = 89. 18 P = 0. 000
模型	FE	FE	FE	FE

注：*、**、***分别代表在10%、5%和1%水平上显著，括号内值为 t 统计量。

三、全球价值链视角下的实证

（一）数据的统计描述

由于现有贸易增加值数据的限制，本部分的研究采用的是 OECD_ TiVARev3

数据，时间跨度为 2000 ~ 2011 年。在平衡面板数据下总的观测值为 240 个，但由于部分国家的部分数据有缺失，导致最终回归分析为非平衡面板下的 190 个观测值。各变量的具体统计描述如表 3 – 18 所示。

表 3 – 18　面板回归数据的统计描述（贸易增加值视角）

变量	均值	中位数	最大值	最小值	标准差	偏度	峰度
RCI	1.695421	1.21	11.39	0.12	1.916233	3.270812	14.14186
MCI	0.993289	0.97	1.613	0.778	0.124294	1.787968	8.544923
ECI	0.983411	0.949	1.54	0.73	0.159779	0.951765	3.947823
LCI	0.128947	0.06	1.16	0.02	0.163568	3.033298	15.14122
TRI	16.76868	13.76	61.02	3.33	12.76113	1.951507	6.654194
FKI	0.422211	0.225	3.87	0.01	0.514666	2.910662	15.15676
LCII	0.043241	0.0036	1.3456	0.0004	0.136664	6.622187	54.60318
MCII	1.001992	0.9409	2.601769	0.605284	0.276343	2.550534	12.79211
ECII	0.992491	0.900602	2.3716	0.5329	0.34044	1.435542	5.612717

（二）计量模型设定与检验

首先进行模型的协方差检验，$F_2 = 1.73$，$F_1 = 0.69$。在给定 5% 的显著水平下，得到相应的临界值 $F_2 a(144, 51) = 1.44$，$F_1 a(128, 51) = 1.45$。

由于 $F_2 > F_2 a$ 拒绝原假设 H_2，$F_1 < F_1 a$ 未拒绝原假设 H_1，所以选择变截距模型，如表 3 – 19 所示。

表 3 – 19　模型协方差分析检验结果（贸易增加值视角）

	模型选择
F_2	1.73
F_2 的临界值	1.44
F_1	0.69
F_1 的临界值	1.45
结论	变截距模型

采用 Hausman 进行随机效应和固定效应模型的检验，$\chi^2_{0.05(8)} = 15.51$，小于 Hausman 统计量（71.49），同时 P < 0.05。因此检验结果拒绝原假设。最终选择固定效应变截距模型：

$$RCI_{cj(value-added),t} = \alpha_{c,j} + \beta_1 FPI_{cj,t} + \beta_2 FPI_{cj,t}^2 + \beta_3 TRI_{cj,t} + \beta_4 FKI_{cj,t} + \mu_{cj,t} \qquad (3-20)$$

（三）计量结果

同基于传统贸易统计视角的实证，本部分的实证中除了对整体变量进行回归之外，为了考察回归的稳健性，同时分别对主要变量（劳动力变量 LCI 及其二次项、原材料变量 MCI 及其二次项、能源变量 ECI 及其二次项）进行回归。回归的结果如表 3-20 所示。

表 3-20　要素价格变动与体育用品制造业竞争力回归结果汇总（贸易增加值视角）

解释变量	（1）全部变量	（2）劳动力成本相对指数（LCI）	（3）原材料价格相对指数（MCI）	（4）能源价格相对指数（ECI）
LCI	-0. 3. 218 ** （-2.45）	-5. 281 *** （-4.29）		
LCII（LCI^2）	4. 620 ** （2.54）	7. 377 *** （4.11）		
MCI	-12. 043 ** （-2.58）		-17. 753 *** （-4.54）	
MCII（MCI^2）	4. 604 ** （2.17）		7. 015 *** （4.01）	
ECI	-11. 218 *** （-3.93）			-13. 374 *** （-4.39）
ECII（ECI^2）	5. 170 *** （3.95）			5. 884 *** （4.19）
TRI	0. 062 *** （12.40）	0. 061 *** （11.33）	0. 058 *** （11.58）	0. 056 *** （10.79）
FKI	-0. 419 ** （-3.12）	-0. 505 *** （-3.73）	-0. 561 ** （-4.16）	-0. 523 *** （-4.12）
C（常数项）	13. 986 *** （4.99）	1. 111 *** （6.04）	10. 991 *** （5.18）	7. 732 *** （4.80）
R^2/Wald	0.89	0.87	0.88	0.87
N	190	190	190	190
Hausman 检验	Chi2 = 71.49 P = 0.000	Chi2 = 74.38 P = 0.000	Chi2 = 43.08 P = 0.000	Chi2 = 87.17 P = 0.000
模型	FE	FE	FE	FE

注：*、**、***分别代表在10%、5%和1%水平上显著，括号内值为 t 统计量。

四、实证结论分析与讨论

表3－17和表3－20分别是基于传统贸易统计视角和全球价值链视角的实证研究结果。两表内的回归结果均体现了生产要素价格变化与我国体育用品制造业相对于OECD国家的实际竞争力之间的实证关系。由于两种视角的实证结果显示变量之间的关系呈现一致性，因此可以就两种视角的回归结果进行统一的讨论。

（一）生产要素价格变动对国际竞争力影响显著、长期影响为非线性

劳动力、原材料和能源价格的变动对我国体育用品制造业的国际竞争力的影响显著。从具体影响程度来看，原材料价格变动的影响最大，能源次之，劳动力价格的影响在三者中最弱。同时，所有参与回归的生产要素的一次项系数均显著为负，而其二次项系数显著为正。印证了长期考察生产要素对国际竞争力的影响是非线性的推断，呈现出"U"形关系的特征。

各主要生产要素一次项回归结果显示，包括劳动力价格、原材料价格和能源价格在内的生产成本的上升对国际竞争力产生了负面影响或抑制作用。但从长期看（二次项），劳动力等生产要素价格的上涨对体育用品制造业的国际竞争力的影响发生了转折，产生正向的促进作用。传统贸易统计数据视角的二次项回归结果显示，各生产要素的促进作用由高到低分别为原材料价格、能源价格和劳动力价格；贸易增加值数据视角的二次项回归结果显示的各生产要素的促进作用由高到低分别为能源价格、劳动力价格和原材料价格。

（二）控制变量与国际竞争力关系显著、作用各异

贸易专业化水平是双边贸易中绝对竞争力水平的体现，从估计参数看，中国体育用品制造业竞争力与由贸易专业化所体现的绝对竞争力水平呈正相关关系。进入21世纪，中国体育用品制造业出口规模的扩大并不完全依靠相对低廉的要素成本，在某种程度上反映了技术提升，促进贸易规模扩大、贸易专业化水平提高，并推动竞争力的提升。

资本深化程度指单位就业人数的总固定资本形成量，实证结果显示其与体育用品制造业竞争力的提升呈负向关系，且关系显著。由于体育用品制造业在整体上属于劳动密集型产业，此回归结果符合罗伯津斯基定理（Rybczyski Theorem）：对于劳动密集型产业，资本深化程度的提升并不会表现为对效率的正向作用，因此与行业国际竞争力存在负相关性。也即资本深化程度的提高一定程度上降低了作为劳动密集型产业的中国体育用品制造业的国际竞争力。

（三）生产要素非线性影响的原因探讨

实证结果显示的主要生产要素对体育用品制造业国际竞争力的影响在样本期内呈现短期抑制、长期促进的作用。原因在于劳动力、原材料及能源作为主要的

生产要素直接影响劳动密集型企业的生产成本，其价格的不断上涨给企业的生存带来持续的挑战，企业如果想继续生存下去就必须通过提高效率的方式不断地消化生产要素所带来的成本上升压力，这种努力导致效率的提升和竞争力的提升。这里所讨论的提升效率的方法是广义的，包括提升管理效率以及先进工艺、技术的引进、创新等。

产业竞争力关键是生产效率。蔡昉（2007）在论及劳动力成本提高情况下如何保持竞争力时强调除了工资水平还需要考虑劳动生产率水平问题。Nadim Ahmad 和 Annalisa Primi（2018）也持有类似的观点，他们认为，新兴经济体融入价值链的程度并非由工资水平单独决定，而是受到工资和生产率的共同影响。

回归结果也得到了已有的相关实证研究结果的支持。许召元和胡翠（2014）的研究通过投入产出模型定量分析工资和原材料成本上升对综合成本（产品价格）的影响，进而对制造业竞争力的影响。研究结果表明：要素价格的增长导致中国工业品综合成本在2001～2011年平均年度增长7%左右，但生产率的提升在很大程度上抵消了要素成本上升对竞争力的负面影响。具体到劳动密集型产业，2001～2011年，劳动密集型产品的综合成本累计增长了77.5%。根据《中国劳动统计年鉴》数据，纺织服装、鞋、帽制造业的城镇单位就业人员的名义工资增长为年均12.7%，文教体育用品制造业为10.9%。根据《中国统计年鉴》数据，期间燃料和动力类购进价格指数年均增长7.5%，纺织原料类年均增长2.7%。同期劳动密集型产品的出厂价仅累计上涨了17.5%，占成本增长幅度的22.6%，超过3/4的成本上涨压力被消化掉了。但2008年之后，劳动密集型产品消化成本上涨的能力持续减弱，说明效率改进的空间在缩小。陈颀（2014）的研究则佐证了体育用品制造业生产率的增长。他的研究采用 Malmquist 指数模型，基于2003～2010年全国22个省（自治区、直辖市）的数据。研究结果表明，期间有21个地区的运动用品制造业全要素生产率存在不同程度的提升，其中主要驱动力来自技术进步。

小　结

我国体育用品制造业对外贸易依存度相对较高。现有研究普遍认为，中国体育用品制造业国际竞争的比较优势主要源于以劳动力为代表的低廉的生产要素成本。从全球价值链视角看，资本的国际流动，尤其是发达国家与后发国家之间的直接投资，是发达国家资本寻找生产要素"价值洼地"的过程。当我国出现农村可转移劳动力减少以及资源环境压力持续上升所导致的劳动力和原材料等要素价格呈现较快速度上涨趋势时，我国体育用品制造业的竞争力状况、演化特点以及主要生产要素对竞争力的影响成为研究我国体育用品制造业升级问题的起点。

本章首先测算了我国体育用品制造业的全球价值链参与度和地位指数，就两个指数进行综合和动态的考察有助于我们更全面地了解在全球价值链中行业的发展和升级状态。结果显示，我国体育用品制造业的全球价值链参与度和地位总体上处于攀升的趋势，全球价值链地位仍具有一定的比较优势，但国别之间存在差异。

本章在测算产业国际竞争力时选择了经过扩展的实际贸易竞争力指数（RCI），该指数的构成要素使其能够体现产业效率。研究选择 20 个有代表性的OECD 国家作为"一对一"比较的参照国，并从全球价值链的视角和传统贸易统计的视角分别测算同比较国相对实际竞争力指数。以"一对一"方式测算相对竞争力水平的结果显示，一方面基于国别的相对竞争力存在较大的差异；另一方面相对实际竞争力的整体变化趋势（2008 年前后）以下降趋势为主，且竞争力下降的幅度要高于竞争力提升的幅度。两种视角（传统贸易数据和贸易增加值数据）的测算结果大体一致。因此，从整体上和趋势上可以判断我国体育用品制造业的相对实际竞争力存在弱化的趋势。

在两种视角测算所得的我国体育用品制造业的相对竞争力指数的基础上，本章进一步采用面板数据计量方法实证研究了劳动力、原材料和能源价格的变化等对我国体育用品制造业相对国际竞争力的影响。基于两种视角的实证结果均显示，包括劳动力价格、原材料价格和能源价格在内的主要生产要素的价格上涨对竞争力的影响首先是显著，其次是影响呈现"U"形。短期看（一次项），生产要素价格的上升确实产生了负面影响和抑制作用，但同时通过对二次项的研究显示长期内生产要素价格的上涨对国际竞争力有积极的影响，即生产要素价格上涨对我国体育用品制造业相对国际竞争力的影响呈现出"U"形关系。该研究结果说明，主要生产要素成本的上升削弱了作为传统劳动密集型产业的体育用品制造业的相对国际竞争力，但企业出于生存压力和竞争压力不断提升生产率，以效率的提高抵消生产成本上升带来的负面作用。因此，生产要素成本的上涨客观上倒逼企业生产率的提升，进而推动和促进了体育用品制造业的产业升级。这里所讨论的生产率提升的方法是广义的，包括先进工艺、技术的引进、吸收和创新，还包括提升管理效率等。同时，相关研究（许召元和胡翠，2014）显示，2008 年之后，劳动密集型产品消化成本上涨的能力持续减弱，这与本章测算的体育用品制造业相对竞争力的变化趋势基本一致，说明可能存在效率改进空间在缩小的问题。

本章实证结果所显示的生产要素价格变动与我国体育用品制造业相对国际竞争力之间所呈现的显著的非线性关系突出了生产效率的提升在产业升级的关键作用以及紧迫性。目前，主流经济增长理论已经将最初的似乎是"外生"的科技进步所引发的生产率提高推进到内生分析阶段，普遍认为各种内生的原因和机理所引致的生产率提升是经济长期增长的源泉。这种类型的增长又被称作"内涵式"增长。在下一章中我们将基于内生增长理论分析全球价值链对于我国体育用品制造业升级的影响机制、贡献（绩效）及主要影响因素演化等问题。

第四章 全球价值链对我国体育用品制造业升级的影响机制与绩效

　　从效率提升的视角出发，产业升级必须源于增效式的内涵增长，这在我国经济新旧动能转换和寻求高质量发展的当前阶段尤为关键。我国制造业，特别是传统制造业，长期倚重劳动力等初级生产要素在成本和供给能力方面的比较优势，但在这类要素禀赋比较优势渐衰的发展阶段，粗放式的外延性增长方式已经难以为继，因此产业升级必然要考虑提高单位产出的增加值和效益。基于价值链视角研究升级的学者们普遍强调增加值是产业升级的关键性指标（Gereffi，1999；Morrison et al.，2008；Giuliani et al.，2005），但应该强调一个前提，即这种增加值的提升应该基于内涵式增长方式（刘仕国，2015；Nadim Ahmad 和 Annalisa Primi，2018）。从宏观视角看，基于内涵式增长方式的增加值提升实际是经济增长方式转换的问题，其理论基础是经济增长理论。

　　经济增长理论的中心任务是找到经济系统中可以推动持续增长的引擎，其研究核心在于如何定义、刻画这一引擎以及如何测度其持续工作的成本与效率。经济增长问题的研究和讨论经历了从古典到新古典再到现代内生增长理论的过程。这一过程也是不断发现新的增长动因和不断使之内生化的过程。当前内生技术进步作为经济增长的驱动因素已经被广泛接受。

　　从全球价值链视角出发，产业升级、企业竞争力提升的重要途径在于企业要首先嵌入全球价值链（Lee 和 Chen，2000），并利用参与全球价值链获取技术进步和创新（余典范，2018）。这也是全球价值链与经济内生增长联系到一起的原因。其核心机制在于作为全球价值链重要表现形式的国家间贸易和投资等客观上促进了知识扩散、激励了后发国家的技术模仿、强化了竞争的深度和广度，进而推动了后发国家的效率和竞争力的提升。

　　从微观企业视角出发，通过参与全球价值链，企业可以获取全球价值链所带来的技术与知识扩散效应，促进其效率提升和企业升级。其机理在于全球价值链中领先企业的知识可以"物化"在跟随企业的进口中间品和资本品中，并扩散到跟随企业及其所在的产业中（溢出效应）。而国际直接投资所能带来的知识扩散表现为本土企业可以便宜地复制国外同类"涉链"企业的产品、技术、管理，并通过员工培训和流动等方式在企业间产生知识的水平扩散。

因此，本章讨论的升级是在全球价值链背景下，因循经济内生增长理论的、基于内涵式增长的增加值提升及增加值效率提升所引致的产业升级。具体而言，本章将采用我国运动用品制造业微观企业数据，基于内生增长理论，在实证检验全球价值链影响升级的"内生机制"基础上，进一步分析全球价值链对升级影响的程度和影响因素作用（驱动力）的演化，以及对产业效益升级影响的程度（绩效）。

第一节　全球价值链对升级的影响机制与理论模型

从治理的视角看，全球价值链体现着一种治理结构。发达国家与后发国家之间、跨国企业（领先企业）与跟随企业之间通常形成一种"雁阵"式的梯队格局。全球价值链上的"雁阵"格局既存在于不同产业之间，也存在于特定产业内部和特定的价值链条上。从全球来看，发达国家之所以在全球价值链或价值网络中具有较高的治理权，主要是因为其技术和知识以及基于技术和知识不断积累之上的创新能力，而后发国家通常只能"主导"所谓的劳动密集型生产活动。基于历史的视角看，后发国家或企业的发展，从某种程度上看，实际上是在重复发达国家经历过的路径（宋泓，2013）。

一、全球价值链影响产业升级的主要形式

相关研究总体上认为，创新、知识扩散和竞争机制是全球价值链促进产业升级的主要动力（Sengupta，2012；余典范，2018）。其中，技术创新是重要的影响机制，技术创新可以引致生产成本的降低、产品质量的提升和差异化的实现（余东华、田双，2019）。OECD 报告（2013）则强调知识资本对于全球价值链和产业升级起着决定作用。

国家间贸易和投资是全球价值链的两种不同的外在活动表现和影响升级的主要形式（刘仕国，2015），二者将价值链具象化（Ahmed 等，2017），而二者的区别在于前者是货物流而后者是资金流。国际直接投资的核心不是货币的跨国转移，而是以资本为载体的生产要素的跨国流动。同时，中间投入品作为生产要素的另一种形态将各国要素紧密地链接起来（周琢等，2017）。作为国家间贸易的

一种重要类型的中间品贸易在产业创新和知识扩散中起到了积极的推动作用、促进产业的投入升级（刘仕国，2015）。

（一）全球价值链背景下的国际直接投资与产业升级

国际直接投资是全球价值链背景下的重要经济活动。全球价值链中大部分的贸易份额是由跨国公司在其生产网络内完成的，正因如此，跨国公司成为全球价值链活动主体（徐娜，2017）。国际直接投资可以为东道国带来新产品、质量标准、管理知识以及工艺等创新（Anold 和 Javorcik，2005）。以发达国家向发展中国家投资为例，母国流出的生产要素包括货币资本、技术、品牌、专利、经营管理方法、营销网络、高端人才，东道国投入到生产过程的生产要素包括土地、自然资源以及劳动力等。国际直接投资在促进了后发企业与上游领先企业的垂直知识扩散的同时也促进了后发企业之间的水平知识扩散，从而促进了企业升级和最终的产业升级（Sutton，2007；Gorodnichenko 等，2009）。《世界投资报告》（1999）指出，外商直接投资对东道国经济发展产生了广泛的影响，归结起来有五大方面，其中位列前两位的影响是扩大投资来源、加快资本形成的速度和引致技术转移、提高东道国的技术水平。林毅夫（2012）认为，国际直接投资对于发展中国家是一种更有利的外资来源，除资本本身外，国际直接投资还带来了发展中国家急需的技术、管理、市场准入以及社会网络，而这些对于产业升级至关重要。

基于产业关联视角，国际直接投资主要以两种方式影响东道国企业的效率：一种是行业内水平溢出，另一种是跨行业间溢出，具体途径包括模仿、竞争、人员流动、后向及前向产业关联（覃毅和张世贤，2011）。杨晓静（2019）基于出口国内技术含量的研究认为，嵌入全球价值链所产生的水平技术溢出对中国本土制造业价值链地位的影响呈"倒 U 形"关系，前向技术溢出对价值链地位提升影响显著，而后向技术溢出的影响作用较弱。唐宜红等（2019）的实证结论则指出，外商直接投资对中国企业的创新溢出效应是通过行业间后向关联产生的。通常基于微观企业层面的研究，将外商直接投资分为"垂直型"（Helpman，1984）和"水平型"（马库森，1984）。之后，马库森（1997，2001）将垂直和水平外商直接投资融入统一的"知识资本模型"中。

学者们还从实证的方面进行了广泛的研究，江小涓和李蕊（2002）通过实证分析认为，外商直接投资在提供资金、改善效益、引进先进技术、提升人力资源等方面发挥了重要作用，既推动了我国工业的持续发展又提升了工业增长质量。中国经济增长与宏观稳定课题组（2006）认为，在开放条件下，赶超国家的技术进步更多的是依靠外国直接投资、技术引进等与投资有关的方式实现的，进而促进了经济增长和产业升级。此外，研究表明，外商直接投资对我国制造业的技术溢出效应总体明显（李晓钟，2009）、我国的技术进步得益于从先进国家引进的直接投资或资本品进口并对全要素生产率有显著的促进作用（Woo，2012）。杨丽彬等（2016）基于2002～2014年我国8个行业的面板数据，实证研究发现，外商直接投资对我国的技术水平溢出、后向技术和前向技术溢出效应均有正向关系。体育用品制造业领域，张宏伟（2010）相关实证研究结果显示，外商直接投资对我国体育用制造业的技术溢出效应明显。

（二）全球价值链背景下中间品贸易与产业升级

伴随着全球生产网络分工体系的形成，中间品贸易在全球贸易中的比重逐步增加。企业通过要素跨境流动推动本国要素与目的地国家的要素合作以实现产品的共同生产。自2005年起，中国进口中间品占总进口的比重始终超过50%，而且呈不断上升趋势，2016年达到78.6%。以下从与产业升级直接相关的企业生产率、企业创新和产品质量三个方面概述进口中间品的影响研究。

1. 进口中间品与企业生产率

进口中间品对生产率的影响在理论和实证方面还有待进一步的研究，部分学者的研究表明，进口中间品是提升企业生产率的重要途径之一（Grossman 和 Helpman，1991；Topalova 和 Khandelwal，2011），而且进口中间品的种类增加会有助于企业生产率的提升（Halpern 等，2015）。而张翊等（2015）针对中国制造业的实证研究显示，中间品进口的数量、种类对全要素生产率并没有呈现出显著的效应，价格效应在出口依存度不同的行业间呈现不同的情况。吕越等（2017）的研究表明，"中间品效应"是参与全球价值链、改善企业生产率的一个重要渠道，其机理是企业接收更低廉、更多样或更高质量的中间品，从而降低成本、改善效率。姜青克等（2018）基于多国制造业数据研究中间品技术溢出与全要素生产率的关系，结果显示，外国研发资本通过中间品进口对全要素生产率的提升存在显著关系，但行业内影响不显著。同时企业的消化吸收能力是中间品进口能够促进生产率的重要因素（Augier 等，2013；Okafor 等，2017）。

2. 进口中间品与企业创新

"中间品效应"也是导致全球价值链中企业技术创新得以产生的重要原因（余东华和田双，2019）。创新需要以技术和知识为基础和台阶，多种类和高质量的中间品是技术和知识的有形载体，其进口本身就相当于技术转移（Goldberg 等，2009）。而中间品贸易自由化（中间品关税下降）有利于促进企业研发水平的提升（田巍和余淼杰，2014；耿晔强和郑超群，2018）。但是张杰的实证研究指出，中间品进口对企业专利活动（企业发明、实用新型和外观设计）产生的影响存在异质效应。中间品进口对从事一般贸易进口企业的三种类型专利活动均产生不同程度的促进效应，而对从事加工贸易以及混合贸易企业的三种类型专利活动均产生不同程度的抑制效应。纪月清等（2018）基于中国工业企业数据库和海关数据库，从微观企业层面对进口中间品的技术溢出效应进行实证研究。结果显示，进口中间品的水平和垂直技术溢出效应对企业出口产品创新都有显著的正向影响。其中，水平技术溢出有利于一般贸易模式下的企业出口产品创新能力提升，垂直技术溢出有利于一般贸易和加工贸易模式下企业出口产品创新能力的提升，对于私营和国有企业出口产品创新都有显著正向影响。

3. 进口中间品与（出口）产品质量

多数研究结论支持中间品进口对提升（出口）产品质量存在促进作用（Amiti 和 Konings，2007）。席艳乐和胡强（2014）基于中国海关数据库 2000～2006 年数据实证研究发现，企业进口中间品质量的提升对其出口产品质量的提高有显著的促进作用。MariaBas 和 Strauss - Kahn（2015）研究指出，中间品质量的传导机制，即中间品贸易自由化有利于中间品质量的提升，而中间品质量的提升又最终引致企业出口产品质量的改善。对于不同贸易类型的进口中间品的质量效应，马述忠和吴国杰（2016）实证研究显示，总体上中间品进口对提升（出口）产品质量的促进作用显著，但同时发现一般贸易中间品进口不具有促进作用，随着产品质量的提升，一般贸易下中间品进口的异质效应弱化，来料加工中间品进口的促进作用增加，而进料加工中间品对质量的影响呈现"U"形关系。许家云等（2017）总结中间品进口作用与（出口）产品质量的三个可能的渠道，分别是中间品的"质量效应""产品种类效应"和"技术溢出效应"。

总之，国际直接投资与中间品贸易作为全球价值链的两种主要表现形式，即所谓"具象化"。研究普遍认为两者对产业升级以及生产率、产品质量、创新等存在正向的促进作用。国际直接投资和中间品贸易所产生的这种效应在发达国家与后发国家之间更为显著。其内在机理来源于内生性经济增长理论。

二、内生增长理论与增长模型

（一）经济增长理论的发展

经济增长是经济学中一个既古老又崭新的领域（韦尔，2007），增长问题是经济学家们长期研究的热点问题。卢卡斯（Lucas）曾用"令人痴迷"来形容经济增长问题，以至于一旦人们开始思考这个问题，其他任何问题就会被搁置在一边（阿吉翁和霍依特，2004）。

研究如何增加国民财富本质上就是在研究经济增长。亚当·斯密的《国富论》出版之前，重商主义和重农主义是非常有代表性的两派经济思想。亚当·斯密深受法国重农主义影响，他强调劳动创造财富（价值）的同时，认识到增长所依赖的劳动熟练程度与技巧（生产率问题）是分工的结果，而资本的积累是增长的源泉。之后的代表人物大卫·李嘉图和马尔萨斯虽然将研究的重心放在了价值论、收入分配、人口增长等问题上，但是他们实际上是从不同方面强调资本积累对经济增长的作用，资本积累在他们那里仍然充当着经济增长的原动力，尽管他们对长期的经济增长并不乐观。德国历史学派学者李斯特在《政治经济学的国民体系》一书中提出生产力对经济增长的决定作用。他基于生产力概念架构了一个增长框架，包括实物资本、科学技术、制度文化和精神差异等因素。马克思对以亚当·斯密和李嘉图为代表的古典经济学思想进行了批判性的吸收，并在《资本论》中提出了扩大再生产理论，指出扩大再生产的两条基本途径——增加积累和提高生产率，同时强调部门间保持动态平衡的重要性。

19世纪后半叶，以边际分析为标志的新古典主义学派兴起。它的兴起将古典经济学所认为的经济增长源泉从资本积累扩展到微观要素层面上，它把经济学对价值论和分配论的研究推向极致（左大培和杨春学，2007）。虽然新古典的观点无法对经济周期提供有说服力的解释，但其创立的边际生产力概念和相应的数学分析方法被索洛等学者用于分析经济增长。而熊彼特另辟蹊径的"创新"理论为后来的经济增长理论提供了非常有益的启发，如Aghion和Howitt（1992）将熊彼特的"创造性破坏"（Creative Destruction）思想模型化，尝试构建了内生技术进步的增长模型。

现代经济增长理论是在所谓的"凯恩斯革命"中产生的。通常认为，现代经济增长理论模型开始于20世纪30年代的拉姆齐模型和哈罗德—多马模型。拉姆齐对研究最优积累的方法论有着突出的贡献，而哈罗德是较早通过构建数学模型研究经济增长与各经济要素之间关系的学者，他的研究是对凯恩斯宏观经济理论的补充。

罗伯特·索洛（Robert Solow，1956）在哈罗德模型的基础上放松了其中资本和劳动不可替代的假设（"固定比例假设"），构建了一种新的增长模型。由于索洛是新古典综合派的代表人物之一，其分析中仍然使用了新古典主义的边际生产率和生产函数理论，该模型也被称为新古典经济增长模型。澳大利亚经济学家斯旺（Swan，1956）在这一领域也做出了重要贡献。因此学界又通常有"索洛—斯旺模型"的称法。"索洛—斯旺模型"基于简单的两部门经济系统，从新古典生产函数出发，以市场出清为条件，分析了资本积累和长期经济增长之间的动态关系。不过，虽然索洛等发展了带有技术进步的模型，但对其机制没有做出系统考察，无法明确技术进步的原因，技术进步仍被看作是外生条件。另外，索洛模型的总量生产函数也受到新剑桥学派的批评，但萨缪尔森明确指出，索洛模型恰恰是在放弃了概念上的严谨的同时得到了应用上最好的近似结果。尽管索洛模型存在不完善的地方，但该模型成为绝大多数增长问题的研究起点，正如戴维·罗默（1999）所指出的，那些在根本上与索洛模型不同的理论也需要在研究中与索洛模型进行比较，以期得到更好的理解。

基于索洛模型，对经济增长的（模型）分析沿着三个大致的方向发展（左大培和杨春学，2007）：一是为索洛增长模型补充跨期最优化的消费决策分析，将储蓄率的决定内生化；二是将生产率的变化内生化，设计出专门的模型来解释新古典增长模型中的"技术因素"是如何发生作用和变化的；三是沿着人口的增长率内生化方向研究，设计模型说明人口的增长率是如何决定的，相对来讲，这方面的研究较少。而在第二个方向上的发展和突破就形成了"新增长理论"或"内生增长理论"。

当以外生力量为推动长期增长核心的增长理论在现实解释力方面出现了问题时，内生增长理论得以提出并受到重视。索洛的一大贡献是提出外生的劳动生产率提高（技术进步）是增长的源泉。阿罗（Arrow，1962）针对技术进步的属性提出不同的观点，他认为技术进步是经济活动的产物，原因在于新的技术是物质资本投资或积累的副产品，而且具有公共产品类似的属性，可以在经济系统中扩散。此后，阿罗（Arrow，1962）提出了"干中学"的经济学意义。在阿罗的模型中"干中学"具有两种效应：一是随着资本品生产的增加，知识积累也随之增加，这导致下一代资本品所含的技术水平提升，进而单位产出的劳动力需求降低，即劳动生产率提高；二是知识的溢出效应，即知识具有共享性，导致全部劳动力和固定资产效率提高。阿罗的研究真正开启了内生经济增长的大门。虽然学界也有人认为内生增长理论（新增长理论）开始于 20 世纪 80 年代，以罗默和卢卡斯为代表。但显然阿罗的"干中学"理论已经充分体现了其"内生增长"的性质，正如索洛（Solow，1997）所指出的，阿罗的理论已经和内生增长理论十分接近，而不仅仅是内生增长理论的一个远祖。

罗默（Romer，1986）的《报酬递增与长期增长》以及卢卡斯（Lucas，1988）的《经济发展机制》的发表，标志着以研究内生技术进步为主要特征的增长理论确立，被称为新经济增长理论或内生增长理论。各种新经济增长理论一致认为，经济增长是系统变量作用的结果。经济可以实现内生性增长是该类理论的核心思想。因此，基于内生增长的模型大多考虑技术进步得以实现的各种各样的不同机制，考察技术进步的多种不同的具体表现形式，如"干中学"、人力资本积累、知识和技术扩散、研究和开发、产品性质、种类与质量等。

内生增长理论最大的特点是认为经济系统内生的因素是驱动增长的动力源。虽然不同流派的内生增长理论之间存在较大的差异，其主要表现在对内生因素来源的假定方面。例如，有的假设知识来源于政府或某些团体组织的基础研究，有的假设是传统经济活动的副产品并且具有公共产品的属性，有的则假设知识生产是追求利润的结果，是一种有意识的"私人产品"等。事实上，如果我们认同经济增长来源于知识的积累，那么知识来源的多样性也同样是毋庸置疑的。

总之，经济增长理论的核心在于对经济增长或停滞甚至倒退进行合理的解释，同时还要解释各国在经济增长方面的异质性的形成原因。我们实际上可以从不同的视角审视经济增长理论的发展脉络。

从资本积累视角出发，我们可以看到无论是古典、新古典还是现代经济增长理论，都是将资本积累作为经济增长的决定因素，只是经历了从强调资本积累、研究资本积累的来源，到研究资本积累的效率这样一个发展过程。

从"内生化"视角出发，主流经济增长理论的演化过程就是一个把经济增长影响或决定因素不断内生化的过程。内生增长实际上可以分为两大类：一类是"要素投入的内生增长"，另一类是"技术进步的内生增长"，前者主要有（内生）储蓄率或（内生）人口增长率等增长模型，而后者则采用"干中学""知识扩散""人力资本积累"以及"研发"来解释技术的内生进步。正如罗斯托（2016）略带讥讽之意的概括，他认为18世纪以来的经济增长理论都是建立在各种一般方程或生产函数基础之上的，在西方主流经济增长理论中，经济增长就等于一组变量的函数。而在这组变量中由最初的资本和劳动力投入，逐渐增加诸如技术、人力资本等变量，这些变量的增加是为了"在传统经济学家关注的领域和社会科学家、人类学家、心理学家和历史学家关注的领域之间建立起联系"。从另一个角度说，也就是为增强对现实经济增长的解释力，伴随着对影响变量更深入和全面的理解，最初被外生处理的变量逐步纳入内生变量的研究范围，内生增长理论逐渐占据主要地位。

（二）几个典型的现代经济增长模型

索洛模型（"索洛—斯旺模型"）是揭示技术进步促进经济增长研究的起点，之后发展和提出的内生增长理论围绕技术进步（生产率的增长）的来源展开，知识资本、人力资本、研发和创新被认为是主要源泉。左大培和杨春学等（2007）将其总结为将生产率的增长内生化的三条道路：依靠资本投资的外部性、依靠对知识的直接研究积累和依靠生产与积累人力资本。在此基础上构建的模型主要包括："干中学"模型、人力资本积累模型和研发模型。

1. 索洛的新古典增长模型

索洛1956年的论文确立了现代增长理论模型的基准。该模型构造了一个总生产函数，并坚持新古典的传统，假设要素间具有可替代性以及要素边际报酬递减，所以被称为新古典主义的增长模型。索洛模型引入了资本和劳动能够完全替代的新古典生产函数，即柯布—道格拉斯函数（Cobb－Douglas，C－D）的生产函数形式，这被认为是索洛模型的重要贡献。C－D函数具有对生产函数非常好的近似描述性质，尽管函数中的资本总量的使用被新剑桥学派批评。

索洛模型最初的生产函数表述为：

$$Y = F(K, L) \tag{4-1}$$

其中，Y 代表总产出，K 代表资本投入，L 代表劳动投入。

其 C–D 生产函数形式为：

$$Y = F(K, L) = K^\alpha L^{1-\alpha}, \ 0 < \alpha < 1 \tag{4-2}$$

在考虑技术水平的变化时，使用了具有希克斯中性技术进步的生产函数：

$$Y = A_{(t)} F(K, L) \tag{4-3}$$

其中，A 代表技术进步。

在之后的经济学教科书中，对该模型做了修改，将其中的具有希克斯中性技术进步的生产函数调整为具有哈罗德中性技术进步的生产函数（罗默，1996），于是有：

$$Y = F(K, AL) = K^\alpha (AL)^{1-\alpha}, \ 0 < \alpha < 1 \tag{4-4}$$

其中，A 可以称为劳动效率（Efficiency of Labor），实际上反映的是关于生产方法的知识，随着技术改善，劳动效率随之提高。而 AL 可以被解释为衡量工人的有效数量（Effecitive Number of Workers），也称为"有效劳动"。该模型设计的生产函数需要满足新古典生产函数的三个条件：①对于所有 $K > 0$ 和 $L > 0$，函数 F 表现出对各投入的正而且递减的边际产品；②函数 F 规模报酬不变；③当资本 K 或劳动 L 趋于 0 或 ∞，两种投入的边际产出趋于 ∞ 或 0，即稻田条件。

2. "干中学"模型

阿罗（Arrow，1962）提出的"干中学"理论，实际是将传统经济增长的投入要素——资本作为新知识或技术进步的物质载体，即新知识或技术进步是资本投入和积累的"副产品"（"副产品假设"），而且这一副产品具有公共产品的属性，能够产生扩散和溢出效应（"公共品假设"）。在现代经济增长理论中，阿罗第一个建立了将资本投入外部性系统化，并将其视为增长动力的模型。

阿罗最初的模型中使用了较复杂的数据工具，Sheshinki（1967）对阿罗模型的结构进行过简化和扩展，提出了简化的阿罗模型。代表性的"干中学"模型是建立在柯布—道格拉斯（C–D）函数基础上的。基于产品生产函数的公式：

$$Y_{(t)} = K_{(t)}^\alpha \left[A_{(t)} L_{(t)} \right]^{1-\alpha}, \ 0 < \alpha < 1 \tag{4-5}$$

该公式与式（4–4）结构上一致，$Y_{(t)}$ 代表产出量、$K_{(t)}$ 代表资本数量、$L_{(t)}$ 代表劳动的数量、$A_{(t)}$ 这里可以代表知识的数量，AL 可理解为有效劳动，而 α 代表资本占产出的份额。该模型假设资本、知识和劳动存量随时间变动。模型中的时间是连续的，因此有：

$$K_{(t)}^{\cdot} = s\, Y_{(t)} \text{ 和} \frac{L_{(t)}^{\cdot}}{L_{(t)}} = n \tag{4-6}$$

其中，s 为储蓄率，n 为人口增长率。

在干中学理论中知识的增加量是资本增加量的函数，因此，知识存量与资本存量之间也存在函数关系，前者是后者的函数。于是有：

$$A_{(t)} = B\, K_{(t)}^{\varphi}, \ B > 0, \ \varphi > 0 \tag{4-7}$$

其中，B 为转换系数，φ 代表知识生产函数的规模报酬。将式（4-7）代入式（4-5）中，有：

$$Y_{(t)} = K_{(t)}^{\alpha} \left[B K_{(t)}^{\varphi} L_{(t)} \right]^{1-\alpha} = K_{(t)}^{\alpha} \left[B K_{(t)}^{\varphi} \right]^{1-\alpha} L_{(t)}^{1-\alpha}, \ 0 < \alpha < 1, \ B > 0, \ \varphi > 0 \tag{4-8}$$

由式（4-7）可以看出，由于知识存量的引入，资本的贡献大于其传统贡献，增加的资本除了传统模式对生产的直接贡献外，还通过其副产品——新知识（技术）的扩散令其他资本的生产力得到提高。如果继续求式（4-7）两边的增长率，可以得到：

$$\frac{Y_{(t)}^{\cdot}}{Y_{(t)}} = \alpha \frac{K_{(t)}^{\cdot}}{K_{(t)}} + \varphi(1-\alpha)\frac{K_{(t)}^{\cdot}}{K_{(t)}} + (1-\alpha)\frac{L_{(t)}^{\cdot}}{L_{(t)}} = \left[\alpha + \varphi(1-\alpha)\right]\frac{K_{(t)}^{\cdot}}{K_{(t)}} + (1-\alpha)n \tag{4-9}$$

令资本的增长率为 $g_K = \dfrac{K_{(t)}^{\cdot}}{K_{(t)}}$，则有：

$$\frac{Y_{(t)}^{\cdot}}{Y_{(t)}} = \left[\alpha + \varphi(1-\alpha)\right]g_K + (1-\alpha)n \tag{4-10}$$

令人均产出为 $\widetilde{y}_{(t)} = \dfrac{Y_{(t)}}{L_{(t)}}$，有：

$$\frac{\widetilde{y}_{(t)}^{\cdot}}{\widetilde{y}_{(t)}} = \frac{Y_{(t)}^{\cdot}}{Y_{(t)}} - \frac{L_{(t)}^{\cdot}}{L_{(t)}} = \left[\alpha + \varphi(1-\alpha)\right]g_K - \alpha n \tag{4-11}$$

可见，无论是总产出的增长率还是人均产出的增长率，其均为资本增长率的增函数。

3. 研究与开发模型

罗默（Romer）1990 年的论文开创性地提出了设立研究和开发技术的专门的生产函数，在经济增长模型中将技术水平的变动内生化，并借此来刻画生产率的变化。其后的质量阶梯模型、新熊彼特增长模型等都是在沿着这条路径进行进一步的研究。

罗默 1990 年的模型中将经济系统分为三个部门：最终产品部门、研发部门和中间产品生产部门。罗默这一模型的最终产品生产函数为：

$$Y_t = H_y^\alpha L^\beta \left(\int_0^\infty x_{(i)}^{1-\alpha-\beta} \, d_i \right) \tag{4-12}$$

该生产函数中，人均收入依赖于总的知识存量，而不是人均知识存量。研究部门的生产率为：

$$\dot{A} = \delta H_A A \tag{4-13}$$

其中，H_A、H_y 分别代表研发部门和生产部门所使用的人力资本，$x_{(i)}$ 代表第 i 种中间品的数量，L 代表劳动力，α 和 β 分别是人力资本与劳动力的产出弹性。

4. 人力资本积累模型

卢卡斯（Lucas）在其 1988 年的论文中强调，在我们分析各国之间在"技术"上的差异时，我们所讨论的不是一般意义上的"知识"，而是特定的人，甚至是特定的亚文化知识。因此他指出需要一种表达方式，这种方式可以引导我们考虑获得知识的个人决策，以及这种决策在生产率上的后果。而这就是人们说的"人力资本"理论。于是这种理论在建模上的最大特点便是为人力资本的产生和积累设立了专门的生产函数。其生产函数模式为：

$$Y(t) = AK^\alpha (uNh)^{1-\alpha} h_a^\gamma, \quad 0 < \alpha < 1 \tag{4-14}$$

其中，u 表示劳动者用于生产的时间份额（$1-u$ 则代表劳动者用于进行人力资本积累的时间份额）。

$$N = \int_0^\infty N(h) \, dh \tag{4-15}$$

表示：假定每个劳动者的技能水平为从 0 到无穷大，技能水平为 h 的 $N(h)$ 个劳动者的总技能水平，相对于"外部性"，可以理解为人力资本的内部性的表现。

$$h_a = \frac{\int_0^\infty hN(h) \, dh}{\int_0^\infty N(h) \, dh} \tag{4-16}$$

表示：由于人力资本同样存在外部性，这种外部性可以定义为平均技能水平。

之后，曼昆等（Mankiw 等，1992）的论文对卢卡斯的模型进行了拓展，建立了一个标准的四个自变量与最终产品总量生产函数，成为目前较常用的一般形式：

$$Y_t = K_{(t)}^\alpha H_{(t)}^\beta [A_{(t)} L_{(t)}]^{1-\alpha-\beta}, \quad \alpha > 0, \ \alpha + \beta < 1 \tag{4-17}$$

三、基于全球价值链视角的内生增长模型

前文讨论了全球价值链通过国家间贸易和投资两种主要形式（途径），客观

上促进了知识扩散、技术转移，激励了后发国家的技术模仿，加剧了竞争的强度和范围，进而促进了后发国家的产业升级。本章研究选择"干中学"内生增长模型作为基础模型，并借鉴吴海英（2016）对该模型的相关扩展及实证研究，采用我国运动用品制造业微观企业数据，就全球价值链对体育用品制造业升级的影响机制、影响程度（绩效）等进行经验研究。

本章的研究之所以选择"干中学"模型，主要考虑到虽然以研发（R&D）为基础的内生增长模型也同样试图刻画增长的决定动因，但该类模型忽视了两项事实：一是干中学是微观企业技术进步的重要原因，表现为企业的"学习曲线"；二是在宏观层面，那些储蓄率较高的发展中经济体的增长率也超出世界平均水平，也即 R&D 模型将现实中客观存在不可忽视的"干中学"式的技术进步遗弃了，导致削弱了其对发展中经济体快速增长的解释力（许培源和张华，2013）。同时，自 20 世纪 90 年代，国际技术转移成为我国技术进步的主要来源，而"干中学"与农村劳动力转移是其微观基础（中国经济增长与宏观稳定课题组，2006）。课题组认为 20 世纪 90 年代以来的经济高速增长和技术进步中的"干中学"机制密不可分。在我国，"干中学"式的技术进步更多地体现在资本投入的积累（资本形成）上。由发达国家向发展中国家技术扩散的机制是"投资中学"。开放条件下的赶超国家主要是通过外国直接投资、引进技术等和投资有关的方式推动技术进步，促进经济增长。

（一）基本模型设定

由式（4-5）和式（4-7），采用 C-D 生产函数形式的干中学模型表示为：

$$Y_{(t)} = K_{(t)}^{\alpha} \left[A_{(t)} L_{(t)} \right]^{1-\alpha}, \ 0 < \alpha < 1 \qquad (4-18)$$

其中，

$$A_{(t)} = BK_{(t)}^{\varphi}, \ B > 0, \ \varphi > 0 \qquad (4-19)$$

由于国家间贸易和投资作为全球价值链的两种主要表现形式促进接收国的技术进步，因此，设定生产函数中资本部分（K）由国内资本（KD）和国外资本（KF）两部分影响增加值产出（Y）。中间品进口以 IM 表示。从性质上看，用于生产过程的中间品可以被认为是资本投入的一种特殊形式，同资本投入有类似的作用。

同时根据前文索洛模型和干中学模型，模型中的 A 实际上是一种生产率或效率表示（由技术进步引致的），根据干中学理论，假设 A 代表全要素生产率（技术进步）并且是国内资本、国外资本和中间品进口的函数。于是有：

$$Y_{(t)} = KD_{(t)}^{\alpha} KF_{(t)}^{\beta} \left[A_{(t)} L_{(t)} \right]^{\gamma} \quad 0 < \alpha < 1, \ 0 < \beta < 1, \ 0 < \gamma < 1, \ \alpha + \beta + \gamma = 1$$

$$(4-20)$$

$$A_{(t)} = B KD_{(t)}^{\theta} KF_{(t)}^{\delta} IM_{(t)}^{\varphi}, \quad B > 0, \quad \theta > 0, \quad \delta > 0, \quad \varphi > 0 \tag{4-21}$$

因此有：

$$Y_{(t)} = B^{\gamma} KD_{(t)}^{\alpha+\gamma\theta} KF_{(t)}^{\beta+\gamma\beta} IM_{(t)}^{\gamma\varphi} L_{(t)}^{\gamma}, \quad 0 < \alpha, \quad \beta, \quad \gamma < 1, \quad \alpha+\beta+\gamma = 1, \quad B > 0, \quad \theta > 0,$$
$$\delta > 0, \quad \varphi > 0 \tag{4-22}$$

在式（4-22）中，中间品进口（IM）和外商直接投资（KF）作为全球价值链影响（因素）的代理变量。模型中，两者对产业增加值等的影响机制是通过影响全要素生产率（A）作用到增加值及增加值率的。

考虑到投资具有两方面的影响作用：一方面是作为生产函数的资本要素，对增加值或产出有直接的影响；另一方面是依据干中学理论，作为知识扩散和技术转移的载体和渠道作用到全要素生产率上，而全要素生产率的变动又影响到增加值或产出。因此，在干中学模型的基础上，将投资 K 区分为外商投资（KF）和国内投资（KD）。

同时，模型中的中间品进口（IM）包括所有的中间品进口，而不仅是专供出口的中间品进口。这是因为作为技术进步和知识扩散载体的进口中间品存在水平溢出效应，可以促进国内企业及同行业的技术进步，促进行业增加值增长和产业升级。由于研究的目的和思路不同，中间品在具体模型中有不同的体现和处理方式，于是也就形成了不同的拓展模型。如 Jones（2011）在研究中间品时就采用了一种较为简单的处理方法，直接将中间品与资本等同，即在生产函数中与资本和劳动力要素共同直接影响总产出，其模型为：

$$Q_t = \bar{A}(K_t^{\alpha} L_t^{1-\alpha})^{1-\sigma} X_t^{\sigma} \tag{4-23}$$

其中，Q_t 为总产出，K_t 代表资本，L_t 代表劳动力，X_t 为中间品。在这一点上，本章所采用的模型拓展的处理方式与 Jones 的方式不同。

（二）全球价值链对产业升级影响的测算

依据干中学模型基本分析思路，基于模型（4-22），以下推导各要素对产业增加值增速的影响，其中外商投资和中间品进口对产业增加值增速的影响度（贡献率）之和为全球价值链对产业增加值增速的影响度（贡献率）。

对式（4-22）的两边取对数，令 $\alpha_1 = \alpha + \gamma\theta$，$\alpha_2 = \gamma$，$\beta_1 = \gamma\varphi$，$\beta_2 = \beta + \gamma\delta$，然后对 t 求导，得：

$$\frac{d\ln Y_{(t)}}{d_t} = \alpha_1 \frac{d\ln KD_{(t)}}{d_t} + \alpha_2 \frac{d\ln L_{(t)}}{d_t} + \beta_1 \frac{d\ln IM_{(t)}}{d_t} + \beta_2 \frac{d\ln KF_{(t)}}{d_t} \tag{4-24}$$

令增速表示为各变量前加 G，$G_{Y_{(t)}}$ 代表产出（增加值）Y 的增速，$G_{IM_{(t)}}$ 代表中间品进口 IM 的增速，$G_{KF_{(t)}}$ 代表外商投资（外资）KF 的增速，$G_{KD(t)}$ 代表国内投资（内资）KD 的增速，$G_{L_{(t)}}$ 则代表劳动力的增速，于是有：

$$G_{Y_{(t)}} = \alpha_1 G_{KD_{(t)}} + \alpha_2 G_{L_{(t)}} + \beta_1 G_{IM_{(t)}} + \beta_2 G_{KF_{(t)}} \tag{4-25}$$

其中，$\alpha_1 G_{KD_{(t)}}$、$\alpha_2 G_{L_{(t)}}$、$\beta_1 G_{IM_{(t)}}$、$\beta_2 G_{KF_{(t)}}$ 分别为国内投资（内资）、劳动力、中间品进口和外商投资（外资）分别拉动增加值增速的百分点。由于设定中间品进口（IM）和外商投资（KF）为全球价值链影响的代理变量，因此当存在 $\beta_1 G_{IM_{(t)}} + \beta_2 G_{KF_{(t)}} > \alpha_1 G_{KD_{(t)}} + \alpha_2 G_{L_{(t)}}$ 时，则可以认为产业升级的主要影响因素（驱动力）源自全球价值链的影响。同理，可以分析产业升级中劳动力和国内投资（内资）作为影响因素（驱动力）的影响程度。

将式（4-25）两边同除以 $G_{Y_{(t)}}$，则等式右侧的各项即为各要素（国内投资、劳动力、中间品进口和外商投资）对增加值增速的影响度（贡献率），合计为 1（100%）：$\alpha_1 \dfrac{G_{KD_{(t)}}}{G_{Y_{(t)}}} \times 100\%$、$\alpha_2 \dfrac{G_{L_{(t)}}}{G_{Y_{(t)}}} \times 100\%$、$\beta_1 \dfrac{G_{IM_{(t)}}}{G_{Y_{(t)}}} \times 100\%$、$\beta_2 \dfrac{G_{KF_{(t)}}}{G_{Y_{(t)}}} \times 100\%$。其中，中间品进口和外商投资对增加值增速影响的贡献率之和为全球价值链的影响度（贡献率）。

（三）全球价值链对产业效率升级贡献度的测算

基于前文所明确的产业升级应该体现内涵式增长，在内涵式增长基础上的增加值（率）提升才是本章讨论的升级。从增加值的角度看，效益和质量不是绝对割裂的，两者都与增加值有密切的关系。基于增加值计算的收入法，企业利润是其中的一项（包括在营业盈余之中）。而质量的提高通常导致价格的提升，直接结果是总产值的提升。基于产出角度，增加值与总产值的比率即为增加值率。单位增加值率可以直接或间接地度量企业的效益和质量两个层面的问题，即单位增加值率是效益和效率指标的综合体现。因此，增加值率增速则成为产业效率提升（产业效率升级）的衡量标准。由此，$PP_{V_{(t)}}$ 为增加值率，$Y_{(t)}$ 表示增加值，$OP_{(t)}$ 代表总产出值，则增加值率用公式可以表示为：

$$PP_{V_{(t)}} = \frac{Y_{(t)}}{OP_{(t)}} \tag{4-26}$$

上式两边取对数之后再对时间 t 求一阶导数，并令 G 代表增速，则有：

$$G_{PP_{V_{(t)}}} = G_{Y_{(t)}} - G_{OP_{(t)}} \tag{4-27}$$

由于总产出值由增加值 Y 和中间品（包括进口中间品和国内中间品）构成，因此有 $OP_{(t)} = Y_{(t)} + IM_{(t)} + DM_{(t)}$，其中，$DM_{(t)}$ 为国内中间品。本期（t）产出增速可表示为本期各组成要素增速乘以上一期（$t-1$）各组成要素占产出比例的加总，即：

$$G_{OP_{(t)}} = PP_{Y_{t-1}} G_{Y_{(t)}} + PP_{IM_{t-1}} G_{IM_{(t)}} + PP_{DM_{t-1}} G_{DM_{(t)}} \tag{4-28}$$

将式（4-25）和式（4-28）代入式（4-27），得到：

$$G_{PP_{V_{(t)}}} = (\beta_1 - \beta_1 PP_{Y_{t-1}} - PP_{IM_{t-1}}) G_{IM_{(t)}} + \beta_2 (1 - PP_{Y_{t-1}}) G_{KF_{(t)}} +$$
$$\alpha_1 (1 - PP_{Y_{t-1}}) G_{KD_{(t)}} + \alpha_2 (1 - PP_{Y_{t-1}}) G_{L_{(t)}} - PP_{DM_{t-1}} G_{DM_{(t)}} \tag{4-29}$$

如果将式（4 – 29）等号两边同时除以 $G_{PP_{V(t)}}$，则等号右侧所得各项即为各影响因素对增加值率增长的影响度（贡献率）：

国内投资对增加值率增速的影响度：

$$\alpha_1 (1 - PP_{Y_{t-1}}) G_{KD_{(t)}} / G_{PP_{V(t)}} \times 100\% \qquad (4 – 30)$$

劳动力对增加值率增速的影响度：

$$\alpha_2 (1 - PP_{Y_{t-1}}) G_{L_{(t)}} / G_{PP_{V(t)}} \times 100\% \qquad (4 – 31)$$

中间品进口对增加值率增速的影响度：

$$(\beta_1 - \beta_1 PP_{Y_{t-1}} - PP_{IM_{t-1}}) G_{IM_{(t)}} / G_{PP_{V(t)}} \times 100\% \qquad (4 – 32)$$

外商投资对增加值率增速的影响度：

$$\beta_2 (1 - PP_{Y_{t-1}}) G_{KF_{(t)}} / G_{PP_{V(t)}} \times 100\% \qquad (4 – 33)$$

全球价值链对产业效率提升的影响度（贡献率）为式（4 – 32）和式（4 – 33）测算结果之和。如果计算各要素对产业效率提升的拉动作用（百分点），只需将影响度的式（4 – 30）至式（4 – 33）分别乘以增加值率的增速 $G_{PP_{V(t)}}$ 即可。

第二节　全球价值链影响体育用品制造业升级的实证研究

一、实证模型的设定

上一节中推导的模型（4 – 22）体现了干中学式内生增长理论的核心，即新知识或技术进步是资本投入和积累的"副产品"。对式（4 – 22）进行对数变换，并将大写变量分别对应其小写形式，以代表其对数值，如 $y = \ln Y$。于是有估计模型：

$$y_{it} = \beta_0 + \beta_1 im_{it} + \beta_2 kf_{it} + \beta_3 kd_{it} + \beta_4 l_{it} + \mu_{it}, \quad i = 1, 2, \cdots, N; \quad t = 1, 2, \cdots, T \qquad (4 – 34)$$

其中，$\beta_0 = \ln B^\gamma$，$\beta_1 = \gamma\varphi$，$\beta_2 = \beta + \gamma\delta$，$\beta_3 = \alpha + \gamma\theta$，$\beta_4 = \gamma$。

二、数据及变量处理

用于估计模型（4 – 34）的数据采用年度数据，数据主要来源于中国工业企业数据库、中国海关进出口数据库、《中国工业统计年鉴》以及《中国统计年鉴》等。其中，中国工业企业数据库和中国海关进出口数据库分别包括规模以上企业微观数据和进出口商品及进出口企业的微观数据。根据数据的可获得性以及研究对时间阶段的需要，本部分研究的样本期为 2000~2010 年，所有变量均以 2000 年为基期进行相关价格平减处理。

（一）样本企业认定

本书第二章对研究涉及的体育用品制造业的主要范围进行了讨论和界定，本章以运动用品制造业企业为例进行研究。

根据研究期所涉及的我国国民经济行业分类标准 GB/T4754 - 1994 和 GB/T4754 - 2002 两个版本的标准、运动用品行业涉及的中类和小类分类有所修订和调整，为此，本书将两个版本的内容列表对比说明（见表 4 - 1）：

表 4 - 1　运动用品制造业企业所涉及的行业分类标准

国民经济行业分类 GB/T4754 - 1994		国民经济行业分类 GB/T4754 - 2002		
小类代码	类别名称	小类代码	类别名称	类别说明
2421	球类制造	2421	球类制造	指各种皮制、胶制、革制的可充气的运动用球，以及其他材料制成的各种运动用硬球、软球等球类产品的生产
2423	器材类制造	2422	体育器材及配件制造	指各项竞技比赛和训练用器材及用品，体育场馆设施及器件的生产
2429	其他体育用品制造	2423	训练健身器材制造	指供健身房、家庭或体育训练用的健身器材及运动物品的制造
2859	其他渔具制造	2424	运动防护用具制造	指用各种材质，为各项运动特制手套、鞋、帽和护具的生产活动
—	—	2429	其他体育用品制造	指钓鱼专用的各种用具及用品，以及上述未列明的体育用品制造

资料来源：国家统计局国民经济行业分类标准 GB/T4754 - 1994、GB/T4754 - 2002。

本章研究选择的微观企业样本数据来源于国家统计局的《中国工业企业数据库》，并按照表 4 - 1 中相关分类标准进行筛选，即 2003 年之前的企业数据按 GB/T4754 - 1994 版标准涉及的小类代码（四位数代码）进行筛选，2003 年之后的企业数据按 GB/T4754 - 2011 版标准涉及的小类代码（四位数代码）进行筛选。根据该原则所筛选出的原始数据中总计包括 2550 家运动用品制造企业。其中，企业数量由 2000 年的 300 余家增长到 2008 年的近 1300 家，期间增长超过 4

倍，外资（含港澳台）占比在 40% ~ 60%，基本落户在我国东区地区（平均90% 以上）。整体上 60% ~ 70% 的企业有出口交货。中国工业企业数据库的统计对象原则上是国家统计局规定的规模以上工业企业。根据国家统计局的规定，规模以上企业的范围在不同阶段存在调整：1998 ~ 2006 年，规模以上工业企业指全部国有及年主营业务收入达到 500 万元及以上的非国有工业法人企业；2007 年起，规模以上工业企业指主营业务收入达到 500 万元及以上的工业法人企业；2011 年起，纳入规模以上工业企业统计范围的起点标准从之前的 500 万元调整为2000 万元。表 4 - 2 为样本企业统计描述。

表 4 - 2　样本企业统计描述

年份	企业数量（家）	企业性质			地区分布			出口业务	
		外资（含港澳台）（家）	占比（%）	国有（家）	民营（家）	东部（家）	占比（%）	有出口交货的企业（家）	占比（%）
2000	300	170	57	17	113	276	92	211	70
2001	345	196	57	12	137	320	93	249	72
2002	425	234	55	7	184	395	93	307	72
2003	571	307	54	9	255	532	93	442	77
2004	790	422	53	12	356	742	94	582	74
2005	825	419	51	12	394	775	94	557	68
2006	894	448	50	12	434	830	93	588	66
2007	1043	512	49	6	525	967	93	662	63
2008	1290	623	48	12	655	1165	92	785	61
2009	1110	546	49	8	556	1075	92	664	57
2010	957	398	42	6	553	881	92	591	62

注：所统计企业均为"规模以上企业"。

资料来源：中国工业企业数据库。

（二）中间品界定与直接进口中间品认定

本章研究涉及的中间品（Intermediate Goods）界定依据的是 Françoise 和Deniz（2002）的划分方法。Françoise 和 Deniz 将 BEC121、BEC22、BEC322、BEC42 和 BEC53 类归为中间品，具体说明如表 4 - 3 所示。BEC（Classification by Broad Economic Categories）即"按广泛经济类别分类"，是由联合国统计机构制

定的，由联合国秘书处出版公布。其目的是按照贸易商品的最终用途——资本品、中间产品和消费品，对贸易商品进行综合汇总分类。

表4－3　中间品范围

中间品类别	BEC 分类码	分类名称与说明
半成品 （Semi – finished Goods）	121	食品和饮料（主要用作工业用途）
	22	工业补给品
	322	燃料与润滑剂
零配件 （Parts & Components）	42	作为资本品
	53	作为运输设备

资料来源：整理及翻译自 Françoise 和 Deniz（2002）。

在利用 BEC 分类法确定了贸易中间品之后，根据联合国统计机构提供的 BEC 分类与 HS 编码（Harmonized Commodity Description and Coding System）对照表，筛选出贸易中间品的 HS 编码。由于 HS 编码在本章计划研究的时期内存在三个不同的标准版本，即 HS1996、HS2002 和 HS2007，因此需要根据不同的年份所使用的 HS 编码进行 BEC 与 HS 对照转换操作。使用中间品的 HS 编码，在中国海关进出口数据库中的进口商品中筛选出属于中间品的进口商品及对应的进口企业相关数据信息。

（三）企业数据库与海关数据库匹配

本章计划利用微观企业数据研究运动用品制造企业参与全球价值链对产业升级的影响。利用微观企业数据可以较好地避免通常使用行业数据有可能造成的"宏观归总偏误"问题。其中，进口中间品变量的数据需要通过工业企业数据库与海关进出口数据库进行匹配。匹配分两个步骤：第一步是采用企业名称和年份两个指标进行匹配操作；第二步是在第一步的基础上采用企业邮编和电话号码后7 位，对第一步未能有效识别的企业进行二次匹配（Upward 等，2013；田巍和余淼杰，2013）。未能匹配的企业将继续保留，但将不符合会计准则和规模以上标准及存在明显数据问题的企业样本剔除。

（四）变量数据处理

工业增加值：采用工业企业数据库企业年度数据，单位万元（人民币）。部分需要估计的数据根据全部中间品投入的总产出占比进行估算，在没有中间品投入数据时采用前后期的平均数估算。工业增加值的平减处理以 2000 年为基期，采用"体育用品制造业"工业品出厂价格指数（PPI）进行，个别年份数据缺失，则采用制造业 PPI 数据。PPI 数据来源于《中国工业统计年鉴》。

外商投资资本存量：采用工业企业数据库企业年度数据，单位万元（人民币）。外商投资包括"港澳台投资"和"外商投资"。外商投资资本存量由年度固定该资产合计按照内、外资比例拆分。外商投资比例＝外商投资资本金（含港澳台资本金＋外商投资资本金）/实收资本。外商投资资本存量将采用进口价格指数（以2000年为基期）进行平减。进口价格指数来自海关贸易数据库。

国内资本存量：采用工业企业数据库企业年度数据，单位万元（人民币）。国内资本存量＝固定资产合计－外商投资资本存量，并采用行业工业品出厂价格指数（PPI）进行平减。使用PPI进行平减的原因在于目前全国性统一的分行业的固定资产投资价格指数还不可得。数据来源于《中国工业统计年鉴》和《中国统计年鉴》。

进口中间品：采用海关进出口数据库数据，并由月度数据转换测算为年度数据，单位万元（人民币）。海关数据进口价格为当期美元兑换汇率折算的人民币价格，由于在考察期内人民币对美元的汇率存在较大的波动（主要是升值），因此对进口中间品的金额进行两步调整，第一步是进行汇率变动平减（以2000年人民币对美元汇率为基准，测算年度汇率变动指数，然后进行平减）；第二步是采用进口价格指数进行平减（2000年为基期）。同时，考虑到海关进出口数据库的进口中间品只能体现企业直接进口的数据，而企业通过贸易商或其他途径间接采用进口中间品的情况也是客观存在的，通常情况下企业使用的国内材料中含有一定国外产品份额，这一比例总体上在5%~10%（Koopman等，2012）。本章借鉴吕越等（2017）的处理方式采用5%份额，即在企业的总中间品投入中首先减去直接进口的中间品（基于海关进出口数据库数据）金额，余额的5%作为间接进口中间品部分，它与直接进口的中间品共同构成进口中间品。

劳动力：采用工业企业数据库的"从业人数"数据，单位为个人。

（五）数据统计描述

各变量数据（对数变换后）的主要统计描述如表4-4所示。

表4-4 面板回归数据统计描述

变量	均值	中位数	最大值	最小值	标准差	偏度	峰度
y	8.53	8.46	13.29	2.00	1.23	0.06	4.55
l	5.04	4.96	9.20	1.79	1.05	0.40	3.96
kd	7.09	7.17	12.83	(2.66)	1.71	(0.39)	4.92
kf	7.18	7.15	12.33	(0.92)	1.53	(0.21)	3.97
im	5.78	6.26	10.47	(4.61)	2.36	(1.74)	7.02

（六）面板数据估计

1. 模型选择与协方差检验

经典面板数据模型的设定检验是在经典计量经济学模型中的约束回归检验（协方差检验）F 统计量：$F = \dfrac{(RSS_R - RSS_U)/(K_U - K_R)}{RSS_U/(m - k_u - 1)} \sim F(k_U - k_R, \, m - k_U - 1)$的基础上构建了 F_2 和 F_1 统计量，对假设 H_2（不同截面个体上的截距和系数相同）和 H_1（不同截面个体上的系数相同，但截距不同）进行检验。

经测算，$F_2 = 1.582$，大于 5% 显著水平下的临界值（$F_2 a = 1.06$），拒绝原假设 H_2；$F_1 = 0.896$，小于 5% 显著水平下的临界值（$F_1 a = 1.065$），不能拒绝原假设 H_1。故，整体样本回归模型选择变截距模型。

基于固定效应和随机效应的 Hausman 检验结果，$\chi^2_{0.05(4)} = 9.49$，大于 Hausman 统计量（8.795），同时 $P < 0.05$。检验结果不能拒绝原假设（个体影响与解释变量不相关），回归模型为随机效应模型。

所以，总体样本面板数据回归模型设定为随机效应变截距模型：

$$y_{it} = \beta_0 + \beta_1 im_{it} + \beta_2 kf_{it} + \beta_3 kd_{it} + \beta_4 l_{it} + \rho_i + \nu_t + \eta_{it} \quad i = 1, 2, \cdots, N; \quad t = 1, 2, \cdots, T \tag{4-35}$$

2. 计量与稳健性检验

考虑到 2008 年发生了世界性的金融危机并演化为全球性的经济衰退，受此影响，我国工业总体的增加值（不变价）增速也出现明显的下降趋势，因此有必要对运动用品制造业微观数据进行分段考察，同时也可以起到稳健性检验的作用。

（1）整体样本计量。

整体样本期回归估计结果汇总如表 4 - 5 所示。回归估计结果显示，无论从解释变量整体回归还是分步回归的结果看，主要解释变量与被解释变量之间均呈现显著正向相关性。

表 4 - 5　整体样本回归及稳健性检验结果

	（1）	（2）	（3）	（4）
im	0.127 *** (9.775)	0.229 *** (18.206)	0.656 ** (2.522)	0.903 *** (5.561)
kf	0.132 *** (4.087)		0.515 ** (2.762)	0.521 *** (5.175)
kd	0.141 *** (5.062)			0.216 ** (2.831)

续表

	（1）	（2）	（3）	（4）
l	0.457 *** （12.611）			
C	3.522 *** （15.760）	5.132 *** （12.914）	8.212 *** （9.603）	7.012 *** （10.112）
R^2/Wald	16.022 ***	29.363 ***	22.315 ***	35.156 ***
N	2799	2799	2799	2799
Hausman	Chi2 = 8.796 P = 0.002	Chi2 = 2.375 P = 0.008	Chi2 = 4.857 P = 0.010	Chi2 = 5.157 P = 0.027
模型类型	RE	RE	RE	RE

注：样本期为 2000 ~ 2010 年。 * 、 ** 、 *** 分别代表在 10% 、5% 和 1% 水平上显著，括号内值为 t 统计量。表 4 − 6、表 4 − 7 和表 4 − 8 同。

（2）分阶段样本计量。

表 4 − 6 和表 4 − 7 分别为 2000 ~ 2007 年和 2008 ~ 2010 年的分阶段计量回归结果汇总表。整体上两阶段的主要解释变量与被解释变量之间均呈现显著正向相关性。

表 4 − 6　分阶段样本回归及稳健性检验结果汇总（Ⅰ）

	（1）	（2）	（3）	（4）
im	0.429 *** （22.606）	0.503 *** （15.341）	0.356 *** （5.522）	0.721 ** （2.321）
kf	0.115 * （2.08）		0.500 ** （2.762）	0.765 *** （8.105）
kd	0.053 * （1.879）			0.216 ** （2.801）
l	0.389 *** （5.365）			
C	2.145 *** （9.941）	4.212 *** （12.411）	6.133 *** （7.503）	3.512 *** （13.102）
R^2/Wald	35.633 ***	27.312 ***	33.105 ***	29.176 ***
N	1868	1868	1868	2799
Hausman	Chi2 = 6.982 P = 0.038	Chi2 = 3.101 P = 0.024	Chi2 = 3.877 P = 0.019	Chi2 = 6.103 P = 0.008
模型类型	RE	RE	RE	RE

表 4-7　分阶段样本回归及稳健性检验结果汇总（Ⅱ）

	（1）	（2）	（3）	（4）
im	0.069** （2.246）	0.756*** （16.002）	0.289** （2.562）	0.198*** （5.303）
kf	0.219*** （4.189）		0.400** （2.801）	0.805*** （7.102）
kd	0.146*** （3.671）			0.112*** （4.970）
l	0.334*** （5.144）			
C	3.724*** （8.618）	6.032*** （9.321）	4.689*** （10.500）	5.012*** （14.001）
R^2/Wald	30.615***	32.321***	27.801***	29.170***
N	2026	2026	2026	2026
Hausman	Chi2 = 7.857 P = 0.025	Chi2 = 3.103 P = 0.027	Chi2 = 4.817 P = 0.029	Chi2 = 7.713 P = 0.017
模型类型	RE	RE	RE	RE

（3）计量结果汇总。

基于以上整体和分阶段计量结果，现将总体回归估计结果进行整理，如表 4-8 所示。

表 4-8　整体与分阶段回归结果汇总

	（1）2000~2010 年	（2）2000~2007 年	（3）2008~2010 年
im	0.127*** （9.775）	0.429*** （22.606）	0.069** （2.246）
kf	0.132*** （4.087）	0.115* （2.08）	0.219*** （4.189）
kd	0.141*** （5.062）	0.053* （1.879）	0.146*** （3.671）
l	0.457*** （12.611）	0.389*** （5.365）	0.334*** （5.144）

	（1）2000~2010 年	（2）2000~2007 年	（3）2008~2010 年
C	3.522 ***	2.145 ***	3.724 ***
	（15.760）	（9.941）	（8.618）
R^2/Wald	16.022 ***	35.633 ***	30.615 ***
N	2799	1868	2026
Hausman	Chi2 = 8.796 P = 0.062	Chi2 = 6.982 P = 0.098	Chi2 = 7.857 P = 0.075
模型类型	RE	RE	RE

（七）计量结果分析

实证结果显示，以外商直接投资和进口中间品为代理变量的全球价值链与我国体育用品制造业的增加值之间有显著的正向关系。实证结果符合内生增长理论基本观点，即全球价值链对我国体育用品制造业升级的重要影响机制在于干中学式内生增长。

2000~2010 年，我国运动用品制造企业的工业增加值对进口中间品的弹性为 0.127，也就是中间品进口增速每上升 1 个百分点，在其他影响因素维持不变的条件下，增加值增速将上升约 0.13 个百分点。同理，增加值对外商投资的弹性为 0.132，在其他条件不变的情况下，外资资本存量增速每提高 1 个百分点，增加值增速将提升约 0.13 个百分点。

从 2000~2010 年的总体数据看，各影响因素对我国运动用品企业工业增加值的促进作用（增加值增长）不同。进口中间品和外商投资作用水平基本持平，后者的促进作用略微高于前者。内资的作用相较中间品的进口和外商投资稍高（约 7%）。而劳动力增速对增加值提升的作用最大，与其他三项影响因素的整体作用相当。该实证结果一方面印证了我国体育用品制造业的劳动密集型产业属性，另一方面则显示出劳动力投入在该产业增长中所起到的作用。但分段计量结果则揭示了其影响作用动态演化的一面。

从分段回归结果来看，2008 年前后，包括代表全球价值链在内的各项影响因素对我国运动用品制造业工业增加值的促进作用发生了明显的分化。2000~2007 年，进口中间品的作用显著高于 2008 年（含）之后的时段以及整个研究期间。这与我国运动用品制造业以外向型（出口导向）为主，以及这一时期运动用品制造企业又以加工贸易模式为主密切相关。而 2008~2010 年面板数据回归的结果显示，进口中间品的影响作用大幅下降，这与同期的统计数据是对应的，我国运动用品制造业出口贸易额中加工贸易占比是呈下降趋势的，2007 年约为

66%，2016 年则下降到约 42%。主要原因可能在于两个方面：一是受金融危机影响，全球贸易萎缩，我国运动用品的出口也受到较大波及，原来大量用于加工成制成品出口的中间品的进口量大幅下降；二是随着本国技术能力的提升，可以在本国生产的中间品种类增加。

对比 2000～2007 年的回归数据，2008～2010 年外资对增加值增长的作用相对明显上升，但是从两阶段外资资本存量的实际增速和实际复合增长率看，相对于国内资本存量并没有表现出更高的增长水平。本章认为在 2008～2010 年，外资资本存量对增加值增长的相对作用明显上升的主要原因在于外商投资企业通常对海外市场的销售渠道的熟悉度和控制度高于内资企业。因此在消费侧的市场需求疲软、贸易规模缩水的情况下，外资企业相对同样依赖出口的内资企业来讲具有一定的抗风险能力。相对而言，内资企业受影响程度最大，甚至出现本国市场经营偏好的显著提升。实证结果还显示，这一阶段劳动力的促进作用相对下降，这与劳动力成本持续上升、人口红利消失等原因直接相关。

下面将继续就全球价值链对我国体育用品制造业升级和产业效益升级的影响绩效（贡献度）做进一步量化研究。

第三节　全球价值链对体育用品制造业升级的影响度

本节依据第二节的面板计量估计结果，基于前文推导的公式测度全球价值链对我国体育用品制造业升级的贡献率和产业效益升级贡献度，并就产业升级的主导力量进行分析。

一、全球价值链对体育用品制造业升级影响的贡献

（一）对产业升级影响的贡献度

基于第二节中面板回归估计数据可得系数 α_1、α_2、β_1、β_2 的数值：

2000～2010 年：$\alpha_1 = 0.141$，$\alpha_2 = 0.457$，$\beta_1 = 0.127$，$\beta_2 = 0.132$

2000～2007 年：$\alpha_1 = 0.053$，$\alpha_2 = 0.389$，$\beta_1 = 0.429$，$\beta_2 = 0.115$

2008～2010 年：$\alpha_1 = 0.146$，$\alpha_2 = 0.334$，$\beta_1 = 0.069$，$\beta_2 = 0.219$

由于 2000～2010 年各变量增速的平均值在个别年份出现负增长的情况，因此不能直接计算各年增速的几何平均数，本节按照复合增长率的计算方法测算期间增速的平均数。具体数据如表 4－9 所示。

表4－9　运动用品制造业增加值等变量实际增速及复合增长率　　单位:%

年份	增加值(Y)	中间品进口(IM)	外资本存量(KF)	内资本存量(KD)	劳动力(L)
2000	—	—	—	—	—
2001	20.95	40.25	8.38	9.54	9.47
2002	39.18	26.72	35.17	18.05	26.55
2003	56.05	59.41	28.10	45.38	52.68
2004	15.36	23.50	9.98	17.63	29.20
2005	33.97	28.66	20.58	29.03	12.96
2006	26.12	23.75	10.85	29.16	10.75
2007	10.21	10.94	10.85	−0.97	4.22
2008	−5.92	−15.11	2.40	−5.03	−2.95
2009	4.56	−4.03	0.20	5.50	1.25
2010	11.55	8.20	3.60	9.10	6.54
2000～2010 年复合增长率(CAGR)	20.00	18.47	12.51	14.84	14.07
2000～2007 年复合增长率(CAGR)	28.04	29.72	19.91	17.31	20.32
2008～2010 年复合增长率(CAGR)	3.14	−4.12	1.54	2.06	3.01

资料来源：依据中国工业企业数据库、中国海关进出口数据库计算。

基于以上系数值和各变量实际增速（见表4－9）测算数据可以得到全球价值链对产业升级（增加值实际增速）的贡献度，如表4－10所示。

表4－10　全球价值链对增加值实际增速的贡献度　　单位:%

年份	全球价值链的贡献率			内资本存量贡献率	劳动力贡献率
	中间品进口	外资本存量	GVC 小计		
2000～2010	18.36	12.93	31.29	16.38	52.33
2000～2007	54.11	8.45	62.56	4.57	32.87
2008～2010	−25.35	40.23	14.88	39.25	45.87

（二）影响产业升级的主导力量

1. 影响因素对产业升级的拉动作用

基于式（4－25）对以增加值增速为代表的产业拉动作用的测算方法，分阶段测算结果如表 4 – 11 所示。

表 4 – 11　全球价值链对增加值实际增速的拉动作用　　　单位:%

年份	全球价值链因素			内资资本 存量贡献率	劳动力贡献率
	中间品进口	外资资本存量	GVC 小计		
2000 ~ 2010	2. 35	1. 65	4. 00	2. 09	6. 68
2000 ~ 2007	12. 75	1. 99	14. 74	1. 08	7. 74
2008 ~ 2010	− 0. 28	0. 45	0. 17	0. 44	0. 51

2. 主导产业升级的驱动因素

基于式（4 – 25），当 $G_{IM_{(t)}} + \beta_2 G_{KF_{(t)}} > \alpha_1 G_{KD_{(t)}} + \beta_2 G_{KF_{(t)}}$ 时，则表示全球价值链因素对产业升级的拉动作用高于其他因素，因此称为全球价值链主导型的升级。

由表 4 – 11 可知，2000 ~ 2007 年全球价值链对我国运动用品制造业的拉动作用为 14. 74 个百分点，高于国内资本存量与劳动力的同期拉动作用之和（8. 82 个百分点），因此该时期我国运动用品制造业升级的方式是以全球价值链影响为主的，即全球价值链主导型。而 2008 ~ 2010 年数据测算结果显示倾向于弱"国内活动"（内资和劳动力）主导型升级。

二、全球价值链对体育用品制造业效益升级的拉动作用

从增加值增速的角度看，中国运动用品制造业在 2000 ~ 2010 年的工业增加值增速为负值，因此，本部分直接从生产要素对增加值率增速的拉动作用角度进行说明，分析全球价值链对产业效率和效益升级的动态贡献。

将式（4 – 30）~式（4 – 33）分别乘以增加值率增速（$G_{PP_{V(t)}}$）即可得到各要素对产业效率提升的拉动作用（百分点）。基于已测算出的结果，各影响因素的拉动作用如表 4 – 12 至表 4 – 14 所示。

表 4 – 12　全球价值链对产业效益升级的拉动作用　　　单位:%

年份	增加值率增速	全球价值链的拉动作用			内资资本	劳动力
		中间品进口	外商资本	GVC 小计		
2000	—	—	—	—	—	—
2001	− 1. 78	2. 22	0. 81	3. 03	0. 98	3. 29
2002	12. 25	1. 35	3. 42	4. 77	1. 87	9. 29

续表

年份	增加值率增速	全球价值链的拉动作用			内资资本	劳动力
		中间品进口	外商资本	GVC 小计		
2003	-6.33	2.71	2.61	5.32	4.51	17.62
2004	-9.53	1.17	0.95	2.12	1.80	10.03
2005	-0.03	1.56	2.04	3.60	3.07	4.61
2006	-1.45	1.33	1.07	2.41	3.08	3.83
2007	-3.52	0.63	1.08	1.71	-0.10	1.51
2008	-43.22	-0.91	0.24	-0.67	-0.54	-1.07
2009	-22.02	-0.30	0.02	-0.27	0.67	0.51
2010	-37.91	0.63	0.43	1.05	1.15	2.78
平均值/复合增长率	-13.15	1.04	1.27	2.31	1.65	5.24

注：表中最后一行中增加值率增速为期间的复合增长率，其他为期间的算术平均值。表 4-13、表 4-14 同。

表 4-13　全球价值链对产业效益升级的拉动作用（2000~2007 年）　单位:%

年份	增加值率增速	全球价值链的拉动作用			内资资本	劳动力
		中间品进口	外商资本	GVC 小计		
2000	—	—	—	—	—	—
2001	-1.78	4.77	0.70	5.47	0.37	2.70
2002	12.25	3.13	2.98	6.11	0.70	7.61
2003	-6.33	6.58	2.28	8.86	1.69	14.43
2004	-9.53	2.70	0.83	3.53	0.68	8.21
2005	-0.03	3.45	1.77	5.23	1.15	3.78
2006	-1.45	2.88	0.93	3.81	1.16	3.13
2007	-3.52	1.34	0.94	2.28	-0.04	1.24
平均值/复合增长率	-1.68	3.55	1.49	5.04	0.82	5.87

表 4-14　全球价值链对产业效益升级的拉动作用（2008~2010 年）　单位:%

年份	增加值率增速	全球价值链的拉动作用			内资资本	劳动力
		中间品进口	外商资本	GVC 小计		
2008	-43.22	-0.24	0.40	0.16	-0.56	-0.75
2009	-22.02	-0.09	0.04	-0.06	0.69	0.36

续表

年份	增加值率增速	全球价值链的拉动作用			内资资本	劳动力
		中间品进口	外商资本	GVC 小计		
2010	-37.91	0.20	0.71	0.91	1.19	1.95
平均值/复合增长率	-34.98	-0.04	0.38	0.34	0.44	0.52

三、测度结果分析

本节在第二节研究结论的基础上就全球价值链对我国体育用品制造业的产业升级（增加值增速）的影响度以及对产业效率升级（增加值率增速）的贡献进行测度。

全球价值链对体育用品制造业升级的影响显著，但金融危机前后发生较大变化。基于工业增加值增速的维度，2000~2010 年，全球价值链的整体贡献率约为 31%，整体上高于内资资本存量的贡献率（约为 16%），但低于劳动力的贡献率（约为 52%）。不过，考察 2008 年前后两个阶段，情况发生较大的变化。2000~2007 年，全球价值链的贡献率约为 63%，远大于内资与劳动力的贡献率之和，其中中间品进口表现出绝对贡献率"优势"。而在 2008~2010 年，全球价值链的贡献率显著降低（约为 15%），内资的贡献率则相对大幅提升（约为 39%）。中间品进口的贡献率在 2008 年以后转负，而外资的贡献率却仍旧表现明显（约为 40%）。具体原因与第二节中的相关分析基本类似，本节是从不同视角（增加值增速）进行了动态考察。对于体育用品制造业的工业增加值，基于微观数据的经验研究表明 2008 年之后的全球价值链整体贡献度大幅降低，其中直接原因是中间品进口降低，影响力大幅下降。但我们仍不能忽视外资对增加值增速的正向贡献。与此同时，内资的贡献相对明显提升，劳动力因素的贡献虽然仍然略高于内资贡献，但相较 2008 年之前的情况已经明显收窄。

体育用品制造业升级的主要驱动因素存在动态变化。基于对增加值增速的拉动作用的测度，我国体育用品制造业升级的驱动力类型也在发生着变化。2008 年之前，我国体育用品制造业升级从整体上可以认为是以全球价值链为主驱动力的升级类型。而在 2008 年之后呈现出新的特点，以内资和劳动力为代表的"国内要素"成为主要驱动力量。从测算的数据来看，内资和劳动力对运动用品制造业增加值增速的拉动作用总计为 0.95 个百分点，高于全球价值链的拉动作用（0.34 个百分点）。具体分析，劳动力的拉动作用虽然仍旧相对最大（0.51 个百分点），但相较 2008 年之前，其相对于外资和内资拉动作用的"优势"已经大为削弱。虽然整体投资（包括外资和内资）的复合增长率处于历史（2000~

2010 年）低位，但投资的拉动作用表现仍较为明显。反映出在经济下行时，投资增加仍是一种较为有效的"逆周期"操作手段。

体育用品制造业效率升级的促进力量发生演化。基于增加值率增速的拉动作用测算结果，全球价值链的拉动作用在 2000～2010 年的平均值为 2.31 个百分点，高于内资的拉动作用，但低于劳动力的拉动作用。其中，中间品进口的拉动作用为 1.04 个百分点，外资的拉动作用为 1.27 个百分点。但同样，当我们分段考察时，情况出现较大的差异：2008 年之前，全球价值链的拉动作用为 5 个百分点，劳动力的拉动作用为 5.8 个百分点，略高于全球价值链的拉动作用，而内资的拉动作用显著低于前两者，约为 0.8 个百分点。中间品进口的拉动作用高于外资的拉动作用，达到了 3.5 个百分点。2008 年之后，内资的拉动作用在三者中上升到第二位，已经高于全球价值链的拉动作用，中间品进口的拉动作用发生逆转。虽然劳动力的拉动作用仍居首位，但重要性已经明显降低。

小　结

产业升级在产出上的表现是增加值的增长，但只有基于内涵式增长方式所获取的增加值提升才是产业升级的体现，同时还考虑增加值率的提升。增加值率增速是产业效率或产业效益升级的体现。本章基于内生增长理论和"干中学"生产函数模型建立结构性计量回归模型，选取外商直接投资和中间品进口作为全球价值链的代理变量，实证研究了全球价值链对我国体育用品制造业升级的影响机制、绩效等。

实证研究结果显示，全球价值链与我国体育用品制造业升级之间存在显著正向关系，影响机制体现在干中学式内生增长。2000～2010 年，我国体育用品制造业升级来自全球价值链的整体贡献率约为 31%，其中来自中间品进口的贡献率约为 18%，来自外资（含港澳台）的贡献率约为 13%。中间品进口的贡献率高于外资贡献率，占全球价值链贡献率的 58%。同期，全球价值链对我国体育用品制造业产业效率提升的拉动作用较为明显，有约 2.3 个百分点的拉动作用，高于内资的 1.6 个百分点，但弱于劳动力的拉动作用。

由于 2008 年发生了由美国次贷危机所引起的全球性经济下行，因此有必要以 2008 年为界分段进行考察。虽然前后两个阶段中全球价值链均显示出对体育用品制造业升级的正向促进作用，但是两个阶段中其弹性（增加值对于各投入要素的弹性）存在明显差异。同时，针对产业升级的贡献度以及对产业效益（效率）升级的拉动作用也均存在较大差异。2008 年之前，全球价值链对体育用品制造业升级的贡献率约为 63%，大于内资与劳动力的贡献率之和，其中中间品进口的贡献率约为 54%，贡献率最高。2008 年后，来自全球价值链的贡献率显著下降，约为 15%，而来自内资的贡献率则相对大幅提升，约占 39%。

对于我国体育用品制造业效率升级的拉动作用，2000 ~ 2007 年，全球价值链的拉动作用约为 15 个百分点，高于内资和劳动力之和，其中中间品的拉动作用约为 13 个百分点。但是到了 2008 年之后，全球价值链对增加值率增速的拉动作用较内资和劳动力明显下降，其中中间品进口的拉动作用转负。与此同时，内资的拉动作用相对地位显著上升。

从影响升级的驱动因素来看，基于对增加值实际增速的拉动作用的测算结果，2008 年之前，我国体育用品制造业升级的主要驱动因素（主导动力）来自全球价值链的影响，即这段时期属于全球价值链主导型的产业升级方式。而 2008 年之后，升级的主要推动力量发生转换，这段时期（2008 ~ 2010 年）相对于全球价值链的"国内因素"成为推动体育用品制造业升级的主要力量，内资的拉动作用在此阶段显著增强。

本章主要结论可以概括为以下几方面：

第一，嵌入全球价值链是我国体育用品制造业升级的重要途径。

第二，全球价值链对我国体育用品制造业升级的重要影响机制在于以"干中学"为代表的内生增长机制。

第三，2008 年前后，影响升级的驱动因素发生演变，由以全球价值链因素为主演变为以国内因素为主，其中国内资本对产业效率提升的拉动作用显著提升。

第四，中间品进口作用的显著下降在某种程度上反映了我国体育用品制造业向"整包"生产阶段迈进，国内基础设施和配套体系进一步完善，显示出全球价值链中生产制造自主能力和综合能力的提升。

第五，基于"干中学"模型机理，作为全球价值链代理的外商直接投资和中间品进口是知识扩散和技术溢出效应发生作用的主要媒介，两者作用的减弱也意味着我国体育用品制造业模仿学习的边际效益明显减弱，同时对自主创新的要求更为突出和紧迫。

第六，2008 年后体育用品规模以上企业的升级效率（增加值率增速）出现明显下降，在一定程度上表明以效率为核心标志的升级进程有所减缓。

第五章　全球价值链背景下体育用品制造业升级与本国市场依存

　　Satoshi Inomata（2018）认为，全球价值链研究范式的主要特征之一是其思想来源的多样性。Antrás 和 Helpman（2004）将"新贸易理论"和所谓的"新—新贸易理论"结合进他们的契约理论的研究框架之中，而该企业理论与全球价值链研究方法相互联系，于是"新—新贸易理论"成为全球价值链分析框架中的重要组成部分。新—新贸易理论的核心是企业异质性问题，其实质是研究部门内部微观企业之间所存在的生产率（效率）差异对企业全球化决策的影响。基于全球价值链视角，也即不同效率的企业对全球价值链组织形式及治理模式的选择。

　　微观企业生产率既是异质性企业贸易（Heterogeneous – Firms Trade，HFT）理论研究的起点与核心问题，又是企业（或产业）升级的关键性衡量指标，于是异质性企业理论与升级研究之间就存在了"理想的契合点"（李锋，2015）。同时，企业生产率和企业参与全球价值链之间存在着重要的联系（UNCTAD，2013）。因此，生产率便成为异质性企业理论、企业升级研究和全球价值链研究三者的"结合点"。

　　异质性企业理论认为由于存在"自我选择"和"出口学习"效应，选择出口业务的企业其生产率通常高于仅在本国市场经营的企业，甚至这些低效率的本土经营的企业会最终退出市场。基于发达国家和新兴市场国家以及东欧转型国家的相关经验研究支持了该理论假设。但学者们，特别是我国学者，基于中国数据的实证研究在结论上却出现了较大的分歧。相当一部分的研究结果指出，中国出口企业的生产率相较非出口企业的生产率要低，由此提出"生产率悖论"的判断。宋泓（2015）在该问题的学术讨论中进一步指出，基于异质性企业理论研究所提出的中国企业的"生产率悖论"现象，实际上是中国参与全球价值链的一个侧影。

　　我国体育用品制造业是在出口导向型政策推动下快速发展起来的。以运动用品为例，规模以上企业的出口交货值率，1998 年达到了 63% 左右，2002 年达到顶峰（75% 左右），之后虽然呈现逐年下降趋势，但整体上高于制造业平均水平。2013 年规模以上企业的出口交货值率为 42% 左右。到了 2016 年，出口交货值率维持在 37% 左右。[①]

学者们基于我国行业和企业层面数据的经验研究所提出的"生产率悖论"，某种程度上是将全球价值链背景下基于生产率视角对升级的研究扩展到另外一个假设，即在中国情景下企业对本国市场依赖程度的提升（本国经营偏好的增强）是否可以提升生产率，以此达到促进企业和产业升级的目的？或者说是将"生产率悖论"与所谓的"本地市场效应"结合起来，将两者转变为一枚硬币的两面。

如果我们将这个问题从全球价值链治理视角进一步分析，实际反映的是后发国家的企业在嵌入以发达国家企业（特别是发达国家跨国企业）所主导的全球价值链之中寻求发展时，往往处于被"俘获"的地位，长期处于价值链低端环节，甚至会被低端锁定，无法实现持续升级。那么除了在原有处于"被治理"地位的价值链条中寻求效率提升（升级）之外，还有没有其他的路径呢？学者为此提出了两类路径：一类是基于价值链构建视角，提出通过创建国家价值链，充分掌握功能升级和链条升级的自主权；另一类是基于本土市场规模效应促进企业形成创新能力，加快实现技术创新，充分利用内需提高企业和产业的竞争力（徐康宁和冯伟，2010；刘志彪，2017）。从生产率视角看，就是通过充分利用不断扩大的内需增强企业的实力、提高企业的生产率，进而提升其在国际市场的竞争力，实现全球价值链升级。如果基于"市场范围"视角，"国家价值链"的基础也是"本国市场"（或"本地市场"），因此两类路径的核心是本国市场，即本国需求。

联合国贸易和发展组织在其研究报告中指出，需求市场在影响一国（地区）参与全球价值链的主要因素中的重要性仅次于要素禀赋（UNCTAD，2013）。企业面对的市场范围在地理空间上分为国内市场和国际市场，而市场规模的扩大既包括区域的地理延伸又包括特定市场需求的增加。改革开放以来，随着经济快速增长和人均可支配收入的提高，国内市场规模更多地来自潜在市场需求的不断释放，目前扩大内需的政策又进一步助推了市场需求的增长。易先忠等（2016）认为，我国国内市场规模扩大的同时，本国企业对本国市场经营的偏好在增强，国外市场份额呈现下降趋势。许德友（2015）更进一步强调我国出口竞争新优势应来自内需市场的成长效应。

---

① 2016 年数据基于《中国工业统计年鉴》数据测算而得，其他年份数据基于中国工业企业数据库数据测算而得。出口交货值率 = 企业出口交货值/企业工业销售产值。

本章重点是从需求侧研究本国市场规模、企业对本国市场需求的依赖程度等对企业全要素生产率的影响，目的在于进一步探讨全球价值链背景下"内需"与体育用品制造业企业升级的内在联系。本章的主要结构安排如下：第一节基于异质性企业贸易理论，实证检验我国体育用品制造业企业是否存在"生产率悖论"；第二节以企业国内市场依存度、国内市场规模等为核心解释变量，采用面板数据计量模型，基于"需求侧"实证研究我国体育用品制造业企业全要素生产率（企业升级）与"内需"之间的关系。最后为本章小结。

第一节　我国体育用品制造业企业参与全球价值链的"生产率悖论"

一、异质性企业、全球价值链参与和产业升级

涉及现代企业的研究大致有两个方向：一类是以研究企业市场行为规律为主的产业组织理论，另一类是研究企业本身性质，并逐步发展成为所谓的"新制度经济学"。当然，如果我们从经济史的角度出发，那么以钱德勒的企业发展"三部曲"为代表的现代企业发展史研究也是一个方向。

马歇尔是新古典经济学的开创者，新古典经济学在研究厂商时将厂商进行了高度抽象，这也是其他经济学流派对新古典的批驳焦点之一。这种高度抽象实际上是将厂商进行"同质化"的处理。但马歇尔（2005）同时在其《经济学原理》中提出"代表性企业"的概念。"代表性企业"概念的提出，在客观上是对"同质化"处理的一种偏离，虽然这种偏离并不非常明显。同质化的对立面就是异质性，当经济学研究更关注部门内微观企业个体之间的差异时，原本的同质化假设就越来越不能适应研究的需要。更重要的是在实证研究时，"同质化"假设的现实解释力出现了问题。伴随着在理论上将"同质化"假设放松，"异质企业"的概念也就应运而生。

异质企业概念最早产生自贸易理论自身不断的发展之中。大卫·李嘉图比较优势理论的提出奠定了国际贸易理论基础，之后，从赫·俄到萨缪尔森的主流贸易理论存在三个经典假设，其中之一是同一行业部门的生产者（厂商）是同质的。但是20世纪90年代末，学者们通过对企业微观数据的经验研究发现，给定部门内出口厂商与非出口厂商之间的生产率存在显著差异。以 Melitz（2003）和 Bernard 等（2003）为代表的学者们对这一类实证研究中发现的企业异质性进行

了理论解释。

异质性企业贸易理论揭示,生产率差异性使异质企业可以进行国际经营模式的自我选择,生产率最高的企业更多地会选择国际垂直一体化,生产率处于中间水平的企业则多选择出口,那些生产率低的企业只能选择在本国内部销售。从企业对全球化模式的选择角度看,生产率最高的企业将选择直接投资,生产率次之的企业则选择进行独立企业之间的离岸外包,而生产率最低的企业则仅选择参与国内采购。这实际体现了具有不同生产率水平的企业对全球价值链组织形式和治理模式的选择问题。一方面生产率的提升是企业升级的基本特征和关键,另一方面生产率的差异是所谓企业异质性研究的核心问题(李春顶,2015)。在引入企业的异质性分析维度后,不同生产率水平又影响企业对其全球化模式(参与全球价值链的方式)的选择,于是,生产率便成为了企业升级和企业参与全球价值链的"交点"(契合处)。

联合国贸易和发展组织(UNCTAD,2013)在报告中指出,基于企业层面,全球价值链参与和企业生产率之间存在着联系:从事出口业务的企业,其生产率水平显著高于非出口企业。并且认为,正是高生产率企业推动了国家的全球价值链参与,而且也是这些高生产率企业的生产率的进一步提高才促进了产业的成功升级。李锋(2015)将异质企业理论与产业升级和经济升级放在同一研究框架中,他认为,中国产业和经济升级的现实需求与贸易理论研究前沿之一的异质性企业理论研究存在"理想的契合点"。李锋的总体逻辑是:异质企业中生产率提高的企业,即存量(可以不被替代的)异质企业与非异质企业中通过生产率的提高成为增量异质企业的企业,这两部分企业通过提高产业平均生产率而促成产业升级。同时,非异质企业逐渐退出市场,资源向异质企业集中。他同时将异质企业界定为:具有较大的规模、较高的生产要素、较充足的人力资本和较高的技术与资本密集度等特征的企业。

二、"生产率悖论"

所谓"生产率悖论"或"出口—生产率悖论"或"生产率之谜",源于针对异质性企业贸易理论问题核心假设(出口型企业通常比非出口型企业具有更高的生产率)的不同实证结论。

"新—新贸易理论"指出,由于存在"自我选择"效应和"出口学习"效应,从事出口业务的企业其生产率高于仅从事内销的企业。Melitz(2003)认为,由于进入出口市场所需要支付的固定成本和贸易成本比进入本国市场要高,因此只有那些高效率的企业才会选择进入出口市场,即"自我选择"效应。而一旦企业进入国际市场,该出口企业就可以学习他国的生产技术和经验并因此得以提升，即"出口学习"效应。出口企业具有更高的生产率正是这两种效应的结果。Melitz（2003）的研究又被称为异质性企业贸易理论，他率先建立了异质企业贸易模型，以企业生产率的差异来解释国际贸易中不同企业的差异化行为选择。在他看来，那些生产率较低的企业只能在本国市场销售甚至退出市场，他同时强调贸易自由化可以通过促使低生产率企业退出而实现产业内资源重置，进而提升产业总体生产率水平。之后的 Baldwin 和 Helpman 等对 Melitz 模型进行了拓展和延伸，逐步形成一个新的贸易理论，即异质性企业具有生产率优势，倾向于选择出口，而那些低生产率企业则主要选择内销，生产率高低同时还影响到企业选择出口市场的规模等。

企业"出口—生产率"关系是异质性企业贸易研究文献中的重要组成部分，涉及理论和经验研究两个方面。在国外的研究中针对发达国家经验研究的文献占主要部分，基本结论均支持出口企业相较于非出口企业具有更高的生产率（Benard 和 Jensen，1995，1999；Bernard 和 Wagner，1997；Castellani，2002；Kimura 和 Kiyota，2006；Cassiman 等，2010）。此外部分学者对新兴市场国家、东欧转型国家以及非洲欠发达国家企业数据进行研究，结果也较为一致地支持出口企业的生产率相对更高的判断（Loecker，2007；Bigsten 和 Gebreeyesus，2009；Kasahara 和 Lapham，2013）。

对于中国企业生产率的比较研究则以中文文献为主。研究的结果整体上分为结论相左的两类：一类是支持出口企业生产率高于内销企业以及认为"生产率悖论"并不明显或不能确定（张杰等，2009；钱学锋等，2011；张鹏辉，2015；杨汝岱，2015）；另一类则是支持"生产率悖论"观点，认为中国的出口企业的生产率存在低于内销企业的生产率的特征（李春顶和尹翔，2009；马述忠和郑博文，2010；张艳等，2014；汤二子，2017）。针对"悖论"产生原因的解释，大体上有三个分析角度：加工贸易、外资企业和出口密度高的企业；要素密集度；市场分割和市场进入成本（李春顶，2015）。关于所谓的"悖论"是否存在以及基于"悖论"存在前提下对异质性企业贸易理论可能形成的挑战，仍然需要学者们进一步的研究和探讨。姚枝仲（2015）认为，简单地将悖论归因于所谓中国的二元结构模式以及外资企业的存在（对国外市场更为熟悉，因此出口成本低）是不充分的。杨汝岱（2015）基于 1998～2007 年中国工业企业数据库的实证研究指出要在一个统一的框架中对所谓的"悖论"做出解释是困难的。

具体研究体育用品制造业企业"生产率悖论"的文献还非常有限，马轶群（2017）基于 2013 年的中国工业企业数据库体育用品制造业截面数据测算的结果支持存在"生产率悖论"。该研究采用劳动生产率等方法测算（全）要素生产率，认为我国体育用品产业总体上存在"生产率悖论"。马轶群的研究选取了一个年度（2013年）的企业截面数据进行实证。

三、我国体育用品制造业企业"生产率悖论"检验

本部分的研究重点是对不同经营业务（出口和非出口）的企业生产效率进行比较，同时进一步区分外商投资（包括港澳台投资）企业和非外商投资（内资）企业的不同经营类型（出口和非出口）的生产率，并进行比较研究。

数据包络分析方法除了通过数据本身获得权重来测算多投入和多产出情况下的效率以外，另一个特点就是可以非常直观地反映被评价单元与最优单元之间技术效率的差异或差距。因此以下对生产效率进行比较的实证部分将采用数据包络分析方法。同时考虑到部分产出指标（如利润率）有可能存在负值，因此在研究中采用投入导向模型。为了兼顾考察综合技术效率、纯技术效率和规模效率指标，研究中将同时采用CRS径向和VRS径向DEA模型进行测算。

（一）数据来源与指标说明

1. 运动用品行业的分类标准

本书研究期内，涉及国民经济行业分类GB/T4754 – 1994、GB/T4754 – 2002和GB/T4754 – 2012三个版本的标准。依据以上三个版本的分类标准，运动用品制造业三位数的行业种类代码分别为242（GB/T4754 – 1994和GB/T4754 – 2002）以及244（GB/T4757 – 2012），其下再分为若干四位数代码的小类。期间由于不同版本所涉及的体育用品制造业的中类和小类分类有所修订和调整，为此，本书将三个版本的内容列表对比说明（见表5 – 1）。GB/T4754 – 2002版本在统计数据中的具体应用始于2003年，即2003年的工业企业统计数据开始采用该版本的分类标准。GB/T4754 – 2012版本应用始于2013年。

表5 –1　我国运动用品制造业企业所涉及的四位数代码行业分类标准

国民经济行业分类 GB/T4754 – 1994		国民经济行业分类 GB/T4754 – 2002		国民经济行业分类 GB/T4754 – 2012	
小类代码	类别名称	小类代码	类别名称	小类代码	类别名称
2421	球类制造	2421	球类制造	2441	球类制造
2423	器材类制造	2422	体育器材及配件制造	2442	体育器材及配件制造
2429	其他体育用品制造	2423	训练健身器材制造	2443	训练健身器材制造
—	—	2424	运动防护用具制造	2444	运动防护用具制造
—	—	2429	其他体育用品制造	2449	其他体育用品制造

资料来源：国家统计局国民经济行业分类标准GB/T4754 – 1994、GB/T4754 – 2002和GB/T4754 – 2012。

2. 数据来源及 DMU 描述

研究的数据来源于 2000~2013 年中国工业企业数据库，首先按照表 5-1 中的小类代码（4 位）筛选企业，然后剔除数据存在明显问题和主要指标缺失的企业样本（DMU）。其中 2010 年的数据存在问题较大，因此将该年度剔除。样本数量描述如表 5-2 所示。[①]

表5-2　我国运动用品制造业（规模以上）企业样本数量　　　　单位：家

年份		2000	2001	2002	2003	2004	2005	2006	2007	2008	2009	2011	2012	2013
出口企业	外资	154	166	201	281	379	346	370	422	512	431	307	275	299
	内资	60	82	105	161	206	210	216	240	276	238	158	215	212
	小计	214	248	306	442	585	556	586	662	788	669	465	490	511
非出口企业	外资	20	31	33	28	44	73	78	92	111	117	60	64	72
	内资	70	65	81	100	158	194	226	287	393	326	234	273	323
	小计	90	96	114	128	202	267	304	379	504	443	294	337	395
总计		304	344	420	570	787	823	890	1041	1292	1112	759	827	906

注：该数据库企业均为规模以上企业，期间"规模以上企业"的划分标准经历过两次调整（2007 年和 2011 年）。外资企业包括港澳台投资企业。

资料来源：中国工业企业数据库。

表 5-2 数据显示，出口企业中外资企业（含港澳台）数量占比明显高于内资企业数量，而在非出口企业中，情况相反，内资企业数量占绝对主力。

3. 投入产出指标设定

考虑到侧重微观企业生产效率的比较，在选择数据包络分析的投入和产出指标时，我们优先和重点考虑倾向于生产函数的相关指标。同时，由于 DEA 模型是基于生产可能集理论的线性规划方法，从理论上讲，DEA 模型中的投入和产出指标必须可以线性相加，因此应尽量避免比值或比例指标（"率"指标）数据的使用（Emrouznejad A. 和 Amin，2009），如使用需要特殊处理的方法。因此，本章研究在选择指标时将暂不考虑类似周转率、利润率等指标。具体的投入与产出指标分别为，投入指标：企业从业人数、固定资产净值、主营业务（产品销售）成本、营业费用（产品销售费用）、管理费用；产出指标：工业总产值、主营业务（产品销售）收入、产品销售利润和营业利润。除企业从业人数的单位为"个（人）"之外，其他指标的单位均为亿元。

---

①　由于期间对"规模以上企业"的分类标准有过两次调整（2007 年和 2011 年），不同标准下的"规模以上"企业的数量之间不宜做简单的比较。

（二）企业技术效率的测算

1. 测算结果

基于中国工业企业数据库体育（运动）用品制造企业 2000~2013 年（不含 2010 年）的企业微观数据，采用投入导向的 CRS 和 VRS 径向 DEA 模型测算所得的各年度平均效率（综合技术效率、纯技术效率和规模效率）值如表 5-3 所示。同时，为进一步研究不同投资类型企业的出口和非出口企业生产率的差异，在测算整体企业层面的基础上区分外资出口企业和外资非出口企业、内资出口企业和内资非出口企业，就其相应的年度效率进行测算和比较，测算结果如表 5-4 所示。

表 5-3　我国运动用品制造业企业效率对比表：总体样本

效率指标	企业类型 \ 年份	2000	2001	2002	2003	2004	2005	2006	2007	2008	2009	2011	2012	2013
综合技术效率（TE）	出口企业	0.804	0.776	0.801	0.785	0.723	0.760	0.590	0.676	0.654	0.536	0.642	0.551	0.587
	非出口企业	0.831	0.848	0.809	0.783	0.739	0.783	0.654	0.701	0.716	0.629	0.741	0.637	0.627
	企业总体	0.812	0.796	0.804	0.785	0.728	0.768	0.612	0.685	0.678	0.589	0.681	0.586	0.604
纯技术效率（PTE）	出口企业	0.818	0.813	0.834	0.805	0.755	0.786	0.611	0.731	0.687	0.642	0.721	0.638	0.698
	非出口企业	0.832	0.858	0.830	0.798	0.772	0.805	0.661	0.754	0.740	0.701	0.808	0.721	0.727
	企业总体	0.822	0.825	0.833	0.803	0.759	0.792	0.628	0.739	0.708	0.666	0.755	0.672	0.711
规模效率（SE）	出口企业	0.985	0.958	0.963	0.978	0.961	0.969	0.973	0.927	0.954	0.883	0.895	0.861	0.852
	非出口企业	0.999	0.989	0.976	0.982	0.959	0.974	0.991	0.930	0.969	0.903	0.916	0.877	0.864
	企业总体	0.989	0.966	0.967	0.979	0.961	0.971	0.979	0.928	0.960	0.891	0.903	0.867	0.857

注：所涉及的企业为规模以上企业，表 5-4 同。

资料来源：各效率指标基于中国工业企业数据库微观企业数据测算和整理。

2. "生产率悖论" 检验分析

表 5-3 是基于数据包络分析方法测算出的 2000~2013 年（不含 2010 年）运动用品制造规模以上企业中 "出口企业""非出口企业" 以及企业总体各年度的技术效率平均值，具体又分为综合技术效率、纯技术效率和规模效率。测算结果显示，综合技术效率（TE），只有 2003 年出口企业生产率略高于非出口企业；纯技术效率（PTE），只有 2002 年和 2003 年出口企业生产率略高于非出口企业；规模效率（SE），只有 2004 年出口企业生产率略高于非出口企业。从企业整体看，我国运动用品制造企业中非出口企业的生产效率总体上高于出口企业的生产效率。图 5-1、图 5-2、图 5-3 有更直观的显示。

表5-4　我国运动用品制造业企业效率对比表：内外资企业分类比较

效率指标	内/外资	企业类型	2000	2001	2002	2003	2004	2005	2006	2007	2008	2009	2011	2012	2013
综合技术效率(TE)	外资企业	出口企业	0.806	0.760	0.788	0.787	0.720	0.758	0.588	0.674	0.637	0.548	0.628	0.551	0.583
		非出口企业	0.840	0.842	0.818	0.749	0.738	0.783	0.646	0.704	0.679	0.577	0.701	0.680	0.586
	内资企业	出口企业	0.800	0.810	0.827	0.776	0.731	0.763	0.594	0.677	0.685	0.589	0.670	0.551	0.593
		非出口企业	0.817	0.851	0.806	0.792	0.739	0.783	0.657	0.699	0.726	0.648	0.751	0.626	0.636
纯技术效率(PTE)	外资企业	出口企业	0.821	0.801	0.822	0.810	0.750	0.785	0.615	0.729	0.675	0.633	0.705	0.637	0.689
		非出口企业	0.841	0.861	0.849	0.781	0.767	0.808	0.660	0.750	0.704	0.641	0.772	0.760	0.677
	内资企业	出口企业	0.809	0.837	0.875	0.791	0.764	0.787	0.604	0.732	0.711	0.660	0.752	0.639	0.711
		非出口企业	0.818	0.856	0.822	0.802	0.773	0.804	0.662	0.756	0.749	0.723	0.818	0.712	0.738
规模效率(SE)	外资企业	出口企业	0.983	0.952	0.962	0.974	0.962	0.968	0.965	0.927	0.948	0.874	0.896	0.863	0.857
		非出口企业	0.999	0.979	0.965	0.961	0.964	0.972	0.983	0.940	0.964	0.904	0.910	0.894	0.870
	内资企业	出口企业	0.990	0.968	0.966	0.982	0.959	0.972	0.986	0.926	0.965	0.901	0.894	0.858	0.844
		非出口企业	0.985	0.994	0.980	0.988	0.958	0.975	0.994	0.927	0.970	0.903	0.918	0.873	0.863

表 5-4 是基于数据包络分析方法测算的 2000~2013 年（不含 2010 年）运动用品制造业规模以上企业中外资企业与内资企业中的出口企业与非出口企业年度生产效率均值。对比分析测算值发现，无论是外资企业还是内资企业，在综合技术效率、纯技术效率和规模效率三种效率指标上均整体呈现非出口企业效率高于出口企业。

  图 5-1 是我国运动用品制造业企业出口企业与非出口企业综合技术效率（TE）直观比较。整体上，非出口企业的综合技术效率连线始终在出口企业的效率连线之上，特别是 2005 年之后非出口企业的综合技术效率均值与出口企业的效率均值分化明显。

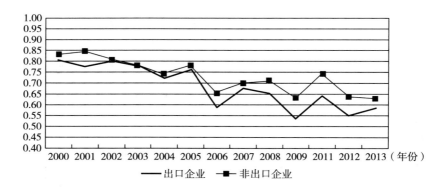

图 5-1　我国运动用品制造业企业 TE 对比（总体样本）

  图 5-2 直观显示了我国两类（出口与非出口）运动用品制造企业纯技术效率（PTE）的比较结果。除 2002 年和 2003 年出现出口企业的 PTE 均值略高于非

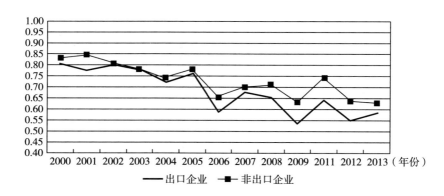

图 5-2　我国运动用品制造业企业 PTE 对比（总体样本）

出口企业的 PTE 均值外，其他各年度的 PTE 均值仍然是非出口企业高于出口企业。2005 年之后的 PTE 均值和变化趋势波动加大。

　　出口企业与非出口企业规模效率（SE）的对比情况如图 5 - 3 所示，突出的特点是两类企业的规模效率均值变动趋势比较接近。整体上，仍然是非出口企业的规模效率均值高于出口企业，但效率值的差异较小且相对比较稳定，只有 2004 年出现出口企业规模效率均值略高于非出口企业。

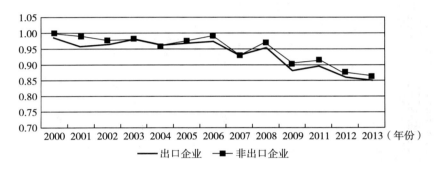

图 5 - 3　我国运动用品制造业企业 SE 对比（总体样本）

　　我国内、外资体育用品制造业出口企业和非出口企业各年度综合技术效率（TE）的均值直观比较如图 5 - 4 所示。外资出口企业的 TE 指数除 2003 年略高于非出口企业外，其余年度均显示非出口企业高于出口企业。内资企业方面，出口企业的 TE 指数除 2000 年略高于非出口企业外，其余年度均显示非出口企业高于出口企业。纯技术效率（PTE）和规模效率（SE）存在相同的特征，不再单独进行图示。

四、"生产率悖论"原因分析

　　测算结果显示，样本期内我国运动用品制造业的出口企业效率明显低于非出口企业，本部分的经验研究结果支持"生产率悖论"。

　　本书就体育用品制造业而言提出以下三个方面的主要原因：

　　首先，全球价值链低端环节影响生产率水平。从我国体育用品制造业企业的微观数据分析，其中一个明显的特点是加工贸易占比较高，而且加工贸易中以来料加工为主。也就是说，在我国体育用品制造业企业中从事出口业务的企业相当比例是以收取加工费为主要经营模式的。基于全球价值链的经济租理论，加工环节由于进入壁垒低导致竞争激烈，于是加工环节的经济租就会发生耗散。因此，以纯加工形式参与价值链利益分配的企业收益相对于其他环节和参与方式低。而

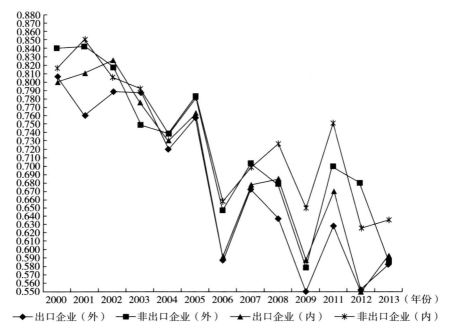

图 5-4　我国运动用品内外资企业中出口企业与非出口企业 TE 对比

从事"内销"的企业，一方面，无论是采用自有品牌形式还是代工形式，多不采用单纯的"来料加工"方式；另一方面，国内价值链的利益分配相较于由国外企业主导的全球价值链要相对"公平"，在微笑曲线上表现为曲线较为平缓。这种情况导致异质性贸易企业理论中的"选择效应"发生扭曲。

其次，市场竞争参与度影响生产率水平。在某种程度上讲，企业生产率是市场竞争的函数。我国体育用品制造业企业的出口经营通常只负责加工生产环节，并不面对最终市场和消费者，在技术获取和产品研发设计方面总体上间接来自掌握国际市场销售渠道的委托方（价值链主导企业），甚至仅仅来自其分包商。企业对终端市场的竞争是不敏感的、不直接的，这不利于市场竞争效应作用的发挥以及企业技术和效率的提升。而从事国内销售时，企业因为身处市场之中，国内市场的竞争直接反馈到企业的技术研发和经营管理效率的提升。也就是说，厂商对市场竞争参与度的降低使"市场竞争效应"产生了扭曲。

最后，初级要素依赖。不同属性的要素投入影响生产效率。加工环节依赖的是以劳动力为代表的初级生产要素在成本和供给能力方面的相对优势，这一优势对于企业来讲是外生的。而国内市场经营更多是迫使企业在初级生产要素之外寻找更多"内生"优势，这主要表现在更高级的要素投入方面，如人才、研发、品牌营销等。高级的要素投入通常会带来更高的收益，导致和促进企业生产率或效率的提升。

　　下一节的研究某种程度上是本节实证分析的延展，即在实证我国体育用品制造业企业存在"生产率悖论"的基础上，进一步讨论在我国国内市场规模扩大、消费升级、体育用品制造业的本国销售占比不断提升的趋势下，企业升级（生产率变动）与本国市场规模及企业对本国市场依存度之间的关系。对体育用品制造业升级的研究由供给侧转向需求侧。

第二节　我国体育用品制造业升级与本国市场依存

一、升级与本国市场关系的研究

　　亚当·斯密在《国富论》中明确提出"市场范围"与生产率（劳动生产力）之间的关系。斯密认为，市场范围的扩大将导致分工的不断深化，而分工恰恰是生产率提高的原因。在这里，斯密讨论中所使用的"市场范围"概念至少是本书讨论的"市场规模"中的一种情形。经济学上讨论的市场是由供需两方面构成的，供给和需求相互作用。对于厂商来讲，市场规模通常体现在市场的地理范围和需求量两个维度。但最终是实际需求量和潜在需求量的问题。

　　作为市场行为主体的企业，其对市场范围的选择通常会涉及国内市场（本地市场）与国际市场。在我国，企业在国内市场的销售行为被简称为"内销"，与之对应的进入国际市场的销售则通常被称为"外销"。"本地市场效应"假设的核心是讨论本地（国）市场需求与企业经营的市场选择。大多数研究将"本地市场效应"追溯到克鲁格曼（Krugman）1980年发表的文章。克鲁格曼在文章中采用简化模型，基于报酬递增和运输成本存在的前提假设，理论证明了一个国家（的厂商）更倾向于出口那些自身有着较大国内需求的产品。而异质性企业贸易理论则是从生产率异质性的角度经验分析哪类企业更倾向于选择国际市场（出口）以及采用何种具体形式。

　　作为所谓新—新贸易理论重要组成部分的异质性企业理论是在对微观企业的经验研究结果基础上提出的，该理论的核心发现是部门内不同企业存在显著的生产率差异，即从事出口业务的企业其生产效率通常高于从事非出口业务的企业，而这种差异对于企业的国际经营和投资模式选择产生直接的影响。该理论认为，这种现象的内在机制在于"自我选择"效应与"出口学习"效应（Melitz，

2003)。但基于中国企业微观数据的实证研究所发现的所谓"生产率悖论",反映了我国制造业企业在参与全球价值链过程中的"特殊"现象。

从市场选择角度看,我国改革开放伊始首先推行的是出口导向型战略,该战略充分利用了国内初级生产要素禀赋的比较优势,利用全球贸易自由化和制造业分工转移的大环境与大趋势,在政府的支持性政策助力下,招商引资、"两头在外"和"大出大进"。这一战略的实施极大地推动了中国经济的起飞。外向型经济本身,具体到企业层面,就是积极向外拓展市场范围。这一阶段可以总结为执行出口导向战略的全球化阶段,主要原因在于国内收入水平低、市场"狭小"、无法形成工业化起飞所需的基础,是一种权宜性战略举措(刘志彪,2019)。当前,我国经济的全球化进程和趋势已经从利用国际市场支撑本国的经济增长演变为利用本国市场进行全球化扩张阶段(刘志彪,2017),这个阶段需要重视利用我国自身的庞大市场规模提高产业和微观企业的竞争力。基于生产率视角,就是通过本国市场的规模效应,提升企业的生产效率,进而提高企业的国际竞争力,提升在全球价值链治理结构中的话语权,促进价值链升级。

Hobday(1995)认为,来自欠发达国家的后发企业(Latecomer Firm)面临远离国际主要的技术和研发资源,同时远离主要国际市场和高要求的使用者(Demanding User),这些后发企业与(发达市场的)技术追随者们是不同的,因为后者虽然是跟随在领导企业之后,但其本身处于成熟市场、直接面对竞争。因此,这些后发企业最初通常以代工形式参与国际市场,依靠的是低成本,这就决定了后发企业在价值链中的位置。

后发企业一方面通过融入全球价值链获取生存的基本条件以及通过干中学方式提升自身技术工艺、产品开发等方面的能力进而提升生产效率;另一方面后发企业的生存与发展必然要求企业向价值链上的增加值高的环节攀升,而这些环节通常是由价值链主导企业控制的价值链战略环节,势必受到来自主导企业的阻挠和打压。实践也证明,后发国家企业往往被锁定在低端环节,很难实现进一步升级。于是,如何寻求不同的升级路径成为后发国家企业进一步升级发展的战略性问题。

由此学者们提出了另外两类路径。一类是主张构建国家价值链(NVC),遵循国家价值链—区域价值链—全球价值链(或者由国家价值链直接到全球价值链)的路径,目的是通过构建以自身为主导的价值链,掌握价值链主动权,进而完成逐步升级(Schmitz,2004;刘志彪和张杰,2007;徐宁等,2014)。此类全球价值链升级也被称为"激进式升级",这是相对于在原价值链中的"渐进式"升级而言的(皮建才和赵润之,2017)。另一类是基于需求侧提出的升级路径设想。近年来,国内学者高度关注利用我国巨大的本土市场规模和快速增长的内需加快企业创新能力的培养、实现技术创新、提高企业和产业的竞争力（徐康宁和冯伟，2010；刘志彪，2017）。易先忠等（2018）则从相反的角度强调，脱离本国需求融入全球价值链易导致固化出口企业能力短板和陷入"低端锁定"的困局。从生产率视角看，基于需求侧提出的升级方式就是通过充分利用我国不断扩大的内需和消费升级提高企业的生产率，进而提升其在国际市场的竞争力，促进全球价值链升级。

联合国贸易和发展组织（UNCTAD，2013）强调，需求市场是影响一国（或地区）参与全球价值链的重要因素。Staritz 等（2011）更明确地指出，本国需求的市场规模和需求特征对于本国企业实现全球价值链攀升具有决定性的影响。Hsu（1970）认为，国内需求不仅是出口部门的先决条件，更重要的是内需的不断增长对于出口部门的生产率提升和竞争力至关重要。正如 Linder（1961）所指出的一种产品成为有潜力的出口产品的必要（但不充分）条件是其在本国市场被消费，这一点有利于解释出口部门发展、增长、停滞以及下降。Weder（1996）研究指出，对于某类产品的国内需求的快速增长通常对企业的国际竞争力存在正向影响。Murphy 等（1987）认为，本地市场规模对于企业在投入方面有明显的诱导作用，其结果是企业生产效率的提高，由此企业可以获取更大的市场竞争力（迈克尔·波特，2002）。

易先忠等（2016）认为，无论是波特的竞争力理论，还是 Linder、Weder、Krugman 和 Melitz 等关注本国市场的经典贸易理论，国内市场需求对本土企业（出口）竞争力的影响可以归结为两条机制：一是规模成本的静态效应，二是竞争与创新的动态效应，两者中后者是根本性的、持久性的。张国胜（2011）基于中国企业案例研究，认为中国企业的实践证明本国市场能够影响企业技术能力的发展与产品的市场需求，因此影响产业升级。具体机制在于本国市场的互动效应、市场规模的诱致效应和本国规模市场的终端需求效应，三种效应分别起到引导产业升级的需求发现、为企业提升技术能力和为更高边际利润的价值创造提供营运支持、诱导产生的参与是合作助力产业升级所需的技术能力。他同时指出，本国市场规模的效应发挥与国际市场的作用并不矛盾，强调关注出口导向的同时需要重视本国市场的开发，通过本国市场支持国际市场的持续开发。冯伟和李嘉佳（2018）在张国胜观点的基础上利用省级面板数据进行经验研究，其研究结论支持本土市场规模扩大有利于加快产业升级（劳动生产率提升）的判断。

陈丰龙和徐康宁（2012）在研究中国制造业是否可以借助本国市场规模推动全要素生产率增长，进而实现全球价值链攀升时将本国规模的作用机制归纳为"集聚效应"和"竞争效应"两类。他们的研究进一步指出，本土市场规模作用的发挥更依赖制造业行业的技术密集度和资本密集度，对劳动密集度不敏感。在这一点上，冯伟（2015）的研究结论有所不同。冯伟利用我国 2001～2011 年制造业分行业的数据实证研究本土市场规模与产业生产率之间的关系，结论在支持本土市场规模对生产率有正向推进作用的同时，指出这种推进作用更多地体现在劳动密集型行业中。孙军和梁东黎（2010）采用异质性企业理论模型研究全球价值链下发展中国家的产业升级问题，研究指出，对于发展中国家来说，企业的技术进步除了要从"干中学效应"中获取以外，更需要从国内市场需求对企业创新的引致效应中获取，需要实现从"干中学效应"到"母市场效应"的转变，通过"母市场效应"实现出口。戴翔等（2017）基于 1995～2011 年我国 13 个制造业行业数据，实证研究结果显示，本土市场规模扩大有利于制造业全球价值链攀升。其内在机制在于发展中国家随着本国消费需求增加、本土市场规模扩大，将会吸引位于价值链更高端环节配置到本国，进而促进发展中国家的全球价值链攀升。谢小平和傅元海（2018）采用 2000～2015 年省级面板数据实证研究本地市场规模优势与消费结构和出口商品结构高级化之间的关系。实证结果表明，本地市场规模越大，消费结构升级越能推动出口商品结构升级，促进企业升级。

二、体育用品制造业升级与本国市场依存程度的实证研究

（一）市场规模与本国市场依存程度演变

根据《中国体育用品产业发展白皮书（2017）》数据，我国体育用品制造业2016 年增加值相较 2006 年增长了四倍，总体上高于同期我国工业增加值整体增长水平。本节将基于运动用品制造业企业微观数据进行实证研究。依据中国工业企业数据库 2000～2013 年（不含 2010 年）数据，期间规模以上企业的产品销售产值整体变化趋势可以反映我国体育用品制造业规模的变化趋势，而总体销售产值中的本国销售产值及其占比反映了本国国内市场对体育用品消费需求规模的变化，同时又反映了体育用品制造业对本国市场的依存程度。具体数据测算结果和动态趋势分别如表 5 - 5 和图 5 - 5 所示。

表 5 - 5 我国运动用品制造业产品销售产值及市场构成

年份	2000	2001	2002	2003	2004	2005	2006	2007	2008	2009	2011	2012	2013
销售产值（亿元）	93.8	118.2	144.3	243.7	316.9	392.5	495.6	561.3	701.6	686.9	852.3	952.7	1128.4
出口交货值（亿元）	66.4	82.8	107.9	164.6	217.8	238.7	298.8	356.5	396.2	343.8	414.9	461.9	473.1
出口交货占比（%）	70.8	70.1	74.8	67.6	68.7	60.8	60.3	63.5	56.6	50.0	48.7	48.5	41.9

续表

年份	2000	2001	2002	2003	2004	2005	2006	2007	2008	2009	2011	2012	2013
本国销售产值	27.4	35.4	36.3	79.1	99.1	153.7	196.8	204.8	304.8	343.2	437.4	490.8	655.3
本国销售占比（%）	29.2	29.9	25.2	32.5	31.3	39.2	39.7	36.5	43.4	50.0	51.3	51.5	58.1

注：表中数据基于中国工业企业数据库测算而得，该数据库涉及的企业均为规模以上企业。本国销售产值＝产品销售产值－出口交货值。

通过表中整理和测算的结果至少可以有两点发现：

首先，市场规模不断增长。对于中国工业企业数据库微观企业年度数据，虽然在2000~2013年规模以上企业的门槛指标经历了上调，标准的不统一影响了数据库中各年度（标准调整前后）规模以上企业的数量可比性①，但即便就表5-5中的数据看，2013年的总产品销售产值已经是2000年的12倍。因此，以规模以上企业产品销售产值为代表的我国运动用品市场规模不断扩大（13年间增长了12倍）。

其次，从销售产值的具体市场构成看，国内市场销售占比明显提升。2013年出口交货值是2000年的7.16倍，而本国销售产值期间增长了24.3倍。相应的出口交货占比（出口交货值与产品销售产值之比）从2000年的70.8%下降到2013年的41.9%；同期本国销售产值占比则从2000年的29.2%增长到2013年的58.1%，增长了近29个百分点。2009年，出口交货占比与本国销售占比基本持平（拐点），之后本国销售的产值占比均保持高于出口交货占比。该趋势在图5-5中表现得更为直观：从国际市场和本国市场构成来看，国内市场销售（或内需）不断扩张，特别是2008年金融危机之后，国内市场销售占比超过国际市场（出口）销售，并保持进一步增长趋势。

这一现象在我国改革开放初期以"出口导向"为主的产业发展中是具有代表性的。当前产业进入转型升级的发展阶段，中国经济增长的潜力逐渐转向依靠内需的进一步释放和增长，这促成了产业升级与内需增长的叠加。接下来，我们基于产业升级的生产率视角实证研究本国市场规模、企业对本国市场依存程度等与产业升级之间的关系。

---

① 由于规模以上企业的门槛值（产值或企业属性）经历了向上调整，对工业企业数据库年度收录企业的数量实际上有调减的效果，因此，对比调整前后，如果按调整前原门槛值录得的企业数量理论上应更多，总销售产值也相应会更大。

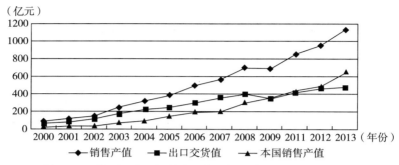

图 5 - 5　我国运动用品制造业产品销售产值构成及变化趋势

资料来源：基于表 5 - 5 测算的数据制作。

（二）模型设定与变量说明

1. 指标选取与数据来源

（1）被解释变量。

在现有本国市场规模与产业升级或价值链升级的文献中，对于被解释变量的选择大体上有两大类：一类是选择生产率指标（陈丰龙和徐康宁，2012；冯伟，2015；杨天宇和陈明玉，2018）或是在生产率指标基础上的拓展（冯伟和李嘉佳，2018）；另一类是选择价值链地位指标（戴翔等，2017）。本书是以生产率维度研究全球价值链背景下我国体育用品制造业升级问题，因此仍选择生产率（全要素生产率）指标作为产业升级的代理变量。

为了避免人为设定生产函数及其相关参数可能带来的估计误差，本节仍将采用基于投入导向的 DEA_ Malmquist 指数模型所测算的全要素生产率（TFP）作为被解释变量。具体投入和产出指标的设定基本同本章第二节相关设定，即投入指标：企业的从业人数、固定资产净值、主营业务收入、营业费用和管理费用；产出指标：工业总产值、主营业务收入、产品销售利润。除从业人数的单位为"人"外，其他指标的单位均为亿元。

（2）核心解释变量。

陈丰龙和徐康宁（2012）将相关研究中所采用市场规模的代理变量分为三种：一是以总产值减去出口额，然后加进口额；二是以工业企业固定资产净值占工业固定资产总值的比重；三是以行业销售产值减去行业出口交货表示。陈丰龙和徐康宁在其研究中采用的是第三种代理变量。类似地，冯伟在研究我国制造业本国市场规模与生产率时所采用的本国市场规模的代理变量为：产业销售产值与出口交货值之差占产业销售产值的比重[①]。此外，还有采用 GDP 和商品零售额等

[①] 本节的实证中将此指标作为"本国市场依存度"的代理变量，后文有具体说明。

指标作为市场规模的代理变量。基于"新地理学派理论"的实证研究往往加入"空间"因素（如"距离"或"面积"等因素）来共同测度某一地区的市场规模或市场潜力。

　　本节的实证研究中，将针对我国体育用品制造业企业的具体发展特点（由出口导向逐步向内需依赖演变）设立两个核心解释变量作为研究的重点。一个是"本国市场依存度"（或"国内市场依存度"）指标。在国际贸易研究领域中有"对外贸易依存度"指标，是指一国进出口额占该国 GNP 或 GDP 的比重，进一步可以细分为外贸出口依存度和外贸进口依存度。本书借鉴该指标逻辑，将某一行业的销售产值及其构成（出口交货及本国销售产值）定义为（销售的）"国际市场（出口）依存度"和"本国市场依存度"。前者为出口交货值占销售产值的比重，代表企业对国际市场（出口）的依赖程度；后者为本国销售产值占销售总产值的比重，表示企业对所在国（本国）市场的依赖程度，即"本国市场依存度"。

　　另一个核心变量为"（本国）市场规模"指标。这里将采用人均可支配收入（城镇居民）作为代理变量。不采用 GDP 指标的原因在于，该指标虽然在一定程度上反映了一国消费（市场规模）潜力，但在代表一国消费需求和消费潜力时不如人均可支配收入指标更为直接。而商品零售额虽然可以直接度量实际消费规模，但不能较好地兼顾"需求潜力"（市场潜力）。

　　本国市场规模和企业的本国市场依存度两个变量是不同的，前者是强调和刻画企业所面临的本国市场的需求大小和变化趋势，而后者则关注和刻画企业在国际市场和本国市场之间的选择，两者不可以互相替代。例如，本国市场规模较大但企业仍专注国际市场或者在本国市场规模较小的情况下企业却仍将经营限于本国市场，这些情况都是客观存在的。

　　同时，从我国经济发展阶段看，改革开放以来，经济快速增长的过程既是内需不断增长的过程，也是消费升级的过程，所以有相关研究将人均可支配收入作为我国"消费升级"的代理变量（杨天宇和陈明玉，2018）。本书认为，考虑到我国目前经济发展阶段，国内市场规模的增长和消费升级是叠加在一起的，因此人均可支配收入作为代理经济变量，实际上可以同时反映国内市场规模和（国内）消费升级。下文实证研究中以人均可支配收入作为本国市场规模的代理变量，实际上也包含了这两个层面的含义。

　　（3）控制变量。

　　根据已有研究和体育用品制造业特点、体育用品消费需求特点，本节的实证研究选择的控制变量包括企业研发成果、人口老龄化程度、居民收入的基尼系数和企业成立年限。其中，研发成果以企业各年度三项专利（发明专利、外观设计、应用新型）申请数量（百人平均）为代理。人口老龄化程度是指 60 岁及以上人口在总人口中的占比，选取此项指标作为控制变量的原因在于，通常情况下，体育用品的消费受年龄的影响较大，年轻人对体育用品的需求和消费更旺盛。居民收入的基尼（GINI）系数反映了一国的"贫富差距"程度。之所以选择基尼系数作为一项控制变量，是因为体育运动及体育运动用品消费是一种生活方式的体现，即使在人均收入达到较高水平时，如果贫富水平差距较大，也同样对体育用品整体消费规模和消费潜力产生影响。

（4）样本期和数据来源。

样本企业选自中国工业企业数据库和海关企业数据库，以及创新企业数据库，从 2000 年到 2013 年，有连续经营的运动用品（规模以上）企业（具体涉及的四位数代码行业分类标准见表 5－1），总计 97 家。此外，数据来源还包括《中国统计年鉴》及国家统计局数据官网。

实证数据为面板数据，将采用面板数据回归模型进行估计。为协调回归结果中各代理变量系数的数量级，数据处理中将解释变量单位进行了相应（同等水平）数量级的调整。需要进行平减处理的数据，对相关数据以 2000 年为基数进行平减。

2. 面板回归数据统计描述

表 5－6 中数据为本节实证研究使用的面板总体数据的统计描述。其中，TFP、DMD、INC、YRS、R&D、AGE、GIN 分别代表全要素生产率、本国市场依存度、人均可支配收入、企业成立年限、企业研发能力（三项专利申请百人平均数量）、人口老龄化程度、居民收入基尼系数。

表 5－6 面板回归数据统计描述：总体样本

变量	均值	中位数	最大值	最小值	标准差	偏度	峰度
TFP	67.61	67.00	100.00	17.00	16.92	0.05	2.55
DMD	28.10	4.00	100.00	0.00	38.08	1.00	2.31
INC	139.61	117.59	269.55	62.80	66.90	0.66	2.11
YRS	12.93	12.00	53.00	1.00	7.35	1.99	10.48
R&D	3.84	1.00	15.00	0.00	6.70	6.16	33.45
AGE	10.40	11.30	14.90	7.00	2.93	0.11	1.39
GIN	47.47	47.90	49.10	41.70	1.95	−1.98	6.28

3. 模型设定与检验

本节在面板数据的基础上构建面板数据回归模型，并对通过协方差检验（F

检验）设定具体的模型类型。

（1）基本模型（总体）。

$$TFP_{i,t} = \alpha_i + \beta_1 DMD_{i,t} + \beta_2 INC_{i,t} + \beta_3 Control_{i,t} + \mu_i + \varepsilon_{it} \tag{5-1}$$

其中，TFP 代表全要素生产率，DMD 为企业销售的国内市场依存度，INC 表示人均可支配收入，$Control$ 是控制变量的汇总，具体包括企业成立年限（YRS）、企业年度三项专利申请（PAT）、人口老龄化程度（AGE）和居民收入基尼系数（GIN）。

（2）具体模型设定。

模型协方差检验与 Hausman 检验。根据协方差检验公式（F 检验）测算，$F_2 = 1.41$，$F_1 = 0.41$。在给定 5% 的显著性下，得到相应的临界点值：$F_2 a$（768，582）≈ 1.11，$F_1 a$（672，582）≈ 1.13。所以有 $F_2 > F_2 a$，拒绝原假设 H_2（不同截面个体上的截距和系数相同）；又由于 $F_1 < F_1 a$，不能拒绝原假设 H_1（不同截面个体上的系数相同，但截距不同），因此选择变截距模型（见表 5-7）。

表 5-7　模型协方差分析检验结果

	模型
F_2	1.41
F_2 的临界值	1.11
F_1	0.41
F_1 的临界值	1.13
结论	变截距模型

Hausman 检验结果，$\chi^2_{0.05(7)} = 14.07$，小于 Hausman 统计量（16.21），同时，$P < 0.05$。因此检验结果拒绝原假设（个体影响与解释变量不相关），模型应设定为固定效应模型。故总体模型确定为固定效应变截距面板数据回归模型：

$$TFP_{i,t} = \alpha_i + \beta_1 DMD_{i,t} + \beta_2 INC_{i,t} + \beta_3 YRS_{i,t} + \beta_4 PAT_{i,t} + \beta_5 AGE_{i,t} + \beta_6 GIN_{i,t} + \mu_{i,t} \tag{5-2}$$

下文实证中出于稳健性检验目的而进行的各子模型的检验方法同上。

（三）实证结果汇总与稳健性检验

表 5-8 数据为基于总体样本的回归结果，出于稳健性检验的考虑，除了对整体变量进行回归之外，同时对核心变量（DMD 和 INC）分别进行回归。为了进一步检验整体回归的稳健性，将总体样本分为外商投资企业和内资企业分别进行回归和相应的稳健性检验，如表 5-9 和表 5-10 所示。

表5－8　面板回归结果与稳健性检验汇总：总体样本

解释变量	（1）全部变量	（2）DMD	（3）INC
DMD	0.026 ** （2.170）	0.028 ** （2.514）	
INC	0.078 *** （4.443）		0.075 *** （4.276）
YRS	－0.212 *** （－3.176）	－0.172 *** （－2.705）	－0.214 *** （－3.201）
PAT	0.065 （1.100）	0.064 （1.104）	0.067646 （1.129）
AGE	－4.082 *** （－9.779）	－2.360 *** （－15.858）	－3.985 *** （－9.586）
GIN	－1.047 *** （－5.140）	－1.256 *** （－6.285）	－1.050 *** （－5.152）
C	150.588 *** （16.616）	152.904 *** （16.726）	150.911 *** （16.627）
R²/Wald	0.445	0.314	0.483
N	1256	1256	1256
Hausman	Chi2 = 16.21 P = 0.023	Chi2 = 11.72 P = 0.068	Chi2 = 16.16 P = 0.012
模型	FE	RE	FE

注：*、**、***分别代表在10%、5%和1%水平上显著，括号内为t统计量。表5－9和表5－10同。

表5－9　面板回归与稳健性检验汇总：外商投资企业

解释变量	（1）全部变量	（2）DMD	（3）INC
DMD	0.005 ** （2.384）	0.004 ** （2.295）	
INC	0.074 *** （3.467）		0.0744 *** （3.464）
YRS	－0.423 ** （－2.516）	－0.218 ** （－2.380）	－0.435 *** （－2.589）
PAT	0.066 （1.053）	0.072 （1.153）	0.066 （1.050）

续表

解释变量	（1）全部变量	（2）DMD	（3）INC
AGE	-3.774 *** （-7.974）	-2.392 *** （-9.337）	-3.751 *** （-7.987）
GIN	-1.107 *** （-4.849）	-1.290 *** （-5.771）	-1.105 *** （-4.844）
C	152.657 *** （14.965）	154.980 *** （15.126）	152.628 *** （14.966）
R^2/Wald	0.308	0.343	0.352
N	954	954	954
Hausman	Chi2 = 9.316 P = 0.230	Chi2 = 8.666 P = 0.193	Chi2 = 4.276 P = 0.639
模型	RE	RE	RE

表 5 - 10　面板回归与稳健性检验汇总：内资企业

解释变量	（1）全部变量	（2）DMD	（3）INC
DMD	0.055 ** （2.196）	0.051 ** （2.001）	
INC	0.089 ** （2.322）		0,082 ** （2.138）
YRS	-0.175 * （-1.959）	-0.185 ** （-2.055）	-0.182 ** （-2.023）
PAT	-0.066 （-0.427）	-0.056 （-0.355）	-0.051 （-0.325）
AGE	-4.287 *** （-4.565）	-2.222 *** （-7.281）	-4.132 *** （-4.379）
GIN	-0.817 * （-1.698）	-1.137 ** （-2.443）	-0.806 * （-1.662）
C	141.5842 *** （6.687）	148.8874 *** （6.977）	143.077 *** （6.706）
R^2/Wald	0.511	0.500	0.501
N	277	277	277
Hausman	Chi2 = 15.35 P = 0.039	Chi2 = 14.95 P = 0.041	Chi2 = 16.01 P = 0.029
模型	FE	FE	FE

（四）实证结果与讨论

实证研究涉及的总体样本回归结果与按企业属性分类进行回归的结果基本一致：

首先，内需规模扩大与消费升级的叠加促进企业升级。面板数据回归结果显示，样本期内以全要素生产率为代理变量的我国体育用品制造业企业升级与内需规模之间呈显著正相关，我国内需规模的不断扩大对我国体育用品制造业企业升级起到促进作用。内资企业受影响程度大于外资企业。从需求侧角度看，我国经济当前所处发展阶段的一个特征是内需规模扩大和消费升级同步。居民可支配收入的持续增长支持了居民消费水平和质量的不断提升，消费需求已经由以物资为主提升至生活方式需求和精神需求方面，特别是"80后"新中产、"90后"新生代逐步成为消费升级的主要驱动群体，他们对体育用品的专业属性、功能化、差异化等有更高的要求。这一方面增加了体育用品的内需规模，另一方面迫使体育用品制造企业持续升级、提升其市场竞争优势。

其次，企业对本国市场依存度的增加有助于升级。面板数据回归结果表明样本期内我国体育用品制造业企业升级与企业对本国市场经营的偏好度之间呈显著正相关，随着我国体育用品制造企业对国内市场经营偏好度及国内市场依存度的提高，其全要素生产率也随之提升、企业升级得到推动。其中，内资企业的受影响程度大于外资企业。国内消费规模和消费水平的不断提升是诱致体育用品制造企业国内市场经营偏好增强的重要因素之一，但企业由依赖出口或以出口为主的经营方式逐步转变为扩大国内市场经营，势必需要企业在不断适应国内消费需求的同时搭建和完善以国内消费和市场竞争格局为导向的研发设计、营销渠道以及品牌管理等功能，多数企业需要由原专注价值链的制造环节转为全链条的管理和运营，也就是说将更多高附加值环节纳入企业经营管控之中，这一能力的提升有利于企业全要素生产率或效率的改善与提高、促进制造企业的进一步升级。

最后，体育用品制造企业升级与控制变量关系存在异质性。实证结果显示，人口老龄化程度、收入差距及企业成立年限与企业升级之间呈显著负相关。而实证结果同时显示，样本企业研发创新能力与企业升级之间的关系不显著。从人口年龄结构与体育用品消费角度看，老龄阶段对体育用品消费通常趋于降低，这在我国现阶段尤为突出。同时，我国老龄人口对体育用品的专业性、功能性和差异化认知和需求普遍较低，因此不利于促使企业提升以技术创新、质量提升为主的升级活动。体育类消费需求的收入弹性较大，居民收入差距扩大会限制更为庞大群体的普通消费者的消费能力，特别是高质量体育用品的需求产生较大的抑制作用，不利于促进体育用品制造企业的创新发展和升级。从企业创新内生动力看，通常那些后进入企业由于没有前期的沉没成本投入以及管理变革的阻力，所以更倾向于采用新的工艺、技术和管理制度，对企业全要素生产率的提升的促进作用更明显。而样本期内以三项专利申请数量为代理的企业研发创新能力与企业升级之间的关系并不显著，这一结果反映出我国体育用品制造企业的技术创新能力还存在较大的短板，没有成为企业升级的主要动力，而且这一问题在内资企业中显得更为突出。

值得关注的是，本章第一节将出现"生产率悖论"的主要原因归结为两个扭曲（"选择效应"扭曲和"市场竞争效应"扭曲）和一个依赖（初级要素依赖）。本节的实证结果某种程度上是异质性企业研究在中国情景下的延伸。在当前阶段的中国市场规模和发展阶段下，企业通过增加对本国市场的依存程度进而促进了生产率提升（企业升级）。我国体育用品制造业企业对市场的"逆向选择"有助于自身升级，这种现象更像是对前期引致"生产率悖论"主要诱因的纠偏。由此，以下的推论则应具有一定的合理性，即经过这一调整（纠偏）阶段，中国情景下的"生产率悖论"现象可能会消失。当然这需要更长一段时间和更充分数据的实证支持。

小　结

我国体育用品制造业最初是在出口导向型战略推动下快速壮大起来的，并发展成为世界上最大的体育用品制造基地。基于中国工业企业微观数据库规模以上企业数据统计测算，2000 年从事出口业务的运动用品企业占比达到 70%，同年出口交货值占比为 70.8%（具体数据见表 5 - 2、表 5 - 5）。自 2008 年金融危机前后，运动用品规模以上企业的出口交货值占比从 2002 年的高峰 74.8% 快速下降到 2013 年的 41.9%，同时国内市场销售占比出现快速提升。基于规模以上微观企业数据，我国体育（运动）用品制造业从"截面"数据看有出口业务的企业数量占比依然较大，从"时间序列"看出口交货值占比逐步下降，对国内市场的依存度不断提升。

基于我国体育用品制造业企业发展的整体特点，本章首先基于异质性贸易理论及其中国情景下的"生产率悖论"的相关研究。通过对研究期（2000～2013年）样本企业生产率的实证，整体结果支持"生产率悖论"现象的存在，即我国体育用品制造业非出口企业的生产率整体高于出口企业。就"生产率悖论"现象产生的原因，研究强调了三个方面："选择效应"的扭曲、（国际）"市场竞争"的扭曲和对初级要素的依赖。由此，作为企业异质性理论研究在中国情景下的延伸，本章又从需求侧出发进一步实证研究我国体育用品制造业企业升级与本国市场依存度、本国市场规模之间的关系。

实证研究的结果表明，以全要素生产率为代理变量的体育用品制造业企业升级与企业对本国市场依存度提高、国内市场规模扩大及消费升级存在正向关系。无论是基于整体样本回归还是以外商投资企业和内资企业分类分别回归实证，结果均显示，样本期内我国市场规模（内需）的增长以及消费升级对体育用品制造业企业全要素生产率提高（企业升级）能够起到促进作用。同期，体育用品制造业企业销售的本地市场偏好的提升（本国市场依存度提高）也同样能够促进企业全要素生产率的提高（企业升级）。从影响程度看，内资企业大于外资企业。

第六章　全球价值链背景下体育用品制造业企业的功能升级

　　克鲁格曼（Krugman，1991）曾指出：长期看，生产率几乎决定一切。企业的生产率和经营效率是企业升级的综合反映。而企业升级是一国产业升级和经济升级的微观基础。基于价值链视角，升级问题实际考察价值链中的厂商如何在链条不同环节之间进行"攀升"，是对价值链内部动态过程的刻画（Gereffi，1999；Humphrey 和 Schmidt，2002）。价值链升级的 HS 模式提出了四种序贯升级方式：工艺升级、产品升级、功能升级和价值链升级（产业间升级）（Humphrey 和 Schmitz，2002）。Kaplinsky 等（2002）则强调产业升级除了包括以技术创新驱动的产品和工艺改进之外，还应包括另外一种内涵，即在市场中为适应市场而获得和保持竞争优势。可见，企业之间生产效率、经营效率的高低就是"另外一种内涵"的体现。

　　功能升级是"价值链上的升级"，又被解释为价值链位置的升级，是企业价值链攀升的基本要义（余典范，2018）。从增加值角度看，功能升级是企业通过参与价值链上增加值更高的环节来实现升级；从"功能"角度看，是企业通过在价值链上获取新功能实现升级。依据"微笑曲线"，后发企业的价值链功能升级主要表现为由底部的加工制造环节向两端的开发、设计与品牌营销环节攀升；Hobday（1995）基于东亚新兴经济体（Newly Industrial Economics，NIEs）发展经验所提出的 OEM－ODM－OBM 的升级过程也体现了沿着代工制造到研发设计再到自有品牌经营的路径。徐娜（2017）认为功能升级通常体现在产品设计和营销创新所带来的高附加值和细分市场。罗斌（2010）则更简明地指出，购买者驱动的价值链主导者须拥有知名品牌和销售网络。Gereffi 等（2003）的研究认为，韩国之所以是东亚新型经济体中最成功进入 OBM 阶段的国家，其主要标志在于韩国产生了诸如"现代""三星"等一批在日本、北美、欧洲成功营销的自主品牌企业。刘志彪（2017）则指出，中国企业通过融入全球价值链和参与国际竞争学到了技术和管理技能，逐步掌握了经营世界市场和创建独立品牌的微观基础。

由此，中国企业逐步实现了产品升级、工艺升级，甚至一定的功能升级。

在讨论全球价值链治理模式时，杰里菲（Gereffi，2003）使用了"领导公司（企业）"的概念，并根据"领导公司"对价值链控制的程度，将全球价值链分为五种模式。杰里菲所提出的"领导公司"强调的是那些在价值链中起到"主导"作用的企业，即价值链"主导企业"。他认为基于全球价值链分析框架，从自下而上维度考察全球化经济的重点是强调全球产业的组织形式，关注点是每个产业中的"主导企业"。

虽然杰里菲并没有特别强调领导企业的生产效率问题，但在开放市场环境下，能起到价值链主导作用的企业，无论价值链的驱动类型是购买者驱动还是生产者驱动，通常情况下领导企业在生产率方面具有较大的优势，也即那些具有异质性的企业。这里的"领导企业"或"主导企业"显然与马歇尔（2005）使用过的"代表性企业"内涵不同。基于价值链视角，领导企业由于自身所形成和拥有的较高的效率、规模以及实力等异质能力使其具有能力构建和"主导"以其为核心的价值链，这种价值链从区域分布上划分，既可以是国内价值链（NVC），也可以是全球价值链（GVC）。同时，领导企业的技术和人力资本溢出，促进现有企业的生产工艺和产品升级。当然，领导企业通常也决定了以其为核心的价值链的规模和效率水平。

中国体育用品制造业企业经过改革开放40多年的发展，虽然在研发、设计和品牌经营方面取得了长足的进步，相当一批企业已经走出OEM生产阶段，但体育用品制造业的升级和发展仍面临较多的挑战，其中品牌培育欠缺、品牌影响力弱、科技含量低、产品同质化严重以及创新能力亟待增强是面临的主要挑战（吴建堂，2016；杜江静，2017；李加鹏和陈海春，2018）。领导企业是价值链条或生产网络的核心，一方面领导企业的自身发展对于产业升级有着关键的驱动和引领作用，另一方面领导企业也决定了价值链的整体水平。因此，研究我国体育用品制造业领导企业的价值链功能升级具有重要的现实意义。

本章的总体结构安排如下：第一节将采用DEA-Malmquist模型从静态和动态两个维度测算和比较中外体育用品制造业领导企业的全要素生产率。第二节采用CRS径向DEA模型和VRS径向DEA模型测度中国体育用品制造业领导企业的设计研发效率和变化趋势，并同国际领导企业进行对比研究，明确我国体育用品制造业领导企业在设计研发环节的升级状态和差距。同时对影响设计研发效率的主要影响因素进行实证分析。第三节将测度中国体育用品制造业领导企业的品牌营销效率和变化趋势，并与作为标杆的国外领导企业进行对比研究，进一步明确我国企业在品牌营销功能上的升级状态以及差距。第四节为典型案例，选取我国本土发展起来的最具代表性的两家体育用品企业进行有重点的研究。最后为小结。

第一节　中外体育用品制造业价值链
主导企业效率比较

一、价值链主导企业

在全球价值链（商品链）的分析框架下，杰里菲等（Gereffi 等，2003）提出了"领导公司"的概念，针对"领导公司"对价值链的控制程度不同，将全球价值链区分为五种关系（治理）模式：市场型、模块型、关系型、领导型和等级型。由于"领导公司"的提出强调的是对价值链的控制程度以及与价值链中其他厂商所形成的治理关系，因此"领导公司"又被称为价值链的"主导企业"。杰里菲（2017）认为，全球价值链分析框架中的一个重点就是要关注每个产业的"主导企业"，他强调，链条中企业之间的相互关系是由那些在链条中占有优势地位的企业所组织和控制的。价值链主导企业通常凭借自身在生产效率、技术、规模、品牌和营销等方面所具有的优势搭建和"主导"以其为核心的价值链。价值链主导企业的知识、技术和标准等的溢出效应促进涉链企业的生产工艺和产品升级。同时，领导企业通常也决定了以其为核心的价值链的整体效率水平和规模。另外，价值链主导企业为维护自身地位与较高的增加值收益，会对价值链的参与方的进一步升级采取控制举措。

不同效率水平的主导企业所主导的价值链之间，各链条的主要参与者通常存在明显差别，这一差别在一级供应商（或称为第一层级的供应商）层级显现得更为突出。基于供应商的角度，我们通常可以通过涉链供应商所在的价值链（供应链）主导企业的效率水平来判断涉链供应商的整体经营效率和相关实力。反之，从特定供应链参与企业的效率状况、技术实力也可以对该价值链的主导企业的效率水平有大致的判断。根据杰里菲等（Gereffi 等，1994）对全球价值链驱动力的分类，体育用品制造业大致属于采购商驱动模式。国际领导企业（如耐克、阿迪达斯等）在我国国内的一级供应商通常情况下与本土领导企业的一级供应商交集较少。以"申洲国际"为例，它是一家大型的集织染、印绣花、裁、缝工序深度一体化上市企业，是当前非常有代表性的针织运动服装供应商，在针织品类研发方面也拥有较强的实力，并且已经在柬埔寨和越南投资设厂。2016 年"申洲国际"约 65% 的营收来自运动类服装收入，而其中九成以上是为耐克、阿迪达斯、彪马等国际品牌提供 OEM 和 ODM 服务。

本节将采用数据包络分析方法和面板数据模型的 Malmquist 全要素生产率指数模型对中外体育用品制造业领导企业的效率进行测算和比较。

二、样本企业及数据说明

(一) 样本企业 (决策单元, DMU)

本部分所讨论的领导企业或价值链主导企业是指那些在经营实力、规模、效率, 甚至品牌营销方面具有行业代表性的体育用品制造业企业, 包括运动鞋、运动服装和运动用品企业。研究选择的国内企业来自体育用品制造业的上市公司, 这样选择的一个主要原因在于受限于上市的门槛要求, 在我国能够成功上市的企业通常具有行业领导企业的特质。国外企业主要选择在体育用品领域经营历史较长、经营规模较大且在中国市场开展正规业务经营、品牌知名度较高的上市企业。总体而言, 目前国内体育用品制造业上市企业数量还比较有限, 剔除那些上市时间过短或较早退市的企业, 共选择了 13 家上市公司, 其中包括 6 家在中国香港上市, 7 家在上海、深圳上市。在本土企业中, "申洲国际" 是一家以 OEM 和 ODM 为主要经营模式的企业。选择它的主要原因在于, "申洲国际" 已经成为针织类服装供应商中的领先企业, 其为多家国际体育用品企业供货, 2016 年运动类服装产品的收入已经占到总营收的 65%, 因此可以归属为体育用品制造业企业进行研究。同时 "申洲国际" 仍以定牌加工模式为主, 在经营模式上与其他体育用品制造业领导企业不同, 可以作为定牌加工经营模式的代表企业。另外选择了 4 家国外上市企业, 其中, 耐克和安德玛创立于美国, 阿迪达斯创立于德国, 亚瑟士创立于日本。国内体育鞋服配件类上市企业的经营地域范围以国内市场为主, 运动器材类企业除了 "舒华" 以内销为主外, 其他企业的出口销售高于内销所占比例。国外企业除了 "安德玛" 目前在北美的销售占比高于其他国际市场以外, 其他 3 家企业的国际市场销售占比均高于国内 (或母国所在周边区域) 市场销售占比。表 6 - 1 为样本企业的简要介绍。

表 6 - 1 样本企业情况简介一览表

序号	企业中文简称及证券代码	上市年份及地点	主营业务	主营品牌	销售区域
1	李宁 (02331)	2004 年 香港	体育鞋、服、配件设计、制造及销售	"李宁" 品牌等	国内 (中国) 销售为主
2	安踏体育 (02020)	2007 年 香港	体育鞋、服、配件设计、制造及销售	"安踏" (Anta) 及 "FILA" (斐乐) 品牌等	国内 (中国) 销售为主; FILA 品牌仅在中国区拥有品牌权利

续表

序号	企业中文简称及证券代码	上市年份及地点	主营业务	主营品牌	销售区域
3	特步国际（01368）	2008 年香港	体育鞋、服、配件设计、制造及销售	"特步"品牌	国内（中国）销售为主
4	361 度（01361）	2009 年香港	体育鞋、服、配件设计、制造及销售	"361 度"品牌等	国内（中国）销售为主
5	中国动向（03818）	2007 年香港	体育鞋、服、配件设计、制造及销售	"Kappa"（卡帕）品牌和 Phenix（菲尼克斯）品牌（以日本市场为主）等	主要销售地区为国内和日本。2016 年国内销售约占总营收的 75%，日本地区销售约占 25%。Kappa 品牌的所有权区域为中国大陆和日本
6	探路者（300005）	2009 年深圳	体育户外鞋、服、配件及其他用品的设计、制造及销售	"探路者"品牌等	国内（中国）销售为主
7	贵人鸟（603555）	2014 年上海	体育鞋、服、配件设计、制造及销售	"贵人鸟"（Guiren-niao）品牌等	国内（中国）销售为主
8	信隆健康（002105）	2007 年深圳	运动器材、康复辅助器材、自行车零配件等制造和销售	"ZOOM"（信隆）品牌	以出口销售为主，2016 年出口销售占营收的约 61%
9	浙江永强（002489）	2010 年深圳	户外用品、休闲用品、遮阳用品等制造和销售及旅游服务	"YOTRIO"（永强）品牌	以出口销售为主，2016 年对外收入占营收的约 89%
10	英派斯（002899）	2017 年深圳	各种室内健身器材、保健器材、运动器材	"英派斯"（Im-pulse）品牌	以出口销售为主，2016 年国外销售约占营收的 67%
11	舒华股份（839064）	2016 年中小股份（新三板）2017 年退市	跑步机、各类健身器械等运动器材的研发、制造与销售	"舒华"（SHUA）品牌	国内（中国）销售为主

续表

序号	企业中文简称及证券代码	上市年份及地点	主营业务	主营品牌	销售区域
12	申洲国际（02313）	2005 年香港	集织布、染整、印绣花、裁剪与缝制工序于一体的纵向一体化针织服装代工企业	OEM 和 ODM 业务为主，开始尝试自创品牌	以为国际品牌（Nike、Adias、Puma、Uniqlo 等）供应针织类服装产品为主。2016 年，国际销售占总营收的 76%，国内销售约占 24%。其中，运动类服装收入约占总营收的 65%，休闲类约占 26%
13	耐克（NIKE）	1980 年美国纽约（NYSE）	体育鞋、服和配件类产品的设计、制造及销售	NIKE（耐克）、Converse（匡威）等	以国际销售为主，2016 年美国国内销售约占总营收的 46%
14	阿迪达斯（ADS）	1995 年德国	体育鞋、服和配件类产品的设计、制造及销售	Adidas（阿迪达斯）、Reebok（锐步）等	以国际销售为主，2016 年西欧销售约占总营收的 27%
15	安德玛（UARM）	2005 年美国纽约（Nasdaq）	体育鞋、服和配件类产品的设计、制造及销售	Under Armour（安德玛）品牌	以美国国内销售为主，国际业务扩展较快。2016 年北美销售约占总营收的 83%
16	亚瑟士（7936）	1999 年东京	体育鞋、服和配件类产品的设计、制造及销售	ASICS（亚瑟士）Onitsuka Tiger（鬼冢虎）品牌	以国际销售为主，2016 年日本销售约占总营收的 30%

资料来源：各公司官方介绍及相关年报。

（二）数据和指标说明

研究选择 2007~2016 年样本企业数据，主要原因有两点：一是根据多数国内体育用品制造业上市企业的 IPO 时间；二是考虑到 2008 年开始并逐步席卷全球的金融危机，选择 2007 年开始可以在一定程度上做前后比较。

数据包络分析方法的 DEA 模型是以企业（决策单元，DMU）的投入、产出作为构建模型的基础，根据相关研究较为普遍选择的主要指标和数据的可获得性，本书选择的投入指标为：总资产和主营业务成本；产出指标为：主营收入和净利润。同时，由于 DEA 模型是基于生产可能集理论的线性规划方法，生产可能集是 DMU 的线性组合，从理论上说，DEA 模型中的投入和产出指标必须是可以线性相加的，应避免"率（或比例）"数据的使用（Emrouznejad A. 和 Amin，

2009）。因此，本部分研究采用绝对数指标。指标数据均来自各样本企业年度财务报告书。国外企业经营数据均由其年报本币（美元、欧元和日元）按年度平均汇率折算为人民币。

在采用 DEA 模型时，决策单元（DMU）的数量与投入和产出指标数量存在一定的关系，一般情况下，DMU 的数量不应该少于投入和产出指标数量的乘积，同时不少于投入和产出指标数量和的 3 倍（Cooper 等，2007），因此本节在选定投入和产出指标的条件下，DMU 的数量应不少于 12 个。本节的研究选择了 16 家中外企业。具体测算借助数据包络分析软件（MaxDEA）完成。

三、静态效率测度与评价

首先采用数据包络分析方法的 CRS 径向 DEA 模型和 VRS 径向 DEA 模型测算样本企业各年度的综合技术效率、纯技术效率和规模效率。考虑到产出指标（如利润）有可能存在出现负值的情况，因此选择投入导向模型。

（一）综合技术效率中外企业比较

表 6-2 中数据显示了中外样本企业 2007～2016 年各年度的综合技术效率（TE）均值。从各年度的综合技术效率均值看，国外样本企业整体效率均值明显高于国内企业。

表 6-2 中外样本企业年度 TE 均值测算结果

年份	2007	2008	2009	2010	2011	2012	2013	2014	2015	2016
中国企业	0.821	0.914	0.866	0.885	0.910	0.850	0.872	0.861	0.879	0.871
国外企业	0.948	0.961	0.937	0.928	0.959	0.968	0.975	0.969	0.976	0.980

注：表中中外企业综合技术效率值为各年度该类企业的均值。

基于表 6-2 数据绘制的图 6-1 提供了更为直观的中外企业综合技术效率结果的比较，国内企业整体效率均值连线明显处于国外企业效率均值连线的下方。两类样本企业综合技术效率均值在 2007～2010 年均呈明显的先降后升的"U"形走势，反映出 2008 年金融危机所带来的经济下行冲击以及之后的逐渐恢复。但综合技术效率走势图同时反映出另一个特征：国外样本企业的效率均值在经过 2007～2010 年的"U"形阶段后呈现缓慢但稳定的上升，且 2012 年（含）之后均高于 2008 年危机发生前的效率水平；而与此同时的国内企业在经历 2007～2010 年的"U"形调整过程后接着又出现效率均值的快速下滑，形成一个"V"字形，2012 年之后进入一个较为平稳的区间，但直到 2016 年仍没有达到 2008 年前的效率均值水平。国内的研究多数只涉及了体育用品制造业 2010～2012 年的

"V"字形阶段的描述和分析，但却很少涉及 2008～2010 年的"U"形变化。就样本企业整体的综合技术效率而言，虽然中外企业均受到 2008 年金融危机的冲击，但国外样本企业的抵御冲击和抗风险能力和恢复增长的能力明显高于国内样本企业的整体水平。

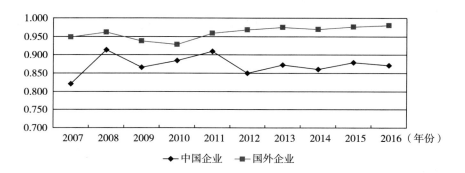

图 6 - 1　中外样本企业 TE 均值对比

（二）纯技术效率中外企业比较

中外样本企业各年度的纯技术效率（PTE）均值如表 6 - 3 所示。从各年度的纯技术效率均值看，国外样本企业 PTE 均值明显高于国内企业。

表 6 - 3　中外样本企业年度 PTE 均值测算结果

年份	2007	2008	2009	2010	2011	2012	2013	2014	2015	2016
中国企业	0.840	0.926	0.946	0.937	0.936	0.936	0.917	0.911	0.917	0.908
国外企业	0.987	0.989	1.000	0.989	0.982	0.980	0.975	0.977	0.976	0.981

如图 6 - 2 所示，国内样本企业整体效率均值连线明显处于国外企业效率均值连线的下方。两类企业的纯技术效率均值在 2007～2008 年呈上升态势，但进入 2009 年则出现逐步下降的趋势。相比较而言，国外样本企业下降幅度平缓并且 2013 年之后出现恢复态势，而国内企业下降幅度较之国外样本企业较深，至 2016 年仍无明显回升趋势。

（三）规模效率中外企业比较

根据数据包络分析方法的原理，规模效率（SE）实际是综合技术效率和纯技术效率的比值。具体测算数据如表 6 - 4 所示。2007 年、2008 年以及 2010 年的国内样本企业的规模效率均值略高于国外样本企业的规模效率均值，其他年份则均低于国外样本企业的规模效率均值。

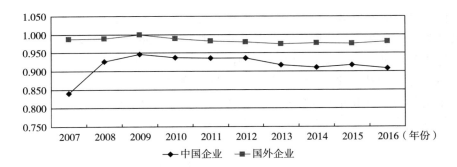

图 6-2　中外样本企业 PTE 对比

表 6-4　中外样本企业年度 SE 均值测算结果

年份	2007	2008	2009	2010	2011	2012	2013	2014	2015	2016
中国企业	0.977	0.987	0.915	0.946	0.969	0.910	0.951	0.947	0.959	0.960
国外企业	0.960	0.971	0.937	0.937	0.977	0.988	1.000	0.992	1.000	0.999

图 6-3 基于表 6-4 数据绘制，其更直观地显示中外样本企业在 2008~2010 年规模效率都出现了一次下降探底的过程，但国内样本企业更接近于 "V" 形，而国外企业则是 "U" 形。随后，国外样本企业 SE 均值呈稳步且小幅上升趋势，但国内样本企业在 2011~2013 年 SE 均值又出现了一次 "V" 形探底，2014 年之后呈缓慢上升，但没有恢复到 2008 年之前的水平。而且 2010 年之后中外样本企业整体规模效率出现较明显的差距，截至 2016 年没有明显的收敛。

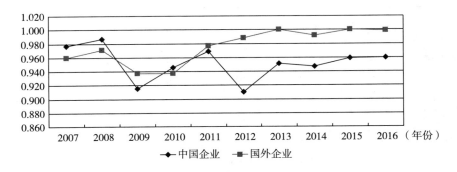

图 6-3　中外样本企业 SE 对比

四、动态效率测度与评价

以上采用数据包络分析方法是基于技术效率概念、针对某一时间的生产技术而言。为了考察在一个长期连续动态的过程中生产率的变动情况以及技术效率和技术进步各自对生产率变动所起的作用，就需要面板数据模型，接下来将采用 Malmquist 全要素生产率（*TFP*）指数模型进行测度和分析。

采用 DEA_ Malmquist 模型测算的国内样本企业和国外样本企业全要素生产率指数变动及相关分解指数变化值，如表 6 – 5 和表 6 – 6 所示。

表 6 – 5　国内样本企业 TFP 变动

年度	技术效率变化	技术变化	纯技术效率变化	规模效率变化	TFP 指数	TFP 增长率（%）
2008/2007	1. 143	0. 962	1. 129	1. 011	1. 093	9. 275
2009/2008	0. 964	1. 046	1. 016	0. 949	1. 011	1. 057
2010/2009	1. 030	1. 001	0. 993	1. 039	1. 030	3. 035
2011/2010	1. 029	0. 951	1. 003	1. 026	0. 980	− 2. 030
2012/2011	0. 940	1. 009	1. 000	0. 941	0. 950	− 5. 015
2013/2012	1. 033	0. 970	0. 973	1. 067	0. 999	− 0. 080
2014/2013	0. 994	1. 000	0. 991	1. 004	0. 995	− 0. 529
2015/2014	1. 024	1. 007	1. 009	1. 016	1. 029	2. 943
2016/2015	0. 997	0. 980	0. 995	1. 002	0. 978	− 2. 234
均值	1. 016	0. 992	1. 011	1. 005	1. 006	0. 640

表 6 – 6　国外样本企业 TFP 变动

年度	技术效率变化	技术变化	纯技术效率变化	规模效率变化	TFP 指数	TFP 增长率（%）
2008/2007	1. 014	0. 979	1. 003	1. 011	0. 993	− 0. 699
2009/2008	0. 975	1. 004	1. 011	0. 965	0. 979	− 2. 131
2010/2009	0. 990	1. 001	0. 989	1. 001	0. 991	− 0. 891
2011/2010	1. 035	0. 980	0. 992	1. 043	1. 014	1. 352
2012/2011	1. 010	1. 015	0. 998	1. 012	1. 026	2. 568
2013/2012	1. 007	0. 981	0. 994	1. 012	0. 988	− 1. 191
2014/2013	0. 994	1. 004	1. 002	0. 993	0. 999	− 0. 146

续表

年度	技术效率变化	技术变化	纯技术效率变化	规模效率变化	TFP 指数	TFP 增长率（%）
2015/2014	1.007	1.011	0.999	1.008	1.018	1.765
2016/2015	1.005	0.992	1.006	0.999	0.997	−0.294
均值	1.004	0.996	0.999	1.005	1.000	0.026

国内样本企业在 2007~2016 年 TFP 的平均增长率为 0.64%。其中，技术变化均值为 0.992，降低 0.8% 左右，拖累了全要素生产率的进一步提升，而技术效率和纯技术效率的均值分别提升了 1.6% 和 1.1%，对 TFP 的提升贡献较大。

国外样本企业的年度 TFP 的平均增长率为 0.026%。其中，技术变化均值为 0.996，降低 0.004 左右，纯技术变化率降低了 0.001 左右，拖累了全要素生产率的进一步提升；而技术效率和规模效率的均值分别提升了 0.4% 和 0.5%，是 TFP 提升的主要推动因素。

比较国内样本企业和国外样本企业 TFP 增长率的均值发现，国内样本企业 TFP 增长率要明显高于国外样本企业的增长率（高出 0.6 个百分点）。这说明 2007~2016 年，国内体育用品制造业样本企业的 TFP 增长率相比国外（国际）体育用品制造业样本企业的总体提升更快。但是从波动幅度看（见图6-4），国外体育用品制造业领导企业的 TFP 年度增长率相对平稳得多。这从一个角度说明相较国内样本企业，国外企业在经营的稳健性、抗风险性，以及应对经济运行负面冲击的综合能力明显优于国内样本企业。

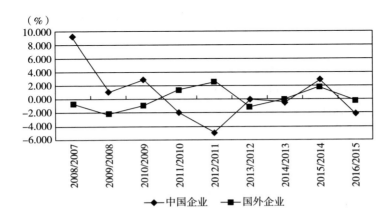

图6-4 中外样本企业 TFP 增长率对比

五、中外样本企业全要素生产率指数变动：基于样本个体

为了进一步考察个体样本的差异性，以下将测算和分析样本企业个体 TFP 指数变动情况，具体测算结果如表 6 – 7 所示。该表汇总了全部 16 家样本企业 2007 ~ 2016 年 TFP 指数及其分解指数的年度变动情况和期间变动均值。

表 6 – 7　样本企业 TFP 指数变动

企业名称	年度	技术效率变化	技术变化	纯技术效率变化	规模效率变化	TFP 指数	TFP 增长率（%）
李宁	2008/2007	1.000	0.998	1.000	1.000	0.998	- 0.153
	2009/2008	1.000	1.000	1.000	1.000	1.000	0.000
	2010/2009	1.000	0.987	1.000	1.000	0.987	- 1.260
	2011/2010	0.957	0.955	0.957	1.000	0.914	- 8.596
	2012/2011	0.860	1.014	0.871	0.988	0.872	- 12.803
	2013/2012	1.102	0.990	1.093	1.008	1.090	9.049
	2014/2013	1.014	0.995	1.010	1.003	1.008	0.843
	2015/2014	0.955	1.052	0.977	0.977	1.004	0.421
	2016/2015	1.116	0.973	1.094	1.020	1.086	8.590
	均值	0.998	0.996	0.998	1.000	0.993	- 0.658
安踏	2008/2007	1.277	1.012	1.245	1.025	1.292	29.223
	2009/2008	1.000	1.087	1.000	1.000	1.087	8.707
	2010/2009	1.000	1.040	1.000	1.000	1.040	3.971
	2011/2010	1.000	0.984	1.000	1.000	0.984	- 1.557
	2012/2011	0.922	0.933	1.000	0.922	0.860	- 13.968
	2013/2012	1.006	1.073	1.000	1.006	1.079	7.896
	2014/2013	1.078	1.052	1.000	1.078	1.134	13.406
	2015/2014	1.000	1.032	1.000	1.000	1.032	3.198
	2016/2015	1.000	1.016	1.000	1.000	1.016	1.595
	均值	1.027	1.024	1.025	1.003	1.053	5.264
特步	2008/2007	0.870	0.957	0.872	0.998	0.833	- 16.742
	2009/2008	1.044	1.049	1.067	0.979	1.095	9.542
	2010/2009	1.025	1.018	1.016	1.009	1.044	4.377
	2011/2010	1.018	0.958	1.005	1.013	0.976	- 2.448

续表

企业名称	年度	技术效率变化	技术变化	纯技术效率变化	规模效率变化	TFP 指数	TFP 增长率（%）
特步	2012/2011	0.874	1.022	1.031	0.848	0.894	−10.619
	2013/2012	1.009	0.982	0.923	1.093	0.991	−0.917
	2014/2013	1.020	0.989	0.945	1.079	1.009	0.883
	2015/2014	1.008	1.031	1.021	0.987	1.039	3.884
	2016/2015	1.038	0.969	1.038	1.000	1.005	0.520
	均值	0.987	0.997	0.989	0.998	0.984	−1.581
361度	2008/2007	1.436	0.871	1.334	1.076	1.251	25.100
	2009/2008	0.906	1.117	0.918	0.986	1.011	1.150
	2010/2009	1.217	1.012	1.199	1.015	1.231	23.133
	2011/2010	1.010	0.967	1.000	1.010	0.977	−2.309
	2012/2011	0.815	1.000	0.955	0.854	0.815	−18.451
	2013/2012	1.013	0.982	0.873	1.161	0.995	−0.487
	2014/2013	1.029	0.992	1.022	1.007	1.020	2.047
	2015/2014	0.963	1.049	0.977	0.985	1.010	0.996
	2016/2015	1.056	0.956	1.050	1.006	1.010	0.991
	均值	1.037	0.992	1.028	1.008	1.028	2.831
中国动向	2008/2007	1.000	1.000	1.000	1.000	1.000	0.000
	2009/2008	1.000	1.000	1.000	1.000	1.000	0.000
	2010/2009	1.000	0.991	1.000	1.000	0.991	−0.923
	2011/2010	0.975	0.780	0.979	0.996	0.761	−23.902
	2012/2011	1.019	1.052	1.022	0.997	1.071	7.146
	2013/2012	1.007	0.987	1.000	1.007	0.994	−0.628
	2014/2013	1.000	1.047	1.000	1.000	1.047	4.727
	2015/2014	1.000	1.000	1.000	1.000	1.000	0.000
	2016/2015	1.000	1.025	1.000	1.000	1.025	2.510
	均值	1.000	0.984	1.000	1.000	0.984	−1.639
探路者	2008/2007	1.027	0.995	1.000	1.027	1.022	2.203
	2009/2008	0.897	1.001	1.000	0.897	0.898	−10.200
	2010/2009	1.059	1.006	1.000	1.059	1.065	6.544
	2011/2010	1.124	0.902	1.000	1.124	1.014	1.404

企业名称	年度	技术效率变化	技术变化	纯技术效率变化	规模效率变化	TFP 指数	TFP 增长率（%）
探路者	2012/2011	1.000	1.070	1.000	1.000	1.070	6.954
	2013/2012	1.000	1.000	1.000	1.000	1.000	0.000
	2014/2013	1.000	0.991	1.000	1.000	0.991	-0.919
	2015/2014	1.000	0.984	1.000	1.000	0.984	-1.621
	2016/2015	0.724	0.942	0.752	0.962	0.682	-31.821
	均值	0.975	0.987	0.969	1.006	0.962	-3.812
贵人鸟	2010/2009	1.235	0.952	1.000	1.235	1.177	17.652
	2011/2010	1.143	1.043	1.000	1.143	1.193	19.288
	2012/2011	1.000	0.986	1.000	1.000	0.986	-1.425
	2013/2012	0.948	0.951	0.997	0.952	0.902	-9.850
	2014/2013	0.899	0.986	0.860	1.045	0.886	-11.374
	2015/2014	1.037	1.021	1.081	0.959	1.059	5.906
	2016/2015	0.930	0.970	0.910	1.021	0.902	-9.828
	均值	1.021	0.987	0.976	1.047	1.008	0.776
信隆健康	2008/2007	1.141	0.986	1.160	0.984	1.126	12.550
	2009/2008	0.776	1.018	1.015	0.764	0.789	-21.053
	2010/2009	1.085	1.004	1.101	0.985	1.089	8.869
	2011/2010	0.859	1.011	0.877	0.980	0.868	-13.188
	2012/2011	1.106	0.991	1.108	0.999	1.096	9.557
	2013/2012	1.010	0.932	0.841	1.201	0.941	-5.924
	2014/2013	1.081	0.997	1.102	0.981	1.078	7.765
	2015/2014	0.997	0.958	0.909	1.096	0.955	-4.485
	2016/2015	1.020	0.946	1.044	0.977	0.965	-3.473
	均值	1.001	0.982	1.011	0.990	0.983	-1.662
浙江永强	2008/2007	1.134	0.986	1.146	0.990	1.119	11.864
	2009/2008	0.978	1.005	1.070	0.914	0.983	-1.673
	2010/2009	0.870	1.008	0.795	1.094	0.877	-12.308
	2011/2010	1.044	0.934	1.037	1.007	0.974	-2.561
	2012/2011	0.943	1.043	0.972	0.970	0.983	-1.667
	2013/2012	1.032	0.982	1.001	1.031	1.013	1.286

续表

企业名称	年度	技术效率变化	技术变化	纯技术效率变化	规模效率变化	TFP 指数	TFP 增长率（%）
浙江永强	2014/2013	0.967	0.985	0.963	1.004	0.953	-4.718
	2015/2014	1.063	1.006	1.088	0.977	1.069	6.871
	2016/2015	1.066	0.966	1.064	1.002	1.030	3.015
	均值	1.008	0.990	1.010	0.998	0.998	-0.203
英派斯	2014/2013	1.013	0.988	1.000	1.013	1.000	0.181
	2015/2014	1.182	0.957	0.999	1.182	1.132	13.251
	2016/2015	0.997	0.976	0.999	0.997	0.973	-2.645
	均值	1.061	0.974	1.000	1.061	1.034	3.370
舒华股份	2015/2014	1.114	0.969	1.053	1.058	1.079	7.923
	2016/2015	0.968	1.000	0.984	0.984	0.968	-3.198
	均值	1.039	0.984	1.018	1.021	1.022	2.211
申洲国际	2008/2007	1.403	0.851	1.402	1.001	1.194	19.430
	2009/2008	1.078	1.141	1.078	1.000	1.230	23.037
	2010/2009	0.810	0.991	0.814	0.995	0.803	-19.708
	2011/2010	1.161	0.978	1.178	0.986	1.136	13.571
	2012/2011	0.864	0.985	1.043	0.828	0.851	-14.871
	2013/2012	1.209	0.817	1.000	1.209	0.988	-1.221
	2014/2013	0.827	0.984	1.000	0.827	0.813	-18.665
	2015/2014	0.967	1.023	1.000	0.967	0.990	-1.034
	2016/2015	1.048	1.021	1.000	1.048	1.069	6.938
	均值	1.025	0.973	1.047	0.979	0.997	-0.339
耐克	2008/2007	0.994	0.986	1.000	0.994	0.980	-1.992
	2009/2008	0.952	1.012	1.000	0.952	0.964	-3.580
	2010/2009	0.998	0.952	1.000	0.998	0.950	-4.957
	2011/2010	1.012	1.016	1.000	1.012	1.028	2.788
	2012/2011	1.071	1.027	1.000	1.071	1.099	9.945
	2013/2012	1.000	0.933	1.000	1.000	0.933	-6.686
	2014/2013	1.000	1.026	1.000	1.000	1.026	2.621
	2015/2014	1.000	1.000	1.000	1.000	1.000	0.000
	2016/2015	1.000	1.062	1.000	1.000	1.062	6.213
	均值	1.003	1.001	1.000	1.003	1.004	0.354

续表

企业名称	年度	技术效率变化	技术变化	纯技术效率变化	规模效率变化	TFP 指数	TFP 增长率（%）
阿迪达斯	2008/2007	1.035	0.981	1.000	1.035	1.016	1.561
	2009/2008	0.950	1.002	1.000	0.950	0.951	-4.897
	2010/2009	1.011	1.025	1.000	1.011	1.037	3.656
	2011/2010	1.053	0.950	1.000	1.053	1.001	0.050
	2012/2011	0.991	1.020	1.000	0.991	1.011	1.119
	2013/2012	1.026	0.997	1.000	1.026	1.023	2.333
	2014/2013	0.972	0.996	1.000	0.972	0.968	-3.211
	2015/2014	1.029	1.053	1.000	1.029	1.084	8.396
	2016/2015	1.000	0.976	1.000	1.000	0.976	-2.408
	均值	1.007	1.000	1.000	1.007	1.007	0.663
安德玛	2008/2007	1.000	0.973	1.000	1.000	0.973	-2.744
	2009/2008	1.000	1.000	1.000	1.000	1.000	0.000
	2010/2009	1.000	1.004	1.000	1.000	1.004	0.357
	2011/2010	1.000	1.000	1.000	1.000	1.000	0.000
	2012/2011	1.000	0.999	1.000	1.000	0.999	-0.088
	2013/2012	1.000	1.000	1.000	1.000	1.000	0.000
	2014/2013	1.000	1.000	1.000	1.000	1.000	0.000
	2015/2014	1.000	0.971	1.000	1.000	0.971	-2.930
	2016/2015	1.000	0.965	1.000	1.000	0.965	-3.549
	均值	1.000	0.990	1.000	1.000	0.990	-1.006
亚瑟士	2008/2007	1.028	0.976	1.011	1.017	1.004	0.378
	2009/2008	0.999	1.001	1.045	0.956	1.000	-0.049
	2010/2009	0.951	1.024	0.957	0.993	0.974	-2.621
	2011/2010	1.074	0.955	0.969	1.108	1.026	2.570
	2012/2011	0.979	1.014	0.993	0.985	0.993	-0.704
	2013/2012	1.001	0.995	0.978	1.024	0.996	-0.411
	2014/2013	1.006	0.994	1.008	0.999	1.000	0.005
	2015/2014	0.998	1.018	0.996	1.002	1.016	1.594
	2016/2015	1.020	0.966	1.023	0.997	0.986	-1.430
	均值	1.006	0.994	0.997	1.008	0.999	-0.085

注：贵人鸟、英派斯、舒华股份三家企业由于上市时间较晚，部分年度的数据缺失，为非平衡面板数据。

资料来源：笔者测算。

就 TFP 均值而言，各样本企业表现差异性较大，国内样本企业（见图 6-5）

与国外的 4 家样本企业全要素增长率均值比较接近，阿迪达斯（0.663%）和耐克（0.354%）表现为正的增长率，另外 2 个国外样本企业平均增长率为负。国内的 12 家样本企业中既有平均增长率最高的安踏（5.264%），也包括平均增长率下降最大的探路者（-3.812%）。12 家国内样本企业中有 7 家企业平均增长率为负，占比近 60%。平均增长率为正的有 5 家企业，其中安踏、361 度和舒华股份的平均增长率位列前 3，且均超过 2%。

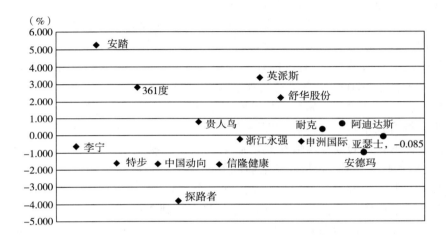

图 6-5 样本企业 TFP 均值变动

全要素生产率增长率均值提升最高的安踏公司在技术效率均值、技术水平均值、纯技术效率均值、规模效率均值等分解指标方面均有不同程度的提升。在所有分解指标上均有上升或保持的两家公司均为国外样本企业：耐克和阿迪达斯。但是，安踏公司全要素生产率年度增长率的方差为 122，耐克公司的方差则为 26，后者的变动更加平缓，体现了整体经营的稳健。

六、研究结论

价值链主导企业是价值链分析中的一个重要关注点，原因在于价值链主导企业实际上与价值链组织形式紧密相关，并很大程度上决定了价值链组织形式的治理模式。产业的领导企业通常是价值链的主导企业。从产业升级和生产率的角度看，领导企业（价值链主导企业）的效率水平既影响着"涉链企业"整体的效率水平，又是所在产业或价值链升级水平的体现。因此，本节选择中、外体育用品制造业 16 家领导企业为样本企业。由于体育用品制造业领域国外主要领导企业代表了该产业的国际前沿水平，同时，这些领导企业为代表的跨国公司是体育用品制造业全球价值链的主要驱动力量和治理势力，因此将这些具有长期全球化经营背景的跨国公司作为标杆（Bench Mark）可以更好地了解和评估我国本土体育用品制造业领导企业的升级状况。

本节涉及的 16 家中外体育用品制造业企业均为体育用品制造业的上市公司，并选取 2007～2016 年的年报数据（3 家企业的数据期少于 10 年）。分别采用数据包络 DEA 模型和基于数据包络原理的 Malmquist 全要素生产率指数模型进行中外企业效率的静态和动态测算与对比分析。

从两类样本企业整体静态测算结果看，国内样本企业样本期各年度的综合技术效率均值、纯技术效率均值和规模效率均值都低于国外样本企业（规模效率在个别年份情况有所差异）。且国内样本企业各效率指标的年度变化波动幅度远大于国外样本企业。2008 年金融危机所引起的全球性经济下行冲击对中外样本企业的后续影响存在差异。如综合技术效率测算结果显示，虽然两类企业（中外样本企业）综合技术效率均值在 2007～2010 年均呈明显的先降后升的"U"形走势，国外样本企业的效率均值在此之后呈现缓慢但稳定的上升走势，且 2012 年（含）之后均高于 2008 年危机发生前的效率水平；国内样本企业在经历 2007～2010 年的"U"形调整过程后接着又出现一个"V"形调整阶段，2012 年之后进入一个较为平稳的区间，但直到 2016 年仍没有达到 2008 年前的效率均值水平。

从两类样本企业动态测算结果看，2007～2016 年，国内样本企业的年度全要素生产率的平均增长率为 0.64%，要高于国外企业样本平均增长率（0.026%）。表明研究期内国内体育用品制造业领导企业的全要素生产率增长率相比国际领导企业总体提升更快。但国内体育用品制造业领导企业全要素生产率年度增长率波动幅度较国际领导企业明显较大。同时，国内样本企业虽然在技术效率变化均值和纯技术效率变化均值方面高于国外样本企业，但在代表技术创新能力和前沿水平的技术变化均值上却低于国外样本企业的整体水平。

从样本企业个体全要素生产率指数测算结果看，各样本企业表现差异性较大，这种较大的差异性在国内样本企业之间表现得更为明显和突出。国外的样本企业全要素增长率均值比较接近。国内样本企业安踏的全要素生产率指数的平均增长率最高（5.264%），而整体样本企业中平均增长率下降最大的来自国内样本企业的探路者（－3.812%）。国内样本企业中平均增长率为负的占比近 60%。以安踏和耐克为例，前者虽然全要素生产率指数的平均增长率最高，但其年度间波动幅度远大于后者。

通过对中外体育用品制造业领导企业效率和全要素生产率指数的测算与对比分析，可以至少得到以下研究结论：

首先，研究期内，我国体育用品制造业领导企业总体上升级显著，同时在个体方面存在较大的差异，即升级效果的异质性明显。

其次，我国体育用品制造业企业的主要效率指标仍总体低于国外样本企业，而且差距较为明显。对比分析的结果说明我国的领导企业在效率提升（特别是综合技术效率、纯技术效率）和增强技术创新水平方面仍需进一步升级，以便较快地缩小与产业标杆企业的差距。

最后，我国体育用品领导企业在效率指标上呈现大幅波动的特点，这一方面体现了我国行业领导企业在升级方面不断努力所表现出的"活力"；另一方面暴露了我国企业整体经营稳健性方面的欠缺、抵抗风险的能力较弱，特别是在应对经济下行冲击方面的经验与能力不足。这从另一个角度说明持续升级离不开综合管理能力的不断提升。

第二节　价值链主导企业的功能升级：基于设计与研发效率

根据 Humphrey 和 Schmitz（2002）基于企业的视角提出了四种序贯升级方式（HS 模式），其中功能升级是指企业在价值链上获取新的功能而实现的升级，如从单纯的加工和制造环节到有能力自行设计和研发以及拥有自主知识产权的品牌进行品牌经营等。从 OEM 到 ODM 或者 OBM 主要体现的就是企业价值链的功能升级。而微笑曲线则更直观地刻画了企业价值链功能升级，即从微笑曲线的底部向上游的设计研发和下游的品牌与营销环节攀升，因此功能升级也被称为价值链上的"位置升级"。余典范（2018）认为，功能升级是企业价值链升级的要义所在。功能升级通常与更高的生产率（效率）相关，原因在于攀升到价值链上更高增加值环节往往需要具有更高技能（Nadim Ahmad 和 AnnaLisa Primi，2018）

我国绝大多数体育用品制造业企业是从 OEM 模型发展起来的，以目前已经成为具有相当规模的上市企业安踏、361 度、贵人鸟股份、特步、匹克等体育用品制造业的领导企业为例，它们无一不是起家于提供贴牌生产的代工企业。经过二三十年的发展，它们目前已经不仅拥有自己的设计和研发团队，而且已经实现了自主品牌的业务模式，国内的零售店铺规模已经达到从 3000 多家到逾万家不等，在国内一定层级的市场上具有较高的市场占有率。但是，就体育用品制造业企业整体而言，《中国经济普查年鉴》（2013）的数据显示，我国运动用品制造业企业（规模以上）中有研发活动的企业占比 13.2%，有研发机构的企业占比 10.54%。显然这个数据并不乐观，说明近九成的运动用品制造业企业仍停留在单纯的生产加工阶段。同时，有研发活动和拥有研发机构只是基于设计研发的功能升级前提，但功能升级的目的是获取新功能所应带来的高增加值（附加值）或高增加值率。因此，即使具有了设计研发的基本条件，但功能升级应该更关注的是设计研发的实际效率。只有设计研发的效率有竞争力才是有实际价值的功能升级的必要条件。

本节将基于效率的投入与产出角度，采用投入导向的 CRS 和 VRS 径向 DEA 模型对体育用品制造业价值链主导企业的设计与研发效率进行测度，并以国外企业为标杆对比分析国内企业的效率水平，明确设计研发端功能升级现状和进一步升级的方向。

一、样本企业与数据说明

（一）样本企业（决策单元，DMU）

第二节中出于研究的需要选择了 16 家中外体育用品制造业领导企业（价值链主导企业），所有企业均为在国内外资本市场上市的公众公司。通过对相关企业年报所涉及的具体财务数据、业务经营数据的分析，根据本节的研究需要首先在第二节中的 16 家公司中选择保留了 13 家中外体育用品制造业领导企业（李宁、安踏、361 度、中国动向、特步、探路者、贵人鸟、浙江永强和信隆健康 9 家国内企业和耐克、阿迪达斯、安德玛和亚瑟士 4 家国外企业）。另外补充了 2 家国内企业，分别是匹克和嘉麟杰（见表 6 - 8）。总计 15 家中外体育用品制造业领导企业（上市公司）作为样本企业。其他 12 家样本企业的基本信息如表 6 - 1 所示。研究选择的阶段为 2010 ~ 2016 年①。

表 6 - 8　增补样本企业简介

企业中文简称及证券代码	上市年份及地点	主营业务	主营品牌	销售区域
匹克（01968）	2009 年香港（2016 年退市）	体育鞋、服和配件类产品的设计、制造及销售	匹克（PEAK）品牌	以国内市场销售为主，2015 年国内市场销售约占营收的 79%，出口约占 21%
嘉麟杰（002486）	2010 年深圳	设计、研发和生产功能性户外运动面料及成衣	Kroceus（"地球科学家"）品牌、Super Natural（"优越自然"）品牌	以国际销售为主，2016 年出口销售（外销）约占营收的 86%

资料来源：各公司官方介绍及年报。

---

① 数据需求为 2009 ~ 2016 年，具体原因见后文说明。

（二）指标选择与处理方法

1. 指标选择

本节研究的重点是体育用品制造业价值链主导企业在设计和研发环节的效率问题。因此在选择投入和产出指标时需要满足问题研究的需要。但是指标数量的选择直接关系到 DMU 的数量，基于 Cooper 等（2007）的研究结论，一般情况下的 DMU 数量不应少于投入和产出指标数量的乘积，并且不少于投入和产出指标数量的 3 倍。在总体 DMU 数量有限的情况下，投入和产出指标的总数不易较多。

（1）投入指标。

在投入指标方面，最为直接的指标通常为研发费用的投入和研发人员数量，还有如新产品开发费用、技术改造经费支出、技术改造投入人员数量等指标。根据各样本企业年度财务报告的内容和数据，本书选择了研发费用投入和研发技术人员数量两项指标。

（2）产出指标。

在产出指标方面，经常使用的指标包括专利技术类（如专利申请和专利授权数量等）、新产品产出和销售类（数量或金额）、技术转让费用等。本书认为针对体育用品制造业企业来讲，专利技术类指标、新产品产出和销售类指标是合适的产出指标，同时新产品设计开发量（款数或 SKU 量）也是符合企业实际经营情况的指标，但是绝大多数样本企业的新产品产出和新产品设计开发量指标的正式数据无法获得。同时，由于企业的设计研发行为的最终目的是设计研发成果的商业化，即设计和研发成果只有被市场和消费者接受才算是成功的商业化，否则没有价值，效率也就无从谈起。而且，设计研发成果被市场和消费者接受的程度如何不仅体现在新产品的产出和销售的数量上，还体现在主营毛利率这个重要的财务指标上。其原因在于成功地被市场接受的设计研发可以给实际产品的销售带来更好的毛利水平，而不成功的设计和研发结果反映在产品销售上就会导致滞销、较高的销售折扣，而这些直接拉低了主营业务的毛利率。因此，以下研究中选择的产出指标为专利申请数量和主营业务毛利率两项。

2. 指标数据处理

（1）设计研发投入的滞后效应。

由于通常情况下从设计开发到新产品的正式上市中间需要一个周期，以运动鞋、服为例，一般为 8～13 个月。个别品类产品涉及更为基础类的技术研发则周期会更长。为了便于研究，本节按照大体 12 个月来估算。这样就涉及在采用设计研发指标数据时，需要使用 $t-1$ 期（即滞后一期）的数据。

（2）毛利率指标的 DEA 处理及最终指标选择。

根据数据包络分析方法的原理，理论上讲，DEA 模型中的投入和产出指标必须是可以线性相加的，因此应避免"比例"（"率"）数据的使用（Emrouznejad A. 和 Amin，2009）。研究中一旦需要使用该类指标则需要做特殊处理。Emrouznejad A. 和 Amin 的建议是，可以采用两种方法进行处理。第一种方法是将"率"的分子作为产出指标，分母则作为投入指标；第二种方法是在线性规划式的左边将"率"指标拆分为分析指标和分母指标，分别进行线性运算，答案是在方程的右边不对被评价的 DMU 的"率"指标进行拆分。两种方法的前提是"率"指标的分子和分母数据都必须可获得。本节研究采用第一种处理方法。由此"毛利率"指标在实际数据中就分为两个新的指标数据"毛利"和"营业收入"（在实际研究中均为主营业务的毛利和收入），前者作为产出指标，后者作为投入指标。

所以最终进入研究的投入指标有 3 个：研发费用、研发技术人员数量以及主营业务收入；而产出指标有 2 个：专利申请数量和主营业务毛利。共计 5 个指标。

（3）汇率问题。

国外企业经营数据涉及以美元、欧元和日元计价，研究中均按照各年度相应的年度平均汇率（年度各月末汇率收盘价的平均值）换算为人民币计价。

3. 数据的来源

研发费用、研发技术人员数量、主营业务收入三项投入指标和作为产出指标的主营业务毛利的数据均来自各样本企业 2009～2016 年上市公司年度财务报告书。作为另一项产出指标的年度专利申请数量来自佰腾网专利数据库。

二、效率测算与结果分析

（一）设计研发的综合技术效率

表 6－9 中的数据为中外样本企业设计研发综合技术效率（TE）各年度测算结果的均值。从测算的结果来看，国内样本企业设计研发综合技术效率均值在 2010～2016 年均明显低于国外样本企业。

表 6－9　中外样本企业设计研发 TE 均值

年份	2010	2011	2012	2013	2014	2015	2016
中国企业均值	0.731	0.899	0.911	0.927	0.834	0.736	0.759
国外企业均值	0.983	1.000	1.000	1.000	1.000	0.994	0.968

图 6－6 更直观地显示中外样本企业在设计研发方面的综合技术效率整体差异。同时还可以看出国内企业综合技术效率均值年度之间波动幅度较大，2010～

2011 年有一个较大的提升，但在 2013 年之后又迅速下滑，2015 年之后与国外样本企业的差距才有所收窄，但仍处于历史低位。

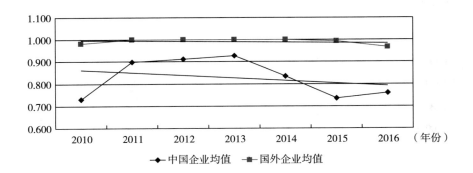

图 6 – 6 中外样本企业设计研发 TE 均值对比

注：图中灰色直线为趋势线。

（二）设计研发的纯技术效率

中外样本企业设计研发纯技术效率（PTE）各年度测算结果的均值如表 6 – 10 所示。从测算的结果来看，国内样本企业设计研发纯技术效率均值在 2010 ~ 2016 年均明显低于国外样本企业，但与国外企业均值的差距较综合技术效率小。

表 6 – 10 中外样本企业设计研发 PTE 均值

年份	2010	2011	2012	2013	2014	2015	2016
中国企业均值	0.850	0.973	0.923	0.948	0.866	0.840	0.861
国外企业均值	1.000	1.000	1.000	1.000	1.000	0.997	0.989

基于表 6 – 10 中数据绘制的图 6 – 7 更直观地显示中外样本企业在设计研发方面的纯技术效率整体差异。同时还可以看出国内企业纯技术效率均值年度之间波动幅度仍然较大，与综合技术效率的表现类似，2010 ~ 2011 年有一个较大的提升，经过微调后在 2013 年之后又出现下滑，2015 年之后有所恢复，呈现一个平缓的"U"形，但从趋势线来看，与国外企业的差距是不断扩大的。

三、设计研发效率的影响因素实证

为了更进一步明确体育用品制造业领导企业提升设计研发效率的具体途径，有必要再对主要影响因素进行实证研究。相关研究较多使用代表设计研发的费用投入、人力投入、研发设备投入等指标。由于研发设备投入数据在年报中很少涉及，其他渠道也较难获取比较真实的数据，因此以下实证研究将主要从设计研发的费用和人力投入方面选择指标。

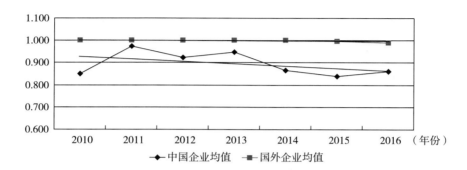

图 6 - 7　中外样本企业设计研发 PTE 均值对比

（一）模型、指标选取和数据来源

1. 模型

实证研究将对综合技术效率和纯技术效率的影响因素分别进行实证，实证采用面板计量模型，分别有：

（1）综合技术效率计量模型。

$$TE_{i,t} = \alpha_i + \beta_1 RD_{i,t} + \beta_2 PRN_{i,t} + \beta_3 REV_{i,t} + \beta_4 AGK_{i,t} + \beta_5 AGE_{i,t} + \mu_{i,t}$$
$$i = 1, 2, 3, \cdots, N; \ t = 1, 2, 3, \cdots, T \qquad\qquad (6-1)$$

（2）纯技术效率计量模型。

$$PTE_{i,t} = \alpha_i + \beta_1 RD_{i,t} + \beta_2 PRN_{i,t} + \beta_3 REV_{i,t} + \beta_4 AGK_{i,t} + \beta_5 AGE_{i,t} + \mu_{i,t}$$
$$i = 1, 2, 3, \cdots, N; \ t = 1, 2, 3, \cdots, T \qquad\qquad (6-2)$$

2. 指标选择

实证具体采用设计研发费用占比（设计研发费用在主营收入中的占比）代理企业在设计研发方面的费用投入（*RD*），以及设计研发人员数占比（设计研发人员数量在企业总体人员数量中的占比）代理企业在设计研发方面的人力投入（*PRN*）。同时，相关研究文献采用反映企业规模的主营业务收入和总资产以及企业上市（*IPO*）年数作为控制变量。

式（6-1）和式（6-2）中，*TE* 代表各样本企业的综合技术效率，*RD* 代表设计研发费用占比（%），*PRN* 代表设计研发人员占比（%），*REV* 代表样本的主营业务收入，*AGK* 代表样本企业的总资产，*AGE* 代表样本企业已经上市的年数（上市当年为 1 年）。

3. 数据来源与处理

实证涉及本节 15 家中外样本企业的数据，所有数据均来自各样本企业的年度财务报告书。由于本节在研究设计研发效率时所使用的设计研发费用和设计研发人员数量均为滞后一期（$t-1$ 期）的数据，因此实证中的所有数据均为滞后一期数据，实际涉及 2009 ~ 2015 年的各指标数据。国外样本企业营收和资产数据均依据各年度平均汇率转换为人民币计价。

4. 数据的统计描述

实证研究涉及的被解释变量和解释变量的基本数据统计特征如表 6 – 11 所示。

表 6 – 11 面板回归数据统计描述

	均值	中位数	最大值	最小值	标准差	偏度	峰度	观测值
TE	0.872	0.993	1.000	0.183	0.199	– 1.706	4.934	105
PTE	0.922	1.000	1.000	0.374	0.141	– 2.054	6.513	105
RD	2.690	2.290	9.450	0.250	2.075	1.637	5.797	105
PRN	5.560	4.560	16.667	0.280	3.292	1.123	3.969	105
REV	20737.53	4342.95	192336.40	293.55	43101.71	2.529	7.971	105
AGK	18475.54	6032.01	135853.70	529.36	32541.86	2.187	6.153	105
AGE	8.552	13.000	27.000	7.000	5.482	1.021	3.492	105

（二）实证结果及分析

通过对设计研发影响因素的实证，结果显示（见表 6 – 12 和表 6 – 13），针对设计研发综合技术效率的实证结果与针对设计研发纯技术效率的实证结果趋同：研发投入与综合技术效率和纯技术效率存在显著的正向关系，且关系稳定。技术研发人员投入与综合技术效率和纯技术效率之间的关系并没有表现出显著性。在实际企业经营中，研发设计环节存在大量的"外包"活动，可以从一个侧面解释为什么人员投入关系不显著。企业规模在实证模型（1）和模型（2）中表现出与综合技术效率及纯技术效率的正向关系且显著。但在实证模型（3）中却没有通过检验。说明该变量与被解释变量的关系不稳健，但是仍在一定程度上说明规模对于企业的设计研发存在某种正向的关系，即企业规模越大，则设计研发的效率越高。其他控制变量（公司上市年数和公司总资产）均没有通过检验。

表6-12　设计研发综合技术效率影响因素实证结果汇总

解释变量	（1）全部变量	（2）RD	（3）PRN	（4）RD、PRN
RD	0.357*** （0.001）	0.343*** （0.001）		0.172** （0.027）
PRN	-0.028 （0.459）		-0.005 （0.885）	-0.028 （0.445）
REV	1.66E-05** （0.020）	1.64E-05** （0.021）	3.22E-07 （0.952）	
AGK	-2.03E-05 （0.226）	-1.93E-05 （0.247）	-7.89E-07 （0.961）	
AGE	-0.032642 （0.235）	-0.036339 （0.178）	-7.89E-07 （0.859）	
C	0.777** （0.031）	0.678** （0.042）	1.355*** （0.000）	0.970*** （0.000）
R^2	0.346	0.343	0.263	0.302
N	105	105	105	105
Hausman	Chi2 = 12.27 P = 0.038	Chi2 = 9.648 P = 0.046	Chi2 = 10.325 P = 0.022	Chi2 = 6.312 P = 0.042
模型	FE	FE	FE	FE

注：*、**、***分别代表在10%、5%和1%水平上显著，表6-13同。

表6-13　设计研发纯技术效率影响因素实证结果汇总

解释变量	（1）全部变量	（2）RD	（3）PRN	（4）RD、PRN
RD	0.156*** （0.000）	0.147*** （0.001）		0.082** （0.013）
PRN	-0.017 （0.295）		-0.007 （0.672）	-0.014 （0.367）
REV	7.11E-06*** （0.019）	6.97E-06** （0.022）	-2.69E-08 （0.990）	
AGK	-1.02E-05 （0.152）	9.62E-06 （0.176）	-1.7E-06 （0.809）	

续表

解释变量	（1）全部变量	（2）RD	（3）PRN	（4）RD、PRN
AGE	- 0. 004441 （0. 702）	- 0. 007 （0. 560）	0. 008 （0. 513）	
C	0. 878 *** （0. 000）	0. 818 *** （0. 000）	1. 130 *** （0. 000）	0. 083 *** （0. 000）
R²	0. 394	0. 387	0. 311	0. 354
N	105	105	105	105
Hausman	Chi2 = 12. 03 P = 0. 034	Chi2 = 11. 175 P = 0. 025	Chi2 = 0. 385 P = 0. 983	Chi2 = 7. 352 P = 0. 025
模型	FE	FE	RE	FE

四、研究结论

基于微笑曲线理论，企业价值链功能升级的一种表现为向设计与研发一端攀升。这主要表现为企业具有自己的设计研发能力（包括企业自行外包活动所提供的设计研发能力），如果基于 Hobday（1995）所总结的东亚新兴经济体的"升级经验"，则表现为至少拥有了 ODM 阶段的能力。但价值链升级并不仅表现在企业内部进行了研发和设计或具有该项功能，更重要的是这种"升级"是能够带来更高的增加值（附加值）或增加值率。因此从效率视角考察设计研发环节的效率可以较直观地反映企业功能（技术研发）升级状况和问题。本节通过采用数据包络分析方法实证研究中国体育用品制造业价值链主导企业技术研发环节的效率与作为标杆的国外体育用品制造业价值链主导企业技术研发环节的效率的差异。

测算的结果显示，2010～2016 年国内样本企业的设计研发环节无论是在综合技术效率指标上，还是在纯技术效率指标上与国际标杆企业均存在明显的差距，且从趋势线上看，存在差距进一步扩大的趋势。因此，虽然我国体育用品制造业价值链主导企业（样本企业）均已具有设计研发能力、有专项的资金和人员投入，但在效率方面仍需要进一步提升。否则没有效率保障的功能（设计研发）升级将不能带来竞争优势，也就不能持续获得更高的增加值和增加值率。

从面板数据模型的实证结果看，样本企业设计研发环节效率的主要影响因素是研发投入，企业规模也起到一定的作用。所以研发投入增加有利于研发效率的提升。同时，规模大的企业在研发效率方面优于规模小的企业，该结论倾向于支持"熊彼特假设Ⅱ"。

第三节　价值链主导企业的功能升级：
基于品牌营销效率

中国体育用品制造业真正的发展始于 20 世纪 80 年代，国内企业以自有品牌模式进行经营也是开始于这个时期，如体育鞋、服行业最早的国内品牌康威和李宁即是在 20 世纪 80 年代后期推向市场的。李宁品牌创始人李宁先生自述其创立品牌的初衷之一就是能让中国运动员穿上自己国家的体育品牌产品。

企业进行品牌经营，特别是从生产制造环节向品牌和营销环节攀升是价值链功能升级的主要体现之一。江静（2014）认为，OBM 是制造业产业升级的一个崭新阶段。品牌是企业综合竞争力的表现，如果一个产业的企业有实力、品牌有知名度和市场影响力，那么该产业就具备了在世界市场上的竞争力（张世贤，2013）。吴友富和章玉贵（2008）认为，创建全球品牌是中国参与国际竞争成功的关键要素。功能升级较工艺和产品升级更加困难的重要原因之一在于要直接面对终端市场的竞争并需要获得消费者的认可和接受。因此，体现价值链功能升级的品牌与营销并非是简单地注册一个商标（法律含义）、确定一个品牌（市场含义），而是在目标市场中通过品牌营销获取市场地位、消费者对品牌认知与忠诚。基于效率的角度，品牌营销升级是品牌营销经营效率的提升。品牌建立与营销绩效是时间与投入的函数，因此，本节从投入、产出的角度，采用 CRS 和 VRS 径向 DEA 模型对中外体育用品制造业价值链主导企业的品牌营销效率进行测度，并对比评估。

一、样本企业与数据说明

（一）样本企业

本节研究继续使用上一节中所选择的 16 家中国体育用品制造业领导企业（价值链主导企业）中的 15 家。它们分别为，国内企业：李宁、安踏、361 度、中国动向、特步、探路者、贵人鸟、浙江永强、信隆健康、匹克和嘉麟杰；国外企业：耐克、阿迪达斯、安德玛和亚瑟士。15 家中外体育用品制造业企业均为上市公司。研究选择的时间阶段为 2010 ~ 2016 年。

（二）指标选择与方法说明

1. 指标选择

本节研究的重点是体育用品制造业价值链主导企业在品牌营销环节的效率问

题。因此在选择投入和产出指标时需要满足问题研究的需要。考虑指标数量与DMU 数量的关系，在 DMU 数量已经确定的情况下，投入与产出指标总数应控制在 5 个以内。

（1）投入指标。

品牌不仅是一个具有知识产权性质的"代号"，品牌竞争力实际是企业各方面实力的综合反映。从这个角度来讲，企业在诸多方面的投入都会对企业品牌知名度、美誉度、忠诚度等产生影响。但是这样会使研究过于复杂，结果导向不聚焦。本节将从企业"实战"的角度选择那些对于品牌及相关营销活动直接产生影响的投入指标。在体育用品制造业企业的自主（自有）品牌的经营中，与品牌营销直接相关的投入一方面体现在直接用于品牌宣传、推广以及赞助活动的市场费用中；另一方面体现在销售费用中，因为在企业的实际经营中，销售费用主要包括销售渠道（包括"线上"和"线下"）扩展与管理、零售店面形象建设、货品陈列管理、陈列道具等相关费用，还包括针对渠道和零售店铺的促销、销售人员的费用等。这些对于品牌的形象、市场对品牌的认知度以及消费者对品牌实际感受和体验十分重要。因此本节研究主要选了市场营销费用和销售费用作为投入指标。

（2）产出指标。

在营销管理领域，研究品牌实际表现通常会采用市场调研的方式进行。对企业品牌的综合评价指标中通常会涉及企业的财务表现、企业的市场竞争力表现、品牌发展潜力、消费者对品牌的态度等一级指标（张世贤等，2012）。采用综合指标对品牌竞争力进行评价具有更加全面的优势，但增加了应用层面的复杂度和主观性。本节从研究的简便性、直接性和数据的可获得性、客观性方面考虑，采用企业的产品销售毛利率（主营业务毛利率）作为产出指标。企业在实际经营中品牌力的高低首先表现为它所带给产品"品牌溢价能力"的高低。也就是通常所说的两件"同质"产品分别贴上不同品牌标识（或者一件没有品牌，另一件贴上有一定知名度和美誉度的品牌）后，它们的实际销售价格存在差异。在价值链升级的研究中通常讨论的由 OEM、ODM 再到 OBM 的过程也是指从无（自有）品牌到拥有品牌的升级。在企业日常经营的财务表现中，产品销售毛利率是可以直接体现品牌溢价能力的指标。

2. 指标数据处理

（1）毛利率指标的 DEA 处理和最终指标确定。

与第四节中的毛利率指标处理方式相同，在采用数据包络分析方法的 DEA 模型时需要将"毛利率"指标分为两个新的指标数据："毛利"和"营业收入"。前者作为产出指标，后者作为投入指标。因此最终进入研究的投入指标有 3 个：市场营销（广告）费用、销售费用和主营业务收入；产出指标为：主营业务毛利。

（2）汇率问题。

国外企业经营数据涉及以美元、欧元和日元计价，研究中均按照各年度相应的年度平均汇率（年度各月末汇率收盘价的平均值）换算为人民币计价。

3. 数据的来源

所有投入和产出指标数据来自各样本企业 2010～2016 年上市公司年度财务报告书。

二、测算结果与评价

（一）品牌营销的综合技术效率

中外样本企业品牌营销综合技术效率（TE）各年度测算结果的均值见表 6 – 14。从测算的结果来看，2010～2016 年国内样本企业品牌营销综合技术效率均值明显低于国外样本企业。

表 6 – 14   中外样本企业品牌营销 TE 均值

年份	2010	2011	2012	2013	2014	2015	2016
中国企业	0.783	0.925	0.877	0.907	0.908	0.901	0.932
国外企业	0.968	0.988	0.993	1.000	0.989	0.983	1.000

基于表 6 – 14 测算结果绘制的图 6 – 8 更直观地显示中外样本企业在品牌营销方面的综合技术效率整体差异。国内企业综合技术效率均值年度之间波动幅度大于国外样本企业。2010～2011 年有一个较大的提升，之后进入小幅调整波动期。但从趋势线来看（图中灰色直线），国内企业品牌营销综合技术效率与国外企业均值之间的差距呈现逐步收敛趋势。

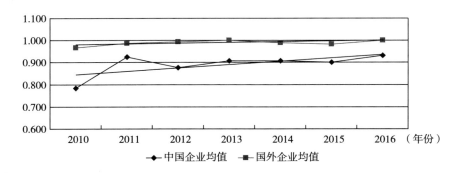

图 6 – 8   中外样本企业品牌营销 TE 均值对比

（二）品牌营销的纯技术效率

表 6 – 15 中的数据为中外样本企业品牌营销纯技术效率（PTE）各年度测算结果的均值。从测算的结果来看，2010～2016 年，国内样本企业品牌营销纯技术效率均值明显低于国外样本企业均值水平，但与国外企业均值的差距较综合技术效率略小。

表 6 – 15 中外样本企业品牌营销 PTE 均值

年份	2010	2011	2012	2013	2014	2015	2016
中国企业均值	0.819	0.926	0.891	0.921	0.932	0.928	0.944
国外企业均值	1.000	1.000	1.000	1.000	1.000	1.000	1.000

如图 6 – 9 所示，与综合技术效率整体水平类似，国内企业纯技术效率均值年度存在明显的波动，但幅度较综合技术效率弱。与综合技术效率的表现类似，2010～2011 年有一个较大的提升，之后经过小的微调后进入基本稳定和小幅提升阶段。从趋势线来看，国内企业与国外企业的差距同样呈收敛趋势。

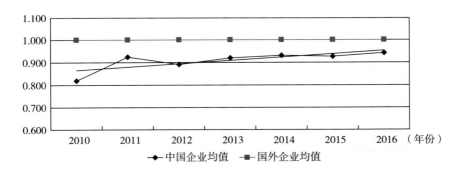

图 6 – 9 中外样本企业品牌营销 PTE 均值对比

三、品牌营销效率的影响因素实证

为了更进一步明确体育用品制造业领导企业提升品牌营销效率的具体途径，有必要再对主要影响因素进行实证研究。

（一）模型、指标选取和数据来源

1. 模型

实证研究将对综合技术效率和纯技术效率的影响因素分别进行实证，实证采用面板计量模型，分别有：

（1）综合技术效率计量模型。

$$TE_{i,t} = \alpha_i + \beta_1 MKG_{i,t} + \beta_2 SEP_{i,t} + \beta_3 REV_{i,t} + \beta_4 AGK_{i,t} + \beta_5 AGE_{i,t} + \mu_{i,t}$$
$$i = 1, 2, 3, \cdots, N; \ t = 1, 2, 3, \cdots, T \qquad (6-3)$$

（2）纯技术效率计量模型。

$$PTE_{i,t} = \alpha_i + \beta_1 MKG_{i,t} + \beta_2 SEP_{i,t} + \beta_3 REV_{i,t} + \beta_4 AGK_{i,t} + \beta_5 AGE_{i,t} + \mu_{i,t}$$
$$i = 1, 2, 3, \cdots, N; \ t = 1, 2, 3, \cdots, T \qquad (6-4)$$

2. 指标选择

实证具体采用市场营销费用占比（市场营销费用在主营收入中的占比）和销售费用占比（销售费用在主营收入中的占比，SEP）。同时相关研究文献采用反映企业规模的主营业务收入和总资产以及企业上市（IPO）年数作为控制变量。

式（6-3）和式（6-4）中，TE 代表各样本企业的综合技术效率，MKG 代表市场营销费用占比（%），SEP 代表销售费用占比（%），REV 代表样本的主营业务收入，AGK 代表样本企业的总资产，AGE 代表样本企业已经上市的年数（上市当年为 1 年）。

3. 数据来源与处理

实证涉及本节 14 家中外样本企业的数据，所有数据均来自各样本企业的年度财务报告书。实际涉及 2010 ~ 2016 年的各指标数据。国外样本企业营收和资产数据均依据各年度平均汇率转换为人民币计价。

4. 数据的统计描述

表 6 – 16　回归数据统计描述

	均值	中位数	最大值	最小值	标准差	偏度	峰度
TE	0.911	0.970	1.000	0.527	0.109	− 1.205	3.957
PTE	0.928	1.000	1.000	0.588	0.102	− 1.316	3.987
MKG	8.859	10.596	24.160	0.112	5.781	− 0.164	2.266
SEP	14.968	12.141	45.918	3.649	8.923	1.575	5.099
REV	23438.74	4257.51	216178.00	434.06	48977.83	2.381	7.349
AGK	20118.42	6520.75	142118.60	626.00	35605.44	2.125	5.904
AGE	8.163	13.000	27.000	7.000	5.517	1.199	3.869

（二）实证结果及分析

通过对设计研发影响因素的实证，结果显示，针对品牌营销综合技术效率的实证结果与针对纯技术效率的实证结果趋同：品牌营销费用投入与综合技术效率和纯技术效率存在显著的正向关系。销售费用投入与综合技术效率和纯技术效率之间的关系也存在显著正相关，说明品牌营销费用和销售费用的投入增加可以帮助企业提升品牌营销环节的效率。同时，企业上市年数也与综合技术效率及纯技术效率存在显著正相关关系。这说明上市行为有利于品牌营销效率的提升。从实际企业经营来看，由于上市门槛的约束，市场和消费者一般认为上市公司更具有实力和信誉，因此对其品牌以及营销宣传更容易接受。而且上市时间越长，市场和消费者对其会产生更高的熟悉度和更强的信任感，有利于对品牌维持持续的好感和忠诚度，使品牌营销的效率受益（见表6-17和表6-18）。

表6-17 品牌营销综合技术效率影响因素实证结果汇总

解释变量	（1） 全部变量	（2） MKG	（3） SEP
MKG	0.016 * (0.091)	0.0185 ** (0.022)	
SEP	0.006 ** (0.038)		0.005 * (0.053)
REV	−5.16E−07 (0.508)	−5.91E−07 (0.436)	−5.06E−07 (0.520)
AGK	6.83E−07 (0.712)	3.66E−07 (0.7715)	7.38E−07 (0.6936)
AGE	0.009 *** (0.007)	0.009 ** (0.003)	0.008 ** (0.012)
C	0.730 *** (0.000)	0.822 *** (0.000)	0.753 *** (0.000)
R^2	0.628	0.153	0.616
N	98	98	98
Hausman	Chi2 = 12.57 P = 0.038	Chi2 = 1.589 P = 0.086	Chi2 = 11.325 P = 0.072
模型	FE	RE	FE

注：*、**、***分别代表在10%、5%和1%水平上显著。

表 6 – 18　品牌营销技术效率影响因素实证结果汇总

解释变量	全部变量	MKG	SEP
MKG	0. 008 ** (0. 019)	0. 012 * (0. 925)	
SEP	0. 007 *** (0. 008)		0. 004 * (0. 993)
REV	− 6. 12E − 07 (0. 356)	− 5. 54E − 07 (0. 403)	− 5. 00E − 07 (0. 462)
AGK	1. 38E − 07 (0. 9301)	− 5. 54E − 07 (0. 8904)	2. 22E − 07 (0. 891)
AGE	0. 009 *** (0. 003)	0. 010 *** (0. 0008)	0. 009 *** (0. 003)
C	0. 828 *** (0. 000)	0. 847 *** (0. 000)	0. 798 *** (0. 000)
R^2	0. 695	0. 356	0. 672
N	98	98	98
Hausman	Chi2 = 13. 07 P = 0. 048	Chi2 = 2. 539 P = 0. 066	Chi2 = 1. 325 P = 0. 035
模型	FE	RE	FE

注：*、**、***分别代表在 10%、5% 和 1% 水平上显著。

四、小结

　　基于微笑曲线理论，企业价值链功能升级的另一种表现为向价值链条后端的品牌营销一端攀升。也就是从 OEM 和 ODM 走向 OBM。企业开始从事独立知识产权的自有品牌经营是 OBM 的开始，而通过持续的营销活动使品牌得到市场的认知和接受，形成品牌竞争力是基于品牌营销环节功能升级的关键。从效率视角看，围绕品牌营销的投入应该首先表现为品牌溢价能力的提升，也就是表现在企业毛利率的水平上。本节通过采用数据包络分析方法实证研究中国体育用品制造业价值链主导企业品牌营销环节的效率与作为标杆的国外体育用品制造业价值链主导企业品牌营销环节的效率差异。

　　测算的结果显示，2010 ~ 2016 年，国内样本企业的品牌营销环节无论是在综合技术效率指标上，还是在纯技术效率指标上与国际标杆企业均存在明显的差距。但是从趋势线上看，这种差距呈现缓慢收敛的态势，说明在以品牌营销为代表的功能升级方面，中国体育用品制造业价值链领导企业的升级进展效果较为突出，优于设计研发环节的功能升级。但在效率方面仍需要进一步提升。

从面板数据模型的实证结果看，样本企业品牌营销环节效率的主要影响因素是品牌营销费用、销售费用的投入。同时，企业上市公司的年限也客观上使品牌营销效率受益。

第四节 中国体育用品企业价值链升级的代表性案例

中国体育用品企业自改革开放之后得到快速发展，其中部分企业成功上市，在规模、市场占有率和融资能力等方面取得了长足发展。但在这些具备"异质"能力的本土企业之中，被主要国际性体育用品公司（如耐克、阿迪达斯等）视为竞争对手或潜在竞争对手的却屈指可数，李宁和安踏两家本土体育用品公司位列其中。2018 年，这两家中国本土体育用品企业的营收均超过百亿元（人民币），成为本土体育用品企业中的佼佼者。两家企业的起点、发展过程与路径相异，在价值链升级方面具有一定的代表性。

一、李宁公司在竞争发展中的价值链攀升——从"名人"到"名牌"

李宁体育用品公司的创始人李宁先生曾是我国著名的体操运动员，在其运动员生涯中，共获得 14 个世界冠军和 106 枚国内外体操赛事的金牌，被誉为"体操王子"，1989 年退役。

李宁公司主营"李宁"品牌（Li－Ning）体育用品，以运动鞋和运动服装和运动类配件产品为主。2018 年，李宁有限公司（上市公司名称，股票代号 HK02331）营业额首超百亿元（105 亿元人民币），同比增长 18.4%，经营利润 7.77 亿元，同比提升 74.4%。毛利率 48.1%，研发的营收占比为 2.2%。全国零售店铺总数达 7137 家（其中自营 1515 家）。营业额中鞋类产品占比 43.8%，服装占比 50.6%，器材和配件占比 5.6%。中国市场收入占比 97.6%，国际市场收入占比 2.4%。总营收中电商业务占比 21.1%。

（一）李宁公司发展历程："白马王子"的沉浮

李宁体育用品公司由原国家体操运动员李宁先生本人创立，"李宁"品牌来自李宁先生本人姓名。这本身是利用"名人效应"的策略，它使李宁公司和李宁品牌在本土体育用品行业中相较于其他同行企业具有更高的起点，可以称得上体育用品行业的"白马王子"。另一个高起点表现为，在李宁体育用品成立时得到了广东健力宝集团提供的资金支持，并在三水成立了李宁体育服装厂，这一年是 1989 年。在此基础之上，李宁公司快速发展起来，并于 1994 年通过现金偿还的方式脱离具有国资背景的健力宝集团。

在李宁公司的官方介绍内容中将其成立的时间定在 1990 年。1990 年恰逢北京亚运会的举办，李宁公司成功买断亚运会火炬接力，之后又赞助中国国家运动队。此类体育用品行业典型的运动营销举措，对于当时的中国体育用品界还是第一次。李宁品牌也因此进一步提升了知名度和美誉度，业务也得到大幅增长。1990～2003 年，业内普遍认为李宁品牌体育用品的国内市场占有率领先于其他国内和国际品牌（包括耐克、阿迪达斯）。1996 年，公司总部正式迁到北京。从三水到北京，李宁公司用了 6 年的时间，接下来李宁公司用了 8 年的时间完成上市。2004 年 6 月，李宁公司经过较长时间的筹备成功登录中国香港联交所的主板，成为中国本土体育用品公司第一股。2004 年其年报显示，当期李宁公司营收 18.78 亿元，零售终端 2887 家（其中自营 241 家）。

2008 年的奥运会不仅推高了国民对体育的热情，而且对于本土体育用品企业来讲是进行体育营销的大好机遇。国际体育用品品牌商的积极参与导致竞争尤为激烈。虽然"财大气粗"的阿迪达斯公司最终拿到了北京奥运会主赞助商权利，但李宁本人在开幕式上"空中行走"的一幕，却使李宁品牌成了媒体的焦点和营销赢家。2008 年其年报显示，李宁公司当期营收达到 66.9 亿元，同比大幅增长 53.8%，零售终端 6245 家（其中自营 310 家）。

2008 年的奥运会虽然为本土体育用品企业打了一针强心剂，但由美国次贷危机所引发的全球经济衰退的冲击波在 2010～2012 年逐步显现和加深，国内体育用品企业普遍出现库存高企，不得不大幅度折扣促销。体育用品企业集体进入清库存、限产能、优化零售网点（关闭低效店）的调整期。李宁公司也不例外，2012 年其年报显示，营收从 2010 年的历史高点 94.78 亿元降至 67.38 亿元，降幅近 30%，且出现了上市后的首次亏损。零售店铺由 2011 年底的 8225 家缩减到当期的 6434 家，倒退到 2008 年的水平。

业绩的大幅下滑导致李宁公司内部组织和人事发生一系列的较大调整。李宁公司经历原高层管理团队出局、战略投资方入主，再到李宁本人回到日常管理的一线等系列调整，也经历和承担了试错和调整所带来的阵痛。李宁公司也因此一度成为业内谈论的热点和所谓的反面案例。2014 年其年报显示，虽然仍然有较大亏损，但公司的营收已经开始恢复性增长。经过之后四年的持续优化和调整，2018 年李宁公司终于取得了其发展史上的第一次百亿元营收（105 亿元），并显示出强劲的增长势头（见图 6-10）。此时的李宁公司和李宁品牌又一次被业界作为走出低谷、创新前行的成功案例。

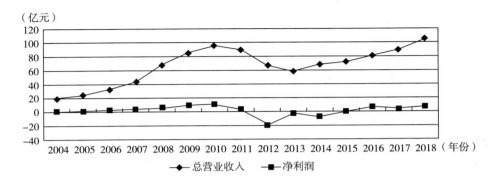

图 6 – 10　李宁公司主要经营业绩（2004～2018 年）

资料来源：图中营收和利润数据基于李宁公司相关年报整理和测算。

（二）由模仿到自主研发的创新之路

严格意义上讲，李宁公司并非从 OEM 模式（贴牌代工）发展起来的，而是自始就以创立自有品牌的形式进行经营。这一点与当年促成李宁牌创立的健力宝集团负责人李经纬分不开。李宁作为国家体操队成员在参加汉城奥运会之后退役，健力宝集团随即聘请李宁作为品牌代言人。李宁的加入起到了良好的体育营销作用，使健力宝饮料迅速风靡大江南北。之后，李经纬建议李宁成立体育用品企业并提供资金支持。李宁公司的生意模式虽然不属于 OEM 起家，但从本质上是模仿了国际体育用品头号企业——耐克公司的经营模式：重点掌控和管理品牌和销售渠道，产品既来自自有生产制造基地，又同时有外包企业供货。但两者中以委托外包企业生产为主。销售渠道则基本上采用加盟制，由经销商开设零售终端。这种模式也称为"轻资产"模式。从价值链微笑曲线看，李宁公司建立之初就重视微笑曲线的两端。

李宁公司成立之初，国内市场处于"卖方市场"状态，再加上李宁本人的名人效应，产品供不应求。李宁公司早期产品，无论是运动服装还是运动鞋，都以模仿国际品牌为主。不过，李宁公司在自主研发方面有着较国内同行更为"超前"的眼光。李宁公司在 1998 年就成立了佛山设计开发中心，这是国内体育用品行业第一个由企业自己设立的专门的研发设计中心。该中心吸引和培养了一大批运动鞋服研发和设计人员，以至于目前仍活跃在国内体育用品设计领域的核心人员都或多或少地和李宁公司的佛山设计开发中心有着渊源。也就是说，李宁公司作为国内体育用品最早进行自有品牌经营和自主设计研发的企业，为其他本土品牌的发展树立了鲜明的榜样，并在一定程度上发挥了知识传播和技术溢出作用。李宁公司在研发设计费用上的投入力度在国内同行中也是数一数二的，其研发费用占比（研发设计费用占营收比例）长期高于本土同行企业。虽然随着国际品牌在国内的实力不断增长，国际品牌在技术开发和设计，包括公司经营管理方面的技术、知识溢出效应超过李宁公司，但在国内体育用品行业早期发展中，李宁公司的作用是不可忽视的。

李宁设计开发中心聚集了一群年轻和充满激情的设计和技术人员，李宁公司同时给予他们宽松的工作氛围。这使设计开发中心并不像后来多数本土企业的研发中心，后者基本以模仿甚至复制国外品牌的设计和技术为主，而李宁公司的设计开发中心始终有一种以自主设计和创新为荣的氛围。李宁品牌曾连续成为中国体育奥运代表团领奖服的制定供应商，每一届代表团的领奖服（包括运动鞋）的设计都体现了以中国元素为核心的自主设计创新的印记，如2000年悉尼奥运会中国代表团领奖装备的"龙服"和"蝴蝶鞋"，已经成为中国体育用品行业设计和研发的经典案例。也正是这一"基因"的存在，以及知识和能力的不断积累，使李宁公司在本土同行中的自主设计、研发和创新能力处于领先地位。

李宁公司在设计和研发方面的远见、冒险精神和更加包容与开放的心态，使李宁公司不仅聚集了国内设计研发智力资源，同时也在跨国资源的利用上走在本土企业的前列，甚至可以说是担当了试水者的角色。李宁公司是本土企业中最早引入国际设计资源和开发资源的企业。如李宁公司曾长期赞助中国国家体操队，体操服的技术要求要远高于普通运动服装，在20世纪末21世纪初，国内企业还无法满足的情况下，李宁公司与法国一家专业体操服供应商合作，委托其参与设计并实现技术开发和最终产品的生产。

2004年，李宁公司同香港中文大学合作成立了一个脚型和运动（鞋）分析的数据中心，进行运动鞋领域的基础性研究。同年，李宁公司与耐克公司第一任研发负责人 Ned Fredrick 合作，继续在核心技术研究方面加大投入。之后在 Fredrick 的介绍下，李宁公司与美国 DRD 设计所合作专攻篮球鞋、网球鞋领域。李宁公司还曾聘请法国设计公司设计开发高尔夫系列和青少年系列的产品线，聘请意大利设计研发资源主攻足球鞋领域。虽然这些产品线在商业化方面并没有取得预期效果，但这些设计和研发资源的引进丰富和开阔了一家本土企业的资源积累和视野，同时外部国际资源的引入在内部产生了一定的竞争效应，激励本土企业设计和开发团队的持续学习和提升。

在内部设计和研发管理机构的组织设置和主管人员选择方面，李宁公司也比其他本土企业更加"冒进"。2008年后，公司大量引入外籍和中国台湾、香港地区的职业经理人担任产品系统、设计系统的高管职位。在长期以自主研发为方向的努力中，李宁公司也经历了很多"失败"，产生了大量的"沉没成本"，如早期的"铁系列"足球鞋研发。但正是这些不断的努力和沉淀，使李宁公司成为公认的本土体育用品公司中自主开发和创新能力表现最为突出的企业。其开发设计的专业篮球运动鞋和比赛服装已经被国内 CBA 联赛职业球员所接受。

在经历了 2012 年前后的经营性危机之后，李宁公司进一步强调在设计和研发方面的创新，强调体育用品与时尚的紧密联系。近两年成功推出"中国李宁"产品线，在产品设计方面大胆结合中国元素和跨界合作取得较大的商业成功，帮助李宁品牌进一步贴近年轻消费者。而由李宁品牌开始的本土体育用品国际时装周走秀的尝试也迅速被国内其他体育用品企业效仿。

（三）从"名人效应"到"名牌效应"

基于微笑曲线，高附加值或价值链战略环节体现在两端：一端是上游的设计与研发，通常体现技术能力和创新能力；另一端是下游的营销，包括品牌和销售。李宁公司较其他本土品牌来讲，从一开始就非常重视品牌培育。李宁品牌的创立首先利用的是李宁作为奥运冠军和世界冠军在国人中的知名度而产生的"名人效应"，这对于品牌创立之初的成功起到了非常关键的作用。但是从"名人"到"名牌"却不是一个自然转变的过程。在体育用品行业里，无论是国外还是国内，都存在大量体育明星以自己的名字创立品牌的案例，真正成功者却为数寥寥。

李宁公司树立品牌形象、提升品牌美誉度和忠诚度方面的努力有两个特点：一是以体育营销为核心。李宁公司品牌的认知度由李宁本人而起，这一点上比其他本土体育用品品牌具有先天的优势。在品牌宣传策略上，李宁公司并没有像其他本土品牌早期采用"名人赞助＋广告轰炸"的短期速成方式，而是更多地模仿国际一线体育用品品牌的市场营销方式，以体育营销为主线。而体育营销的一大特点就是需要围绕体育资源（赛事、运动队、运动员等）进行长期投入和长期培养，而且在此过程中积极寻找和利用国际营销资源。二是投入大，舍得花钱。以体育用品公司在品牌营销方面的费用占比（品牌推广类费用与主营收入占比）为例，基于 2009～2016 年年报披露数据测算，李宁公司八年间的年度品牌营销费用占比均值为 17.22%，同期安踏公司的年度品牌营销费用占比均值为 12.03%，特步公司为 12.12%，361 度为 12.45%，探路者为 3.8%。而同期国际一线品牌的耐克公司品牌营销费用占比均值为 11.3%。

对于本土体育用品企业，持续和大力度地在品牌方面的投入是与国际一线品牌竞争的必要手段，也是推升自身品牌形象的必由之路。从上述数据来看，显然李宁公司在这方面的决心和行动力度是明确的。其长期高出同行 5 个点左右的品牌推广费用占比也可以解释其为什么在毛利率基本相当的情况下，经营利润率却明显低于国内同行企业。在这里我们也可以理解为，李宁公司在品牌方面更倾向于长期可持续发展。这也是李宁品牌努力从"名人效应"转型为更为可持续发展的"名牌效应"的重要原因。而"名牌效应"又会反馈给企业和品牌更多的忠实消费者和更高的品牌形象,进而持续积累竞争优势,吸引更多的优质资源,实现进一步的升级,为从本土知名到国际知名蓄势。

(四)国际化升级路上的长期探索

后发国家的企业对于"国际化"内涵的认识存在不断深化的过程。最初阶段往往把产品的出口作为企业是否国际化的最重要的指标。当企业发展到更大的规模和平台之后,国际化的内涵就从单一的出口或国际市场销售进一步深化和拓展为全球资源利用的层面,除了追求市场的国际化以外,还包括人力资源国际化、资本国际化以及其他企业发展所需重要资源的国际范围的利用和配置。

李宁公司是国内体育用品企业中最早以自有品牌(李宁品牌)进军国际市场的体育用品公司。这一举措始于 1999 年末和 2000 年初。为此李宁公司聘请外部咨询人员做了最早期的"国际化策略",包括产品策略和市场策略。李宁公司以国际体育用品展会为寻找国际合作伙伴的平台,在欧洲、中东等地以品牌授权代理的合作方式,先后在十几个国家和地区销售李宁品牌产品。同时,李宁公司积极采取国际注册的方式对其商标进行了国际保护。但李宁公司在市场拓展方面的国际化并不顺利,国外已经成熟的主流渠道很难接受没有任何知名度的而且是来自中国的品牌。再加上李宁公司当时的规模还无法承担国际市场品牌推广的费用预算,单纯以"性价比"无法支持市场的深入拓展。同时,体育用品鞋服产品无法满足诸如版型、尺码和审美等不同国家和区域之间的需求差异。在这些方面那些仍处于追求本土市场规模效益阶段的企业往往捉襟见肘。尤其到 2008 年,前期开拓和维系的国际市场合作方因经营困难逐渐退出合作。而金融危机爆发后,李宁公司在国内市场的困境使国际业务的发展最终瘦身为部分单项产品的出口销售,而消费区域也主要集中在海外华人社区与东南亚国家和地区。虽然李宁公司仍保留国际业务部分,但其业务占比始终不到公司营收的 4%。

就在李宁公司仍在进一步探索品牌国际化的同时,另一家本土企业在国际化方面迈出了大胆的一步。这家公司就是安踏。

二、安踏公司在竞争发展中的价值链攀升——由"草根"至"领军"

谈起晋江制鞋业,有一个地方是不能跳过的——陈埭。陈埭在改革开放之前是自然资源贫瘠、生活非常贫困的地方。或许正是由于自然禀赋的困乏,使这里土生土长出"爱拼才会赢"的创业精神。由于地理位置地处沿海并紧邻我国台湾省,在全球制造业分工梯度转移的大背景下,改革开放政策触发了当地以劳动密集型产业为主的各种代工企业的兴起,有相当部分企业最初就类似于手工作坊。如今已经成为体育用品代表性企业的上市公司,如特步、361 度、匹克,当然还有安踏，都起步于此。这些企业的创始人有一个共同的特点，那就是来自所谓"草根"。安踏董事长丁世忠也不例外，他 17 岁时带着家庭小厂制作的几百双鞋长途北上，到北京进行贩卖。几年之后，积累了第一桶金的丁世忠返乡创业，企业取名"安踏"。从安踏公司成立的 1991 年至今，在 30 年的时间里，安踏经历了 2007 年成功上市，2012 年全年营业收入超越李宁公司（在此之前李宁公司一直稳坐本土体育用品品牌销售额的头把交椅）。2018 年，安踏公司营收约 241 亿元人民币，同比增长 44.4%（见图 6 - 11）；经营利润约 57 亿元人民币，同比增长 42.9%。公司经营的品牌零售终端店铺总计 12188 家，其中安踏品牌（含安踏儿童）零售店铺达到 10057 家，占比 82.5%。公司经营主要品牌包括安踏（及安踏儿童）、FILA（斐乐）、DESCENTE、KOLON、KINGKOW 和 SPRANDI。

（一）安踏公司发展历程：由品牌代工到品牌经营

根据安踏公司的介绍资料，公司成立于 1991 年。与李宁公司不同，安踏创办之初是通过挣取加工费而谋求生存的代工企业，这也是安踏公司自己总结的企业发展的 1.0 阶段——"工厂制造起家"。20 世纪 90 年代的晋江，是这个被称为"鞋都"的城市的黄金时期，当时的时代背景是中国台湾以及全球制鞋业向中国大陆进行大规模产业转移。由于海外订单充足，代工是"鞋都"制鞋企业的主要经营模式。同时由于大批鞋厂如雨后春笋般涌现，同行业间竞争日趋激烈，而手握订单的价值链主导企业却坐收渔利。安踏的丁世忠认为，这种一味拼价格的代工模式无法支持长期发展，因此他在代工的同时也开始经营品牌专卖。我们不清楚这一举措是否受到李宁品牌经营的影响，但显然这是晋江体育用品制造企业由代工向自有品牌经营的萌芽。1997 年的亚洲金融危机给代工模式带来第一次巨大的冲击，这更坚定了安踏选择走品牌经营的升级路径的决心。于是安踏公司走到了其发展的 2.0 阶段——"CCTV5 + 体育明星代言"模式，也即"品牌化"道路。1999 年，安踏支出了几乎全年的利润用于明星代言（乒乓球运动员孔令辉）和央视广告投放，这对于当时的安踏来讲不亚于是一次"赌博"，结果是安踏"赌赢"了。随后带有强烈模仿基因的晋江企业纷纷效仿，掀起了一场不大不小的"造牌运动"。

随着李宁公司 2004 年在港交所主板成功上市，以及晋江本地的体育用品企业鸿星尔克在新加坡主板上市，安踏加快了上市的步伐。2007 年 7 月，安踏在港交所主板成功上市。之后的几年，安踏公司的营收处于稳步的高增长阶段，但 2008 年金融危机的冲击影响到了行业内的每一个企业，安踏也没有幸免。2012 年和 2013 年，安踏公司营收出现连续负增长，但也正是这一阶段李宁公司在经营上出现了更大的问题，反而使安踏公司 2012 年的营收超过李宁公司，成为本土体育用品企业营收规模第一。2014 年之后，安踏公司的营收进入持续增长的又一快车道，稳稳地守住了国内体育用品企业第一把交椅的地位。金融危机带来的冲击，使中国体育用品行业意识到"闭眼就能赚钱"的时期过去了，必须提升经营管理效率。安踏也进入了所谓企业发展的3.0阶段——由品牌批发向品牌零售转型。这一阶段也是国内体育用品企业加速"洗牌"的时期。

在安踏的发展历程中，收购FILA品牌经营权是不能被忽略的。2009年，安踏以6.5亿港元收购FILA品牌中国大陆和香港、澳门特别行政区的商标授权。这一次收购被业界称为安踏的又一次"豪赌"。之所以称为"豪赌"，一方面是收购涉及的金额较大，2009年安踏的年度净利润为12.5亿元人民币；另一方面是新品牌是否可以运作成功存在较大的不确定性。在安踏之前，李宁公司也曾以大笔授权费为对价取得意大利LOTTO品牌的区域长期独家代理权，但之后的经营可以说是失败的，而且还带来了巨额亏损以及大量库存。安踏在收购FILA品牌的经营权后，经过之后几年的摸索和试错，FILA业务出现了快速增长迹象，这坚定了安踏公司所谓的"多品牌"战略。"多品牌"战略的初步成功最终将安踏推入其发展的所谓"4.0阶段"——"单聚焦、多品牌、全渠道发展"阶段。

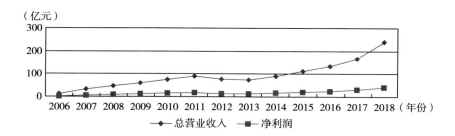

图6-11　安踏公司主要经营业绩（2006~2018年）

资料来源：营收和利润数据基于安踏公司相关年报整理和测算。

（二）"重资产"之利与研发能力积累

与李宁公司的发展经历不同，以安踏公司为代表的晋江系体育用品品牌企业基本上起家于制鞋或制衣代工厂。安踏公司是以制鞋起家，因此其在制鞋基地、设备、管理等方面具有优势，同时也使安踏的经营模式成为典型的"重资产"型。2007年其年报披露，截至2007年12月31日，安踏在晋江共有15条运动鞋生产线、1家鞋底生产厂。安踏自产1140万双运动鞋，占年度销售数量的62.5%。与2006年相比，运动鞋的自产率相较2006年的75.4%下降了13个百分点。服装生产方面，2007年5月和7月，安踏公司在长汀和厦门建设的服装厂先后投产，使自产服装比例从2006年的0提升到4.3%。而十年后的2018年安踏公司运动鞋和运动服装的自产率分别为 33.3% 和 13.0% 。这一方面是由于销售规模的快速增长，另一方面则体现了安踏公司策略性地将内部生产和外包生产结合，务求更快速地回应市场环境和消费者喜好变化。

同时，运动鞋和运动服装自产率的一降和一升，也充分体现了安踏公司在有策略地控制运动鞋制造方面"重资产"比例，更多地发挥自身运动鞋制造的经验和管理能力，逐步扩大外包，建立自身的运动鞋供应链或价值链网络。而在运动服装制造方面的"增重"举措却是在"补短板"，建立自身对运动服装制造核心技术和管理能力的掌握。这一策略在 2008 年金融危机之后，特别是 2010 ~ 2011 年，国内以棉花为首的原材料价格飙升、用工荒带来的平均薪酬的持续提升，面临这些不利因素的影响，安踏凭借自身的生产基地、自身保有的安全产能，以及对制造环节得心应手的把控能力，一方面自身对成本的控制能力得到充分的显现，另一方面表现出了更强的与外包供应商的议价能力。因此，当李宁公司每一次产品季的产品价格都迫于成本压力以 10% 以上的比例上调时，安踏产品价格上涨得更为温和，这使安踏在特殊时期的零售价格和毛利率水平方面占据了比较优势。安踏公司通过对制造环节的掌控，平衡经营模式的"轻"与"重"，使"重资产"模式扬长避短。

安踏的"重资产"模式使安踏在制造环节不完全依赖外包，对制造环节的管理经验使对外包环节有着更精准的控制能力。安踏公司供应链管理方面将外包供应商分为不同的层级，如战略合作伙伴、长期合作伙伴等，每季度进行评估。近年，安踏公司结合公司自身发展对社会责任的承担，在绩效评估之外还推动供应商重视社会责任，在用工、环保等方面鼓励和引导供应商向国际标准靠拢。长期而言，排名高的供应商会获得增加订单的机会，同时将得到额外的资源和援助。安踏公司的不同品牌根据市场定位的不同对于产品的品质有着不同的要求，因此，对于不同的品牌业务寻找和配备不同的供应商。如旗下的 FILA 品牌，其市场定位在中高端，主要针对一线市场的消费者，品牌的溢价能力较强，因此 FILA 品牌对设计款式、材料品质、生产工艺等有较高的要求，于是安踏公司寻找高端供应商，如申洲集团。申洲集团长期为国际一线品牌提供针织类运动服装供应。2019 年，安踏供应链向海外延伸的尝试有了进一步推进，企业策略性地尝试向东南亚国家的外包工厂发单，9 月第一批实现性订单运回安踏总部。

在质量控制和研发设计方面，作为代工出身的安踏公司深知其对企业长远发展的重要性。安踏公司自 2003 年起就被国家质量监督检验检疫总局认证为"国家免检产品"，2007 年，获选"全国体育用品标准化技术委员会副秘书长单位"，参与和协助制定体育用品质量的标准。2005 年，安踏公司设立自称为国内首家"运动科学实验室"，并与国际设计和研发机构开展合作，如与曾效力耐克公司的 Bill Peterson 主导的设计团队为 NBA 球员设计专属篮球鞋。同年在公司总部、北京和广州设立产品设计部。安踏公司在赞助国内 CBA 赛事的同时，还为 CBA 球员建立运动员数据库，进行有针对性的个性化球鞋开发和设计工作。2009 年获国家发展和改革委员会等五部委联合认定的"国家认定企业技术中心"，是国内体育用品行业首家认定企业。截至 2018 年，安踏公司已经在福建晋江设立科学实验室，在中国香港、厦门、上海，以及美国、日本、韩国等国设立设计和研发工作室，2018 年中外参与研发和设计的人员达到 1200 人。

（三）多品牌战略：突破增长瓶颈的努力

被丁世忠称为安踏发展的 4.0 阶段，是企业执行所谓"单聚焦、多品牌、全渠道"战略阶段。这一战略体现了聚焦体育运动相关产业而非盲目的多元化战略定力；同时，"多品牌"无疑体现出安踏为自身长期发展选择的一条出路。安踏公司清醒地认识到自有品牌的已有定位对于长期发展和向上突破存在"先天"的缺陷。在 FILA 品牌的运营取得较好业绩之后，安踏公司更坚定了其"多品牌"战略的信心。其他晋江系体育用品企业也纷纷效仿与有一定知名度的国际品牌洽谈收购、合资或授权经营。从国际体育用品行业看，"多品牌"策略并非安踏的首创，实际上无论是国际一线的耐克和阿迪达斯或是二、三线规模的体育用品公司都尝试或正在运作多品牌业务。从一线的耐克和阿迪达斯公司执行多品牌策略的实际效果看，总体上讲都不算成功，因此目前无论是耐克还是阿迪达斯公司都仍以最初的自有品牌的业务为主。两家公司在执行多品牌策略过程中并购的各品牌业务也大多被转手。这其中耐克公司在并购其他品牌时似乎更在意被并购品牌自身的体育营销资源而非被并购品牌的生意本身。

安踏公司"多品牌"战略的背后，显然是认识到了一个自创和土生土长的品牌在未来进一步发展中面临着严峻的瓶颈限制。FILA 品牌收购和运作的初步成功坚定了其"多品牌"战略。而这其中的一个信心基础就是本国巨大的市场规模和不断升级的消费需求。成熟的消费市场的一个特点是消费者，尤其是年轻消费者，不断寻求新的消费体验和新的差异化产品，这为安踏公司不断引进新品牌创造了需求端的基础。以下是安踏公司执行"多品牌"战略的具体行动：2009 年，从百丽国际手中收购 FILA 中国大陆、香港和澳门的业务；2014 年，与美国 NBA 合作，成为中国市场合作伙伴并获得 NBA 使用授权；2015 年，收购运动鞋品牌"Sprandi"；2016 年，通过合资方式主导知名户外和冬季项目运动品牌"DESCENTE"在国内的生意；2017 年，合资方式经营另一户外品牌"Kolon Sport"。同年还收购了童装品牌"KINGKOW"助力其儿童运动市场的进一步拓展。以上品牌的收购与合作仍然是立足于进一步发掘和拓展中国本土的体育用品市场份额。2019 年中报披露，安踏品牌（含安踏儿童）营收占比已经降到

51.2%，而 FILA 品牌的营收占比已经达到了公司全部营收的 44.14%，而且 FILA 营收同比增速为 79%。初步的成功无疑增强了安踏在驾驭多品牌经营方面的自信。于是安踏筹划和执行了一次被业界称为"豪赌"的并购。这一并购至少有三个目的：其一，通过并购引入更多的品牌以便进一步拓展本国市场占有率，尤其是细分市场的渗透与拓展；其二，继续为企业增长增添外延式的助推器，这使安踏公司一方面进一步拉开与国内其他体育用品公司的差距，另一方面缩短与国际一线品牌的差距；其三，这一次并购是安踏公司国际化方向的调整和战略性的动作，其成败对安踏甚至中国体育用品行业的国际化发展都将有研究价值，可以称为安踏公司国际化的"一跳"。

（四）国际化升级的"一跳"

安踏公司从给国外品牌代工业务起家，其自有品牌的"国际化"起步较晚。安踏品牌最初的国际化也是因循品牌产品出口——海外寻找授权经销的路径。截至 2007 年，安踏品牌海外分销商涉及东南亚和东欧，共开设 20 家零售店和 100 个销售专柜。但是安踏品牌的国际市场之路似乎遇到了同李宁品牌一样的困境与尴尬，以至于 2009 年之后的安踏公司年报已经明显淡化其国际市场的经营情况，仅仅以"继续策略性开发海外市场，提升海外市场渗透率"的表述而草草了事。

传统的国际化路径对于中国体育用品本土品牌来讲或许需要更长的时间积累和更大实力支撑下的持续不断的国际市场投入。而且一个后发国家的品牌形象往往与该国的"国家品牌"形象直接相关。对于有了一定资本和实力的中国体育用品企业来讲，以资本作为杠杆撬动国际化之门提供了另一种选择。这种选择在中国体育用品行业发展初期是不现实的，但经过 30 多年的发展和积累，无论是从大环境还是从企业自身资源配置能力方面来讲都已经具有"一搏"的条件。

2018 年 9 月，安踏集团董事会通过联合其他投资财团对总部位于芬兰的亚玛芬体育（AMER SPORTS）发起要约收购，其中安踏计划持股 57.95%，其他股份将分别由 Anamered Investments、方源资本以及腾讯持有。亚玛芬体育公司 1977 年在赫尔辛基证交所上市，公司现拥有 13 个运动品牌，其中 Salomon、Arc'teryx、Peakperformance、Wilson 等在户外、冬季运动以及运动器材等细分领域有较高的知名度。创立于 1947 年的 Salomon 品牌，在户外和冬季项目的技术研发方面具有很强的实力，旗下设有专门的实验室（S－LAB）。安踏计划通过对亚玛芬体育控股，进而接手其全球业务。该项收购在 2019 年第二季度完成。整体收购涉及资金近 50 亿欧元。亚玛芬并非国际体育用品界的一流公司，其整体盈利能力弱于一线的耐克和阿迪达斯等品牌公司，甚至低于安踏公司。但任何决策都是时间窗口和资源约束条件的函数，综合比较之下亚玛芬算得上是"满意"的选择。安踏收购亚玛芬之后，首先要使其旗下的各主要品牌凭借安踏公司自身能力和在中国本土市场的优势拓展和提升在中国市场的市场地位、增加公司的营收。同时，短期内将保留原亚玛芬独立经营，但一旦时机成熟，资源的重新整合将不可避免，而整合的成功与否将关系到安踏公司国际化道路上的"一跳"是否成功，对于中国体育用品行业的全球化具有特殊的参考价值。

小　结

本章主要从微观企业效率的角度研究我国体育用品制造业企业，特别是体育用品制造业领先企业的功能升级问题。本章所涉及的"领导企业"和"价值链主导企业"是同一个概念不同角度的称谓，指那些在某产业（行业）中在效率、规模以及资本等方面都具有明显优势的企业，这种企业通常扮演的是所在价值链的主导者角色。从效率或生产率的角度看，通常情况下，较高的效率或生产率既是"异质企业"的特征也是"领导企业（价值链主导企业）"的必要条件。两个概念的出现在本章内都与企业价值链功能升级有着密切的关系。

基于 HS 升级模式分类，价值链功能升级是指价值链条上新功能的获取过程。从更为直观的微笑曲线来看，功能升级主要表现在由曲线的底部向上游设计研发和下游品牌与营销攀升的过程，目的是获取新功能环节所带来的高增加值和高增加值率。

价值链主导企业（行业领先企业）是全球价值链分析框架下的一个关注重点。价值链主导企业效率决定了其所主导的价值链"涉链"企业的整体效率水平，同时也是一个产业升级水平的重要代表。本章以中外体育用品制造业价值链主导企业为研究对象，就整体效率和反映企业价值链功能升级的设计研发和品牌营销环节（功能）的效率进行测算和比较。测算和比较分析的结果可以总结为以下几点结论：

第一，从动态效率角度考察，我国体育用品制造业价值链主导企业（领先企业）在 2007～2016 年整体上全要素生产率增长快于国外的价值链主导企业整体增长水平，高出 0.6 个百分点。我国体育用品制造业价值链主导企业处在较快的升级过程中。

第二，从静态效率角度考察，2007～2016 年，我国体育用品制造业价值链主导企业在各年度的综合技术效率（TE）、纯技术效率（PTE）和规模效率（SE）指标上均与国外企业存在较为明显的差距，各年度效率均值波动幅度远大于国外企业。在 2008 年金融危机的影响下，中国体育用品制造业领先企业效率受到的影响程度大于国外企业。中国体育用品制造业领先企业进一步提高效率仍然是升级的关键。

第三，虽然中国体育用品制造业价值链主导企业都具有了自己的设计研发能力、专项资金与人员投入，但是在设计研发整体效率方面与国际企业整体效率差距仍然明显。同时，从趋势线上看，中外企业设计研发整体效率差距近年来表现出进一步扩大的趋势，设计研发方面的功能升级仍然需要快速提升。实证研究显示，样本企业设计研发环节效率的主要影响因素是研发投入，以及企业规模。所以研发投入增加有利于研发效率的提升。规模大的企业在研发实力和效率方面优于规模小的企业，支持"熊彼特假设Ⅱ"。

第四，所有作为研究样本的中国体育用品制造业价值链主导企业均拥有自主知识产权的品牌，并已经开展了自有品牌经营，即均已步入了所谓的价值链升级的 OBM 阶段。但是品牌营销方面的整体效率与国际企业整体效率差距较为明显。同时，样本企业品牌营销环节效率的主要影响因素是品牌营销费用、销售费用的投入。同时，企业上市公司的年限也客观上使品牌营销效率受益（年限长短与品牌营销效率呈正向关系）。

第五，结合国内体育用品制造业价值链主导企业在设计研发效率以及在品牌营销环节效率与国际对标企业相比较，从趋势线上看，设计研发效率与国际企业的差异有扩大的趋势，而品牌营销环节的效率差距则呈现出收敛的趋势。在一定程度上说明我国体育用品制造业价值链主导企业更倾向于重视品牌营销方面的功能升级活动。

第七章 全球价值链背景下体育用品制造业升级的思路与路径

"体育强则中国强，国运兴则体育兴。"（习近平，2017）体育在提升民众的健康水平和幸福程度方面具有重要的社会价值。发展体育产业是强体育、兴体育的重要途径。体育用品制造业作为我国体育产业现阶段的支柱性部门，其进一步发展和升级对于我国体育产业整体发展与质量水平提升具有重要的影响。

中国体育用品制造业的快速发展得益于我国改革开放政策背景下，基于劳动力等初级生产要素成本和供应能力方面的比较优势，较早地嵌入全球价值链、参与全球生产分工活动。经过 40 多年的发展，我国业已成为世界最大的体育用品制造基地，但是"大而不强"的问题十分突出。2008 年由美国次贷危机引发的全球性金融危机和经济衰退，对我国参与全球价值链程度较深，对外依存度较高的体育用品制造业产生了明显的冲击。危机某种程度上充当了我国体育用品制造业发展水平和体育用品制造业企业综合实力的"试金石"。此次危机冲击所导致的影响更加凸显了我国体育用品制造业进一步升级的紧迫性和重要性。

本书前面几章的理论分析和经验研究至少提供了以下基本判断：

首先，我国体育用品制造业在全球价值链中的地位已经有了持续的提升，但是原有的竞争优势主要是建立在劳动力等初级要素成本比较优势之上，随着这些生产要素成本持续上升、环境与生态保护等硬约束不断强化，我国体育用品制造业的国际竞争力受到削弱。尽管竞争效应和生存压力促使我国体育用品制造业企业不断提高生产效率以抵消要素成本上涨带来的负面影响，但是这种抵消效应正在减弱。

其次，改革开放之后，我国体育用品制造业通过嵌入全球价值链和参与全球化生产分工获得了较快的发展。我国体育用品制造业通过参与全球价值链获取了技术溢出效应，通过学习和模仿创新提升了行业的生产率（效率）。但 2008 年之后原有的学习和模仿效应减弱，本国投入和自主创新越来越成为继续保持竞争力与推动产业升级的关键驱动因素。

再次，虽然我国体育用品制造业是一个国际化程度很高的行业，但近年来体育用品制造业企业对本国市场的依赖程度呈现不断上升的趋势，本国市场规模、消费升级对体育用品制造业企业全要素生产率提升（升级）有着显著的促进作用。

最后，随着我国体育用品制造业的快速发展，已经涌现了一批规模较大、实力较强、市场占有率较高的行业领导企业（本土的价值链主导企业）。但是在体现企业"功能升级"的研发设计和品牌营销等价值链高增加值环节，与国际性体育用品标杆企业相比还存在较大差距，特别是在设计研发创新领域，整体差距有进一步加大的趋势，存在重营销、轻研发倾向。

第一节　体育用品制造业升级的思路与路径

一、我国体育用品制造业升级的制约因素

Kaplinsky 和 Morris（2003）从微观企业视角出发，根据价值链经济租的理论将企业经营所涉及的要素进行了分解。他们将企业在价值链上的经济租按内生性与外生性进行区分。内生性经济租主要包括技术（包含以商业秘密和知识产权形态存在的技术）、人力资本、组织、品牌、关系等方面，外生性经济租则包括自然禀赋、制度（政策）、基础设施和金融等方面。这个框架有助于我们分析和归纳企业和产业升级所面临的制约因素。

（一）要素禀赋优势衰减

我国体育用品制造业总体上属于传统制造业，改革开放之初凭借初级要素禀赋的比较优势成功地嵌入全球价值链和全球生产分工网络，并且得到了迅速的发展。当前无论在运动鞋、服行业还是在运动用品行业均发展成为全球规模最大、配套齐全的生产制造基地。但是最初的要素禀赋比较优势是动态变化的，随着我国的劳动年龄人口达到峰值、人口抚养比达到谷底，劳动力逐步出现短缺，导致用工成本持续攀升，人口红利进入"衰竭"期。同时，在环境与资源约束不断强化的情势下，其他主要生产要素成本也出现快速走高。这就使原有的基于初级要素禀赋成本所形成的竞争优势被逐渐削弱。虽然竞争机制和生存压力倒逼企业不断提高自身生产效率，这在相当一段时期有效抵消了部分要素成本上涨对国际竞争力所带来的负面影响，但金融危机之后，随着生产效率提升速度的滞缓，抵消效应开始弱化。

这一问题的一个重要体现是，体育用品制造业全球价值链的主导企业在外包订单国别分配方面的调整。以全球最大的运动鞋、服企业——耐克公司（Nike Inc.）的鞋类外包业务（outsourcing）为例，其2007～2016年外包业务量国家分布数据如表7－1所示。

表7－1 耐克公司鞋类产品外包业务国别占比 单位:%

年份	中国	越南	印度尼西亚	泰国
2007	35	31	21	12
2008	36	33	21	9
2009	36	36	22	6
2010	34	37	23	2
2011	33	39	24	—
2012	32	41	25	—
2013	30	42	26	—
2014	28	43	25	—
2015	32	43	20	—
2016	29	44	21	—
变动（2016 vs. 2007）百分点	-6	13	0	—

注：表中为外包数量的占比数据。
资料来源：耐克公司各年度公司年报。

金融危机之后，耐克这家全球市值最高、品牌价值也被一些评级机构评估为最高的运动鞋服企业，其鞋类产品外包业务在订单数量上的国别分配有了明显的变化：来自中国的外包量出现明显的下降趋势，而分配到越南的订单量同期快速提升。这与两国劳动力成本、资源要素价格相对优势的消长直接相关。

另一个运动鞋服巨头——阿迪达斯公司（Adidas A. G.）的鞋类外包业务也出现类似的占比变化，2007年分配给中国的外包量占比为49%，2016年降低到22%。而同期分配给越南的外包量占比从2007年的28%猛增到2016年的42%；同期印度尼西亚的外包业务占比从16%增长到24%。[①]

（二）技术与创新能力不足

产业升级，实质上是工业所具有的创新性和革命性的自发彰显（金碚，

---

① 数据源自阿迪达斯年度财务报告。

2014）。技术进步与创新能力被普遍接受为经济增长的核心驱动力，甚至在很多情境下被认为是经济增长、产业转型升级的最根本的解决方案和路径。技术创新推进产业升级不仅是由新的产业替代原有传统产业，实现传统产业的技术升级具有普遍性的意义（金碚，2017）。从技术进步的角度看，传统产业升级在客观上是最新技术成果对已有技术路线、生产工艺和商业模式等的渗透、颠覆和改造过程（刘勇，2018）。

　　企业升级所需要的技术与技术能力可以分为外生和内生两类，前者通常是通过先进企业的直接投资和企业间知识的水平溢出效应扩散与获取，后者则是企业通过自身的学习和积累形成自己特有的技术能力。对于我国体育用品制造业企业而言，其技术和知识的获取长时期以来以外生性为主，这种外生性表现在两个方面：一方面是从作为"购买方"的品牌商和渠道商获取，另一方面则是从上游的供应商一端获取。之所以存在后者这一渠道，其原因通常有两方面：一是体育用品制造业整体上来讲具有"供应商驱动型"技术进步的性质（Pavitt，1984）。例如，运动、鞋服企业生产的产品的功能性及关键技术在相当大的程度上依赖于纤维和纺织面料的功能性和制鞋材料的创新程度与技术含量。二是优良供应商往往是行业领先企业的供应商，领先企业的技术扩散直接的接收方。因此，后发企业常常利用这类供应商渠道间接"学习"行业领先企业的技术。

　　我国体育用品制造业在过去相当长的时期内主要以复制、模仿模式为主。这种模式的低风险、低投入特点以及国内市场容量和消费结构差异为该模式提供了发展空间，并导致了某种程度的"路径依赖"。虽然近年来，我国体育用品制造业的领导企业已经注重在模仿中创新，进而积累和增强自主创新的能力，但与行业先进企业的差距仍然较大。我们在第六章中，已经就中外领导企业的研发效率进行了比较，比较结果显示，国内领导企业整体水平明显低于国外标杆企业。另外，从技术研发投入与创新成果角度看，中外企业也存在较大的结构性差距。表7-2是四家中外体育用品制造业代表性的领导企业在研发投入和专利申请数量方面的数据。

　　以李宁和安踏公司为代表的中国体育用品制造业领导企业的专利申请数量远低于以耐克和阿迪达斯公司为代表的国际体育用品制造业领导企业。同时，在研发投入占比方面，国内企业与国外企业的差距明显。再考虑到表7-2中我国本土企业的主营业务收入目前还远低于国际对标企业，研发投入的绝对量差异就更为可观。

　　从授权专利的类型来看，国内企业在最能体现原始创新能力的发明专利一项上差距更为突出（见表7-3）。国内企业发明专利数量占比仅为专利授权总量（在中国）的10%左右，而耐克公司则占到36%，阿迪达斯则高达70%以上。

这种结构性的差异显示出我国本土体育用品企业在自主创新和原始创新方面的差距，同时也在某种程度上说明本土企业与国际对标企业在研发投入的具体方向方面的结构性差异。

表7-2   中外体育用品制造业领导企业研发投入与专利申请量

企业简称	比较项目	2009年	2010年	2011年	2012年	2013年	2014年	2015年	2016年
李宁	研发投入占比（％）	2.74	2.58	2.59	2.83	2.96	2.58	1.87	1.57
	专利申请数量（件）	15	16	83	30	34	25	22	40
安踏	研发投入占比（％）	1.74	1.83	2.14	2.36	2.33	2.36	2.78	2.63
	专利申请数量（件）	39	94	87	66	70	94	65	112
耐克	研发投入占比（％）	4.51	4.63	4.57	4.35	4.36	4.48	4.60	4.62
	专利申请数量（件）	434	414	431	489	1103	1017	1504	1371
阿迪达斯	研发投入占比（％）	4.64	5.23	5.43	5.34	6.23	5.39	4.33	4.90
	专利申请数量（件）	36	76	41	47	144	143	196	229

注：研发投入占比＝研发投入/主营收入。

资料来源：各企业上市年报，专利申请数量来源于佰腾网专利查询结果（含国际申请部分）。

表7-3   中外体育用品制造业领导企业在华专利授权情况（1990～2014年）

专利类型	李宁	安踏	耐克	阿迪达斯
发明专利（件）	26	47	817	68
实用新型（件）	101	60	100	0
外观设计（件）	126	360	499	27
发明专利占比（％）	10.28	10.06	36.59	71.58

注：发明专利占比为发明专利数量与专利授权（发明专利、实用新型和外观设计）总量之比。

资料来源：焦亮亮等（2016）。

（三）高级人力资本欠缺

产业升级不仅是技术升级，更重要的是劳动适应（金碚，2017）。根据波特（Porter，1985）对生产要素的划分，高级人力资本属于高级生产要素。人力资本在经济增长中的作用越来越受到重视，内生增长理论研究中的一个重要领域就是人力资本理论（Lucas，1988）。雅各布·明塞尔（2001）的研究表明，人力资本的投入可以提高物质资本边际生产率，进而提高生产效率。涂颖清（2015）进一步将高级人力资本划分为两类：专业人力资本和企业家人力资本，两者共同推动产业升级。专业人力资本是技术进步的直接承担者和探索者，通常可以包括技术型和管理型两种。前者更专注于设计研发和生产工艺环节，后者则更专注于资源整合、企业内要素配置效率，即管理环节。企业家是一种独特的人力资本。某种意义上说，产业升级最关键也是最困难的问题是企业家的升级（金碚，2017）。企业家在经济学中往往被定义为风险的承担者、机会的发现者、资源的整合者等，而明确地将企业家与创新联系在一起的熊彼特（1990）则认为以企业家驱动的创新是打破已有的均衡状态，不断进行改变和迭代。但是由于企业家精神同时具有"二重性"（牛建国，2018），其"套利性"会促使企业家持续选择技术模仿、设计模仿、管理模仿进而陷入"模仿依赖"，而只有企业家精神的"创新性"得以彰显才能实现对一味模仿套利的路径偏离，通过"路径创造"实现自主创新。因此，企业升级、产业升级不是简单地需要"企业家"，从战略角度看更需要越来越多的具有创新精神的企业家。

（四）品牌与营销能力较弱

基于价值链理论和微笑曲线，品牌和营销能力体现了企业功能升级的能力。巨大的国内市场以及消费需求的多元化使我国体育制造企业有了进行自主知识产权品牌（自有品牌）的经营空间。事实也证明，确实有一大批企业沿着自有品牌经营的路径迅速地发展起来。与此同时，在国内市场上，主要国际品牌悉数进入市场，国际一线品牌，如耐克、阿迪达斯、彪马、亚瑟士、匡威和安德玛等，它们通常定位在高端目标消费群，其渠道布局在一、二线城市和核心商圈，并依此形成辐射，逐步下沉到三、四线城市。这些品牌在中高端消费群和年轻消费者中拥有很高的知名度和忠诚度，甚至不同品牌已经成为某种特定身份认知和身份认同的标签。而国内品牌则更多地被锁定在低端市场和低端消费群，或者是对运动品牌认知度低、对价格更为敏感的消费人群。这种状态的一个重要原因是我国体育用品制造业企业的品牌营销能力较弱。第六章中就中外体育用品制造业领导企业品牌营销效率的对比实证也印证了这一点。

对于微观企业来讲，品牌实际是企业综合实力的体现，包括企业技术能力、创新能力、产品质量、产品性价比以及经营管理效率、社会责任、利益相关者关系等。因此，成就一项美誉度和忠诚度较高的品牌，是一件复杂和困难的系统工程。企业还必须承担可能出现的大量沉没成本，付出长期不懈的努力，特别是对于那些努力培育国际品牌的企业而言更是如此。品牌经营显然已经是中国体育用品制造业企业升级必须跨过的门槛，但如何成功地在国际市场，特别是发达国家市场，进行自有品牌经营仍是那些已经具有一定实力和规模的中国体育用品企业面临的重大课题和挑战。杰里菲等（Gereffi等，2003）曾强调，韩国是东亚新型经济体中最成功地进入品牌经营阶段的国家的主要标志在于其本国产生了诸如

"现代""三星"等一批在日本、欧洲和北美市场成功的自主品牌企业。

（五）领导企业竞争力不足、效率偏低

领导企业通常也是价值链条和生产网络的主导者和主要治理者。按照杰里菲（Gereffi）的"二元"分类，体育用品制造业价值链总体上属于购买者驱动的价值链模式。虽然当前在全球价值链背景下的竞争已经不是"单打独斗"，而是一定程度上表现为领导企业各自主导的价值链条之间的竞争。但是作为购买者驱动的价值链形式，主导企业的作用仍然是关键的。

主导企业的效率既体现在自身的竞争力上，同时又体现在对价值链其他参与者的选择标准和提升空间方面。国内大型的纵向一体化针织服装供应商"申洲国际"2017年总收入的67%来自运动类服装产品代工（贴牌）业务。其主要的服务品牌为耐克、阿迪达斯和彪马等国际知名体育品牌，而国内为数众多的运动鞋服品牌中只有李宁和安踏公司（FILA品牌）与之有占比非常有限的贴牌业务合作。申洲国际另外有占比25%的休闲类产品，主要定牌客户为著名的日本品牌"优衣库"。申洲国际在针织服装制造方面具有较高的技术综合能力，综合效率同业较高，收益率长期居于同行上市公司前茅，且经营状况稳定。这样的国内代工企业，国内品牌却少有合作的主要原因在于国内企业的综合实力不足、品牌溢价能力低、产品无法摆脱低端定位。在"红海"般的低端市场竞争中，国内品牌企业大多无法承担类似申洲国际这样的优质供应商的报价。于是它们不得不退而求其次地选择综合效率、技术能力更低的供应商加入其价值链条。这样的合作伙伴更倾向于吸收和学习，而非输出技术和创新能力帮助和促进主导企业的成长和综合效率的提升。因此，国内体育用品制造业领导企业实力和效率方面的短板也成为我国体育用品制造业升级的一个制约因素。

二、体育用品制造业进一步升级的思路

（一）持续、积极参与全球价值链，利用好比较优势

我国体育用品制造业企业的一个特点是企业数量众多，但规模偏小。这在运动用品制造业企业中更为突出。如有资料显示，2016年我国体育用品制造业企业总数达到400万家，而规模以上企业数量才1000余家（江小涓等，2020）。这些规模偏小的企业通常并非直接参与到全球生产分工体系中，它们往往是通过我国外经贸企业（中间商）或者是通过为全球价值链主导企业提供服务的代理商、供应商或大型制造商而间接进入全球价值链网络。对于这些企业，直接嵌入全球价值链是一个现实的选择，在价值链分工层级体系中如果可以缩短与主导企业之间的合作距离（譬如成为第一层级的供应商），就往往可以获得更高的收益分配比例；对于那些仍没有参与到全球价值链之中的企业，主动积极嵌入全球价值链

对于自身的工艺升级和产品升级通常会有积极的影响，同时也为长远的发展积蓄力量。

同时，我国体育用品制造业"传统的"比较优势还会持续一定时期。首先，因为企业效率的改进和提升会抵消部分因劳动力成本和要素成本所导致的优势消损。其次，基础设施和配套产业部门的完善程度，如产业集聚，使我国体育用品制造业的综合竞争力得以强化。当运动产品随着市场竞争的加大，越来越强调缩短上市周期和强化供应链敏捷反应，这种情况下完备的配套产业、企业的空间分布所显示出的重要性也就愈发重要。在这一点，经过40多年的发展，我国体育用品制造业形成了较强的优势。最后，我国市场规模的潜力具有巨大的"虹吸"效应，各国际品牌商进入和抢占中国市场已经是一种战略选择，而在中国市场中发展的体育用品制造业自然也就拥有了其他竞争者不具备的先天的本土优势，这种优势不是供给端要素的比较优势，而是需求端的"本土化"比较优势。

另外，我国体育用品制造业进一步升级所讨论的"参与全球价值链"应理解为是新的发展阶段的嵌入方式。价值链是由不同的价值创造环节构成的，随着技术的发展和分工的不断细化，实际上，全球价值链环节的解构是动态和不断细化的。当前企业在参与价值链的具体环节方面并非完全没有主动权。嵌入全球价值链的位置是决定我国制造业国际分工地位的关键因素（王岚和李宏艳，2015）。改革开放之初，在资金和技术、市场与渠道、管理能力等方面的约束下，以劳动力、土地等要素优势参与全球价值链是在当时约束条件下的"最优解"，或者说是权宜之计。但是我国体育用品制造业经过40多年的发展壮大，已经在资金、技术、人力资本，甚至市场方面有了更多的积累，于是在什么位置（环节）以及如何嵌入全球价值链，企业有了更多的选择权和话语权。也即，当前发展阶段选择参与全球价值链已经具有了新的含义。

国家价值链与全球价值链的辩证关系是与此相关的另一重要问题。把构建国内价值链作为后发国家企业或产业升级的一种路径和思路并不等于放弃全球价值链。国家价值链或国内价值链（NVC）的提出是以发展中国家为出发点的，是在全球价值链主要由发达国家跨国公司主导的现实背景下提出的，一些学者提出国内价值链可以帮助本土企业规避发达国家价值链主导企业的控制，避免被俘获的处境，国内价值链的利益分配上更趋于合理，有助于后发企业的价值链升级。如相关研究以微笑曲线为例指出，国内价值链曲线要比全球价值链曲线更平缓。不过，即使这种判断成立，也并不等于国内价值链可以孤立于全球价值链之外。因为只要一国的经济是开放的，全球化经济的深度渗入就会使这种"孤立"没有存在的基础。同时，国家价值链是以发展中国家（后发国家）为前提的，这实际上也暗示了通常情况下所谓国内价值链在技术创新能力、整体链条的效率水平与发达国家企业主导的全球价值链存在一定的差距。正如 Hobday（1995）所指出的，欠发达国家中作为制造业的后发企业（Latecomer Firm）面临远离国际主要的技术和研发资源，同时远离主要国际市场和高要求的使用者（Demanding User）的不利条件。另外，构建国家（国内）价值链的目的是最终成功"走出去"，是构建本国企业主导的全球价值链（贾根良和刘书翰，2012）。因此升级的客观要求是国家价值链最终成功"走出去"，或者说，从一开始就必须与全球价值链对接或具有紧密的联系。

（二）尽快完成由"模仿依赖"到自主创新为主的转变，塑造新优势

当前几乎所有对经济增长和产业升级的研究都将创新作为关键驱动力之一。这是比较容易理解的，从熊彼特（1990）的理论观点出发，创新是打破经济循环往复的关键，是企业家存在的最大价值。中国体育用品制造业的技术进步得益于参与全球价值链所带来的技术扩散和知识溢出效应，我国体育用品制造业企业通过学习和模仿，规避了来自创新初始阶段以及创新市场实现阶段的主要风险和可能出现的沉没成本。但同时也不同程度地导致对于简单模仿（甚至是复制）或初级模仿创新的"路径依赖"。从广义层面理解的路径依赖，强调的是过往行为对当下的影响（History Matters）。而根据路径依赖理论（Page，2006），在自强化、正反馈与初期的规模报酬递增效应的作用下极易产生"路径锁定"。如果我们将我国体育用品主导企业与国际对标企业相对比，会发现我国企业基础研发方面投入低，真正代表核心创新能力的发明专利占比过小，专利申请主要以外观和实用新型为主；产品开发设计存在大量的模仿，基础材料和功能技术的使用仍以模仿和跟随为主；商业模式、品牌营销，甚至组织机构、岗位设置都存在大量的机械式的"拿来主义"操作，深深地留下了跨国公司的印记。当模仿的规模报酬边际效益持续降低时，自主创新或者说是率先创新的必要性就必然凸显。事实也是如此。但是无论是从"后发优势悖论"还是"OBM 悖论"，无论是从理论还是现实经验层面均较充分地说明后发国家（后发企业）在技术赶超过程中，由模仿到率先创新（或自主创新）之间的路径转换并非自发完成的。这就需要有意识地实现"路径创造"（牛建国，2018），实现以自主创新为主导的技术和效率升级。

（三）资源配置向"异质企业"倾斜，提升本国价值链主导者竞争力

这里所谓"异质企业"是指产业内具有一定规模、经营实力，特别是具有更高效率水平的企业。从效率的角度进行衡量，异质企业是动态的。在体育用品制造业中，这些异质企业通常是价值链的主导者，主要表现为品牌制造商和那些一体化程度或整合能力强的生产商。这些异质企业作为一定层次的价值链的主导者往往决定了"链涉"企业的整体效率水平。主导者本身的升级对于整条价值

链及相关网络的升级举足轻重。实际上，主导企业在自身效率不断提升的过程中，一方面淘汰那些无法满足更高要求的供应商，另一方面为了自身的进一步效率提升也在寻找更有效率和技术实力的供应商加入。李锋（2015）认为，微观层面资源向更具有效率的异质企业配置是产业升级的重要途径。这符合这样一种理论判断：中国过去40多年的经济增长其主要方式是资源在不同产业间的配置所带来的整体效率的提升，而今后的效率提升是体现在资源在微观企业之间的配置所带来的效率提升上（蔡昉等，2018）。

（四）充分利用现阶段本国市场优势，提升竞争力、促进升级

我国国内市场的规模和潜力是独特的。改革开放之初，由于我国既缺少资金，又面临人口多但收入低、生活水平低所造成的实际有效需求的不足，这一阶段按照罗斯托（2016）的经济增长理论，还属于"起飞"之前的"准备"阶段。这一阶段所采取的出口导向型发展战略，通过吸引外资、加工生产、"两头在外"等举措推动了我国经济的"起飞"。但从某种程度上说，这种战略和相关举措是在特定发展阶段的权宜之计（刘志彪，2019）。

刘志彪（2017）认为，我国经济当前的全球化进程已经从利用国际市场支撑本国经济发展转变为利用本国市场进行国际化扩张的阶段。在罗斯托的经济增长理论中，一个国家在经历"起飞"阶段之后的下一个阶段是所谓的"可自我持续的增长"阶段，该阶段又包括进入"大众高消费阶段"。罗斯托指出，这一阶段与该社会的实际人均收入以及人们富裕之后如何消费有关，是以需求的收入弹性来刻画的一个阶段。由于对高消费的定义和标准并没有严格的标准，我们还很难简单地评判我国经济是否已经进入罗斯托所说的大众高消费阶段，但我国人均GDP已经过万（美元），居民消费水平有了可观的提升、消费观念已经发生了巨大变化，由此推动了国内市场规模的不断扩大和居民消费的持续升级。

可支配收入的提升、消费水平的提高以及人们生活方式和对健康重视程度的改变，对于体育用品制造业来讲是非常重要的外生利好。我们从第六章的实证中可以看到，我国本国市场规模扩大和消费升级，以及体育用品制造业企业国内市场依存度的提升与企业的全要素生产率提升（企业升级）有显著的正向关系。但同时，简单机械地认为企业只要回归或聚焦国内市场就可以达成升级同样是片面的。首先，在经济全球化浪潮下，市场的开放度是不断提升的，没有哪个主要市场是封闭的。对于体育用品市场来讲更是如此，世界主要体育用品品牌几乎都已经直接或间接进入中国，我国体育用品市场的开放度和竞争度都非常高。也就是说，从体育用品行业来讲，中国市场已经是全球市场的一个"分会场"。其次，可以说我国国内市场处于内需进一步释放与消费需求升级相互叠加的阶段，但这种阶段是动态演化的，是有时间窗口的。我国体育用品制造企业需要充分利

用这一窗口期，通过本国市场效应快速提升生产率，促进企业和行业的进一步升级。

（五）企业价值链功能升级是制造业服务化的重要体现

基于 HS 企业升级模式中，价值链功能升级是企业升级的基本要义（余典范，2018），是真正推动后发国家企业赶超的重要升级形式（贾根良和刘书翰，2012）。从"微笑曲线"上看，企业自身的功能升级是向曲线的两端进行攀升的过程，这实际上包含了 Hobday（1995）基于东亚新兴经济体升级路径（OEM - ODM - OBM）中的"ODM"和"OBM"阶段，即向设计研发和品牌营销两端攀升。

功能升级所涉及的微笑曲线的两端环节相比于曲线的底部更侧重于"无形"业务，而这正是生产性服务业的特征。可以说，功能升级本身就体现了制造业服务化，而制造业服务化实际上也导致了原制造型企业价值链条长度的拓展和制造环节的"软化"。

从微观企业的角度看，当企业进行价值链功能升级时，其努力的方向也就是强化和提高制造服务环节。从产业的角度看，越来越多的企业实现功能升级自然也就促进和充实了生产性服务业的发展。同时，那些一开始就定位在为制造业企业提供无形产品（服务）的企业，也将有利于助推制造企业的功能升级。实际上，体育用品制造业企业相当比例的设计与研发环节、品牌营销功能的外包活动就是得利于体育用品制造业相关的生产性服务业的发展，而体育用品制造业对相关生产性服务业的需求也丰富和强化了体育产业的内涵。当前，由于我国体育制造服务业发展较晚，整体水平较低、国际竞争力较弱，因此，目前的体育用品制造业领导企业更多尝试利用全球性的，特别是发达国家的体育制造服务业提供的服务。如国内有代表性的运动品牌李宁、安踏、特步等运动服装设计上更多地使用韩国设计资源，在运动鞋履的技术开发上更多地使用美国资源，为此这些品牌多在韩国和美国开立研发设计分中心。为便于招揽国际性创意和研发人员，这些企业还选择在中国香港设立办公场所和研发中心。品牌营销方面的创意活动也往往将重要环节外包给国际性广告与营销策划公司。于是出现了体育用品制造业服务化投入的国际化和制造环节投入要素的本地化现象。

（六）数字化转型助推产业与企业升级

2016 年的《G20 数字经济发展与合作倡议》中将数字经济界定为，使用数字化的知识和信息作为关键生产要素、以现代信息网络作为重要载体、以信息通信技术的有效使用作为效率提升和经济结构优化的重要推动力的一系列经济活动。数字经济以人工智能、大数据、区块链以及云计算等底层数字技术为主要技术驱动力。数字经济时代的到来将产业与企业的数字化转型提升到了极其重要的战略高度。数字化不仅使数据成为生产要素，而且为资源配置效率的提升提供了技术基础和想象空间。

从企业内部看，数字化有助于更好地了解和预测用户（消费者）的需求，并在此基础上计划和实施更为精准的营销行为。同时，产品设计和研发模式在数字化与互联网技术的支持下得以打破传统企业的边界。开放式设计和研究协作有利于提升设计研发的效率和质量。而生产模式在数字化技术基础上所实现的快速反应与柔性化、大规模定制化则为更为精准地满足日益多样化和个性化的消费需求提供了保障。从价值链和产业链角度看，数字化转型为打通价值链条和产业链条上的各个企业之间技术和管理阻碍、实现更高层级的协同提供了物质基础，有助于促进价值链向"生态链"演化，有助于制造与生产性服务活动的进一步融合。从产业组织视角看，数字化一方面抬高了行业准入门槛，另一方面又加剧了企业间的竞争，使竞争形式由传统的此消彼长式转变为"颠覆式"。数字化技术的进一步发展为商业模式的创新提供了更为广阔的空间。

综上所述，我国体育用品制造业升级的总体思路以新视角下参与全球价值链为起点，在当前的发展背景下嵌入位置的选择非常重要；以塑造新竞争优势为目的，基于目前我国宏观经济发展阶段和体育用品制造业所面临进一步发展的环境，创新特别是自主创新是关键因素；同时，发挥具有异质性的价值链主导企业对价值链条效率提升的引领作用，带动整个行业的进一步升级；本国市场规模和消费持续升级，是当前我国体育用品企业寻求进一步升级的另一个支撑、是需求侧的着力点；由于功能升级本身就体现了制造业服务化的程度，从"生产型制造"向"服务型制造"是我国体育用品制造业功能升级的基本方向；而数字化转型既是数字经济时代的必然要求也是行业升级、企业升级的有效抓手。

三、体育用品制造业进一步升级的路径

无论是产业升级还是企业升级都应该基于"内涵式"增长方式，体现了效率提升的过程。因此，就我国经济和产业发展阶段而言，这个提升的过程客观上也就是经济增长模式转换的过程。2008 年金融危机的"正面"作用是使我国体育用品制造业问题暴露得更充分，使产业进一步升级成为当务之急。基于上文对我国体育用品制造业进一步升级的制约因素分析以及对进一步升级思路的探讨与研判，以下探讨进一步升级的主要路径：

（一）进一步升级的基础和关键：自主创新与效率提升

创新是效率提升的基本来源，而自主创新在当前阶段比之前任何时候都更为重要和紧迫。强调自主创新并非鼓励闭门创新，更不是放弃学习吸收现有先进技术，而是强调企业和组织的行为必须以实现"自主创新"为目的。在前文的实

证中有一个"有趣"的结论，实证结果显示，在企业研发投入的增长有利于研发效率提升的同时，企业技术研发人员的投入与效率的关系并不显著，这在一定程度上说明或解释了企业进行外部技术资源整合的重要性，而这一点对于体育用品制造业企业来讲尤为重要。体育用品制造业在一定程度上具有供应商驱动的技术进步类型的特征，相当比例的具有高技术含量和高度创新性的体育产品来自基础材料和基础工艺方面的技术进步与创新。因此，体育用品制造业的自主创新的实现是价值链条共同合作和相互促进的结果。

同时，体育用品制造业应不断引入先进制造元素和生产模式。体育用品制造业整体上作为一种传统制造业，必然同样要经历向先进制造业转化的过程。在世界制造业领域，高技术化、数字化、智能化、网络化、虚拟化和绿色（环保）化等已经成为发展潮流，对于我国体育用品制造业来说必须面对和适应这一转变。先进制造元素是技术进步的体现，生产和经营模式是在技术前提下对价值链各环节的重构，其目的是效率的提升和产生新的竞争优势。如互联网技术的广泛普及，使运动鞋服的在线定制已经被一批品牌制造企业所采用。可穿戴技术的出现，使运动鞋服和运动装备成为消费者和运动员的贴身"医疗保健设备"。无论对于消费者健康还是对于运动员运动成绩的提高都有着传统方式下难以实现的功能和作用。大数据及其深度挖掘与应用使体育用品制造企业能够更准确地预测需求。我国体育用品制造业企业必然通过这些技术创新和经营模式创新，不断提高技术含量、提高效率和竞争力。

（二）价值链外源式升级路径：新视角下参与全球价值链

经济全球化背景下积极嵌入全球价值链是产业和微观企业提升效率的有效方式，但是经过了改革开放40多年的发展，同时正值全球经济结构调整期，应该对我国体育用品制造业企业嵌入全球价值链的切入点和参与方式有新的认识。

首先，我国体育用品制造业进一步升级要求企业必须有选择地参与全球价值链环节，而不是仅仅重复从低端嵌入的老路。能否在全球价值链中获取更高的收益，单纯参与全球价值链是不够的，更重要的是能否在全球价值链的某个或某些战略环节占据竞争优势。

其次，我国体育用品制造业一方面内部资源需要进一步整合和重新配置，另一方面那些集中依赖低廉的初级要素的低附加值制造环节应积极实施梯度转移。体育用品制造业和企业的升级必须有取有舍。取的是高附加值环节，舍则表现为转移低附加值和相对竞争优势不断弱化的价值链非战略性环节，或者是通过技术进步和经营模式创新使原低附加值环节产生某种"不可替代性"，通过提升替代壁垒收取高"租金"。

我国体育用品制造业是市场化程度非常高的行业，其中外资和民营资本占比远高于国有资本。体育用品制造业的发展以及进一步升级过程中，市场的力量发挥着关键性的作用。在竞争环境中，资源配置的主导力量在于市场本身，而微观企业的效率是关键。市场将配置更多的资源给效率更高的企业。也就是说，未来我国体育用品制造业升级的方向之一是在竞争机制下进一步整合资源。那些没有能够及时通过升级提升效率的厂商将被淘汰或兼并，而资源将重新配置给那些在竞争中取胜的效率更高的企业。以运动鞋、服品牌制造企业为例，它们更倾向于通过自身的发展而不是兼并国内竞争对手的方式进行。其主要原因在于国内竞争对手通常与它们本身的品牌定位、价格定位与产品定位、产品技术含量甚至渠道布局都具有很强的同质性。因此，这些企业之间通过竞争进行此消彼长的取代远比简单的短期的规模扩大更有意义。

我国体育用品制造业的发展是在全球价值链及生产国际化分工动态演化中承接了由日本、"亚洲四小龙"之后的国际梯度转移的结果。就当前我国经济发展阶段、要素成本的水平和未来发展趋势而言，依赖以劳动力为代表的初级要素成本比较优势的价值链低附加值环节必然要进行再次转移。这也是最早在东部沿海地区发展起来的体育用品制造业升级所导致的必然结果。鉴于我国地域大、东中西部发展不均衡、劳动力供给和成本在客观上也存在梯队特征，因此体育用品制造业的制造环节转移除了国家间转移之外还有一种趋势就是国内的区域转移。我们目前更多看到的是国际企业（如耐克、阿迪达斯等）在金融危机之后将其外包生产订单加速向以越南为代表的东南亚国家转移，而国内的大型生产性企业（OEM）则更多地采用生产能力跨境转移和国内区域转移的"两条腿走路"模式。这种转移一方面受到硬约束条件，如成本、劳动力数量等的制约；另一方面也受到价值链主导企业主要市场空间分布的约束。当然文化、制度、政治环境、企业跨国别、区域的管理能力等也是影响因素，有时还非常关键，我们这里假设企业面临的这些外生的软约束相同。我国中西部地区是否能真正形成明显的下一个转移梯队还存在较大的不确定性，这一点实际上也直接关系到是否可以真正形成体育用品制造业的国内价值链，以及这种国内价值链是否具有较强的竞争力的问题。

最后，国内价值链和全球价值链必须衔接，国内价值链的主导企业必须提升国际化经营的能力，积极参与更广范围的国际竞争。虽然我国国内市场规模特点以及处于消费升级发展阶段的利好有利于我国企业提升生产率（升级）。但从长期看，当国内市场潜力进一步得到释放以及消费升级达到一定阶段时，对企业升级的促进作用很可能会弱化。况且，全球价值链更具有整合全球知识资本与科技资源的作用。众多国际品牌的国际化的发展经历在这一点上是有说服力的。

（三）价值链内源式升级路径：从参与到主导

企业在原有价值链中的不断升级的结果将导致原价值链中的治理关系发生变化，其所导致的结果之一就是对原有价值链的一种重构。

首先，从同一产品分工链条的角度看，制造环节并非没有作为，企业应基于自身在制造环节能力和实力的积累情况以及对未来的战略规划来评估制造环节的升级价值。以"申洲国际"为例，它的口号就是把一件事情（制衣）做精。通过不断的技术进步和在针织服装领域的纵向一体化整合，其与国际体育用品品牌的关系已经基本摆脱了被"俘获"的困局，形成了新的"关系型"合作关系，价值链地位明显提高，其结果是综合效率提升。

其次，延长价值链条长度是体育用品制造业升级的重要选择。对于体育用品制造企业来讲，延长价值链实际上体现出体育用品制造业企业向价值链微笑曲线两端位移（攀升）的功能升级。对于体育用品制造业来讲是通过深化链条分工、加强生产服务性环节的能力实现体育用品制造业本身的结构"软化"。

再次，品牌经营应重视"借帆出海"。品牌是企业综合实力的代名词或者说是一种综合实力的身份认证。因此可以说，品牌是企业各种要素、关系投入以及发展历史的函数。相比研发环节，我国体育用品价值链主导企业更倾向于在品牌推广方面进行投入。但从长期看，强大的研发实力与研发效率是品牌能否成长为强势品牌的必要条件。

自主品牌经营不能简单地与"自创品牌"经营画等号。品牌所有权决定了是不是"自主"。由于品牌的特殊属性，采用资本的力量获得已经"成熟"的国际品牌，进而开展国际范围的品牌经营是我国体育用品制造业企业在功能升级上相对"便捷"的路径。这种选择有其现实性：除了培育一个品牌需要长期的投入以外，从国家层面来看，"国家品牌"是一个国家整体综合实力的集中体现，这里的综合实力既包括可以用生产率或效率直接衡量的部分，也包括历史、文化、制度等所谓的"软实力"。微观企业的品牌通常受到"国家品牌"背书的制约，如果国家品牌在世界市场上具有很高的溢价能力，那么一国微观企业的品牌成功进入国际市场的成本就会有效地降低。相反，企业就要付出更多的成本"独闯江湖"。同时，国家品牌是个集合概念和历史概念，只有经年累月地通过众多企业的共同努力才能实现更高的溢价能力。

同时需要关注的是，目前我国体育用品制造业企业更多的是通过购买或引进（特许经营、合资与合作经营）的方式将国际品牌"请进"中国市场，用"洋品牌"争夺和细分国内市场这块蛋糕。短期内通常会带来新的生意增长，但从长期看如果国内企业专注于此，会形成对本土品牌更多的挤出效应，从培育本土品牌或民族品牌的角度看是非常不利的。与此同时，国内企业的国际市场的经营能力会因长期囿于国内市场而无法得到综合提升。国内体育用品领导企业之一的安踏公司在2018年通过对芬兰体育用品公司亚玛芬的整体控股，将其旗下的多个体育品牌收购，这是中国体育用品制造企业在功能升级和经营国际化方面的一次很好的尝试。

最后，数字经济时代的来临为一个国家、产业和企业的发展与转型升级带来了更多的想象空间和"变道超车"的机会。企业应积极顺应、利用互联网和大数据技术，在消费者行为研究和经营模式上寻求创新和新的升级机会。从价值链（增值链）角度看待商业模式，可以把商业模式理解一种以盈利为目的的价值链环节的构建方式。商业模式的创新也就可以理解为价值链构建方式的创新。这种新的构建方式通常是由于技术进步所引起的。以互联网和大数据技术为主要特征的新经济变革，互联网技术以及以互联网为基础发展起来的大数据技术，对价值增值的环节和方式产生了较大的影响。

第二节　体育用品制造业升级的政策建议

基于本书的理论探讨和实证研究，就我国体育用品制造业进一步升级提出若干政策建议。

第一，坚持对外开放，积极高水平参与全球价值链与国际竞争。我国经济发展的经验十分明确地揭示了改革开放对于中国经济增长"奇迹"的意义。中国体育用品制造业的快速发展首先得益于20世纪80年代末开始的对外开放。理论和实证研究进一步证明参与全球价值链对我国体育用品制造业升级存在显著的推进作用。我国体育用品制造业的升级会进一步推动原有全球价值链的重构，而只有在开放的环境下、在积极参与全球价值链的前提下、在更高水平的竞争中，才有可能使我国体育用品制造业在进一步升级过程中增强竞争力、分享升级的利得。从这一点上看，还需要处理好国内价值链（国家价值链）和全球价值链的辩证关系，两者不能割裂。

第二，大力促进以自主创新模式为主的技术进步与效率提升。在技术进步方面，我国体育用品制造业的发展经历过典型的"干中学"阶段。这个阶段模仿、吸收、学习再到模仿式创新（以创新为目的的模仿活动）是技术进步和效率提升的主要模式。但是随着模仿与低水平的模仿式创新所带来的边际效益逐渐消减，自主创新（拥有自主知识产权的率先创新）成为我国体育用品制造业进一步升级必须要攀升的阶段。对于长期的跟随式发展，后发企业是否能实现技术赶超关系到下一步产业升级成功与否。我们以国内的体育用品制造业领导企业与国际体育用品制造业领导企业作对比研究的结果表明，在研发的投入和发明专利方面还有很大的差距。

第三，激励企业家精神由"套利性"向"创新性"转换。在熊彼特看来，只有那些不断打破原有状态，不断进行新组合的人才可以称为企业家。但这个条件显然是对"企业家"或"企业家精神"的强约束。实际上企业家同时也是资源的整合者、风险的承担者，还是机会的寻求者或者说是"套利者"。现实中的企业家们是要对风险和收益进行权衡的。我国体育用品制造业嵌入全球价值链初期的切入点整体上是代工环节。这一环节虽然附加值低，但是企业所面临的风险小。模仿性工作也存在同样的性质，虽然模仿或模仿创新不能得到像率先创新那样的"丰厚"利润（熊彼特租），但也最大限度地降低了前期投入的沉没成本和后期市场不接受的风险损失，而且整个周期较短、可控性强。这种选择模式一旦形成一种路径依赖，就增加了企业选择自主创新的主观难度。因此，除了市场竞争机制的作用，在制度层面应强化激励机制引导企业家精神从"套利性"向"创新性"转变。需要进一步营造企业家友好型营商环境、完善知识产权保护制度、鼓励自主创新的激励措施，同时增加复制甚至是仿冒的预期成本和机会成本。

第四，鼓励产业内企业间资源整合，提高资源配置效率。从产业内的微观企业角度出发，资源在企业间的重新配置可以带来资源使用效率的变化。我国体育用品制造业的一个特点是企业数量众多但企业平均规模较小。大量规模较小的企业以承接转包商的订单为主要业务，由于缺乏研发能力和研发投入，这些为数众多的小型企业通常是靠简单加工或简单模仿（甚至仿冒）的模式勉强生存，造成产业内资源分散的同时还形成价格"竞底竞赛"，并有可能出现"柠檬市场"效应。鼓励体育用品制造业内部通过市场竞争机制进行企业间资源重新配置将促进我国体育用品制造业整体效率的提升。根据异质性企业的讨论，资源不断配置给高效率的企业是促进产生升级的有效方式。

第五，提升"国家品牌"的溢价能力，搭建品牌国际化的国家平台。从国家层面来看，"国家品牌"是一个国家整体综合实力的集中体现，这里的综合实力既可以是用生产率或效率直接衡量的部分，也包括历史、文化、制度等所谓的"软实力"。特别是微观企业品牌的国际化离不开国家形象和"国家品牌"的背书。消费者对耐克和阿迪达斯体育用品制造业品牌的认知首先是对其来源国的认知。正如刘志彪（2005）所指出的品牌问题的刚性特质，他认为在买方市场下，只要某种品牌所代表的文化属于流行的强势文化，其他强势的后起品牌"挤出"的可能性很小。而这里提及的所谓代表性的背后，首先涉及的就是"国家品牌"

问题。如果"中国制造"在国际市场上有较高的"溢价"能力，甚至成为"中国溢价"，就会为我国体育用品制造业企业自有品牌的成功"出海"在时间投入和避免前期过多的沉没成本投入方面提供极大的便利。

第六，拓宽产业链条，通过促进体育用品生产性服务业发展助力企业功能升级。HS 升级模式中的价值链功能升级从价值链微笑曲线直观地看就是由生产制造为主的底部向两端的攀升。两端分别是设计研发和品牌与营销，这两部分通常是无形的过程，体现了制造业服务化，也属于生产性服务业的范畴。因此，价值链功能升级实际上与发展生产性服务业有内在的紧密联系。我国体育用品制造业在设计研发以及品牌营销方面总体上存在短板，一方面由于体育用品制造业企业本身的问题，另一方面则与相关的体育用品制造业生产性服务业发展还处于较为初级阶段有重要关系。

第七，在推进以数字化、智能化为核心的新基建的同时丰富数字化转型公共品的提供，打造普惠的数字技术共享模式。信息技术和互联网技术的融合发展以及迭代式的快速升级推动了数字经济的形成和发展。具体来讲，诸如大数据、人工智能等底层数字技术已经成为数字经济迅猛发展的主要驱动力。企业数字化转型的战略意义凸显，一定程度上说，企业数字化转型成功与否关系到企业和整个产业的升级。我国体育用品制造企业的一个特点是中小企业占比很高。大型企业通常有能力主动拥抱数字化转型，并为之进行大量的投入。但对于中小企业而言，受限于自身实力和发展阶段，它们很难独自承担数字化转型所需的初期投入，因此需要大量的促进数字化转型社会公共品和以"普惠"为特征的数字技术。政府在推动产业和企业数字化转型方面不仅在数字技术基础设施建设方面承担了主要的责任，还应该积极引导和打造旨在支持和鼓励中小企业加快数字化转型、积极参与竞争的具有普惠性质的数字技术共享模式和机制。

第三节　研究展望

尽管在研究过程中力求创新性和科学性，并力求可以得出一些有益于我国体育用品制造业在"后危机"阶段进一步升级的发现、结论和建议。但由于主、客观条件的限制，研究不免存在一些局限。首先，现有统计数据的限制。由于所研究的"体育用品制造业"主体部分在原国民经济分类标准中分属于不同的行业类别，同时不同统计数据的统计标准口径也存在较大差异，因此在统计数据上目前仍不能较好地满足研究的需要，甚至限制了更深入的研究。其次，部分研究有待进一步深入。如国内市场规模以及企业国内市场依存程度与企业升级之间的作用机理还需要从更多的角度进行分析研究。最后，生产率测算方法的差异。在实证中，不同的全要素生产率测算方法侧重点不同，结果也多有不同。即使是在采用数据包络以及 Malmquist 全要素生产率指数方法进行效率测度时，采用的投入和产出指标的不同也会对效率结果有较大的影响。因此，在研究中如果可以扩展研究测度方法的使用并进行比较分析，可能对具体问题分析深度更有裨益。

本书存在局限本身也是下一步深化研究的阶梯，例如，从理论模型的角度更好地实现对价值链环节攀升机制的刻画；进一步研究本国市场规模和市场依存程度对企业升级（生产率提升）的影响机制以及长期效应；另外，本书对我国体育用品制造业升级的研究重点在于"生产率（效率）"维度，这个维度非常关键，但更多维度的更全面的综合研究也是必要的，这也将成为未来研究的一个关注方向。同时，我国体育用品制造业正处于一个行业内资源整合的变革时期，特别是在市场竞争压力之下，国内市场规模的扩容空间存在边界，而且越来越多的国际竞争者（或品牌）挤入，本土领导企业格局正在发生演变，本土企业如何充分利用本国市场的同时实现高质量的国际化也需要在未来进行跟踪和研究。

参考文献

［1］ Aghion P, Howitt P. A model of growth through creative destruction ［J］. Econometrica, 1992, 60 (2): 323 – 351.

［2］ Alchian Armen A. Uncertainty, evolution, and economic theory ［J］. The Journal of Political Economy, 1950, 58 (3): 211 – 221.

［3］ Alonso de Gortari. Disentangling global value chains ［R］. NBER Working Paper No. 25868, 2019.

［4］ Amiti M, Konings J. Trade liberalization, intermediate inputs and productivity: Vidence from Indonesia ［J］. American Economic Review, 2007, 97 (5): 1611 – 1638.

［5］ Antras P. Elhanan Helpman. Global sourcing ［J］. Journal of Political Economy, 2004, 112 (3): 552 – 580.

［6］ Antras P, Chor D. On the measurement of upstreamness and downstreamness in global value chains ［R］. CEPR Discussion Papers No. 12549, 2017.

［7］ Arnold Jens Matthias, Beata S. Javorcik. Gifted kids or pushy parents? Foreign acquisitions and plant productivity in Indonesia ［R］. CEPR Discussion Paper 5065, 2005.

［8］ Arrow K J. The economic implications of learning by doing ［J］. The Review of Economic Studies, 1962, 29 (3): 155 – 173.

［9］ Augier P, Cadot O, Dovis M. Imports and TFP at the firm level: The role of absorptive capacity ［J］. Canadian Journal of Economics, 2013, 46 (3): 956 – 981.

［10］ Balassa B. Trade liberation and revealed omparative advantage ［J］. The Manchester School of Economic and Societal Studies, 1965 (33): 99 – 123.

［11］ Banker R D, Charnes A, Cooper W W. Some models for estimating technical and scale inefficiencies in data envelopment analysis ［J］. Management Science,

1984 (30): 1078 - 1092.

［12］ Bas Maria, Strauss - Kahn. Input - trade liberalization, export prices and quality upgrading ［J］. Journal of International Economics, 2015, 95 (2): 250 - 262.

［13］ Bazan L, Navas - Aleman L. Upgrading in global and national value chains: Recent challenges and opportunities for the Sinos Valley footwear cluster ［Z］. Brazil, 2003.

［14］ Bernard A B, Jensen J B. Exporting performance: Cause, effect, or both ［J］. Journal of International Economics, 1999 (47): 1 - 25.

［15］ Bernard A B, Jensen J B. Exporters, jobs, and wages in U. S. manufacturing: 1976 - 1987 ［J］. Brookings Papers on Economic Activity, Microeconomics: 1995 (26): 67 - 119.

［16］ Bernard A B, Wagner J. Exports and success in German manufacturing ［J］. Weltwirtschaftaliches Archiv, 1997, 133 (1): 134 - 157.

［17］ Bernard A B, Eaton J, Jensen J B, Kortum S. Plants and productivity in international trade ［J］. American Economic Review, 2003, 93 (4): 1268 - 1292.

［18］ Bigsten A, Gebreeyesus M. Firm productivity and exports: Evidence from Ethiopian manufacturing ［J］. Journal of Development Studies, 2009 (45): 1594 - 1614.

［19］ Cassiman B, Golovko E, Ros E M. Innovation, exports and productivity ［J］. International Journal of Industrial Organization, 2010 (27): 373 - 391.

［20］ Castellani D. Export behavior and productivity growth: Evidence from Italian manufacturing firms ［J］. Weltwirtschaftaliches Archiv, 2002, 138 (4): 372 - 376.

［21］ Caves D W, Christensen L R, Diewert W E. The Economic - theory of index numbers and the measurement of input, output, and productivity ［J］. Econometrica, 1982 (50): 1393 - 1414.

［22］ Charnes A, Cooper W W, Rhodes E. Measuring the efficiency of decision-making units ［J］. European Journal of Operational Research, 1978 (2): 429 - 444.

［23］ Cooper W W, Seiford L M, Tone K. Data envelopment analysis: A comprehensive text with models, applications, references and DEA - solver software ［M］. 2nd Ed. New York: Springer Science & Business Media, 2007.

［24］ Dallas M P, Ponte S, Sturgeon T J. A typology of power in global value chains ［J］. Review of International Political Economy, 2017, 26 (4): 68 - 82.

［25］ Emrouznejad A, Amin G R. DEA models for ratio data: Convexity consideration ［J］. Applied Mathematical Modeling, 2009 (33): 486 – 498.

［26］ Ernst D. Catching – up crisis and industrial upgrading: Evolutionary aspects of technological learning in Korea's electronics industry ［J］. Asia Pacific Journal of Management, 1998, 15 (2): 247 – 283.

［27］ Farrell M J. The measurement of productive efficiency ［J］. Journal of the Royal Statistical Society, 1957 (19): 150 – 162.

［28］ Fernandez – stark, Penny Bamber and Gary Gereffi. Global value chains in Latin America: A development perspective for upgrading ［C］//R Hernandez, J. M. Martinez – Piva & N. Mulder (eds.). Global value chains and world trade: Prospects and challenges for Latin America. Santiago, Chile: ECLAC.

［29］ Françoise Lemoine, Deniz ünal – Kesenci. China in the international segmentation of production processes ［R］. CEII, Working Paper No. 2002 – 02, 2002.

［30］ Färe R, Grosskopf S, Lindgren B, Roos P. Productivity changes in wedish pharamacies 1980 – 1989: A non – parametric Malmquist Approach ［J］. Journal of Productivity Analysis, 1992 (3): 85 – 101.

［31］ Färe R, Grosskopf S, Norris M, Zhang Z. Productivity growth, technical progress, and efficiency changes in industrialized countries ［J］. American Economic Review, 1994 (84): 66 – 83.

［32］ Gereffi G, Lee Joonkoo. Why the world suddenly cares about global supply chains ［J］. Journal of Supply Chain Management, 2012, 48 (3): 24 – 32.

［33］ Gereffi G, Humphrey J, Sturgeon T. The governance of global value chains ［J］. Review of International Political Economy, 2005, 12 (1): 78 – 104.

［34］ Gereffi G, Olga Memedovic. The global apparel value chain: What prospects for upgrading by developing countries? ［R］. United Nations Industrial Development Organization, Vienna, 2003.

［35］ Gereffi G, M. Korzeniewicz. Commodity chians and global capitalism ［M］. Westport: Praeger Publishers, 1994.

［36］ Gereffi G. Shifting governance structures in global commodity chains, with special reference to the internet ［J］. American Behavioral Scientist, 2001 (44): 1616 – 1637.

［37］ Gereffi G. International trade and industrial upgrading in the apparel commodity chain ［J］. Journal of International Economics, 1999, 48 (1): 37 – 70.

［38］ Gerreffi G, Karina Fernandez – Stark. Global value chain analysis: A primer

(2nd Edition) [M]. Center on Globalization, Governance & Competitiveness, Duke University, 2016.

[39] Giuliani E, Pietrobelli C, Robellotti R. Upgrading in global value chains: Lessons from Latin American clusters [J]. World Development, 2005 (33): 549 – 573.

[40] Globalvaluechains. org. Concept & Tools [EB/OL]. http://www. globalvaluechains. org/, 2018 – 03 – 15.

[41] Goldberg P, Khandelwal A, Pavcnik N, et al. Trade liberalization and new imported inputs [J]. American Economic Review, 2009, 99 (2): 494 – 500.

[42] Gorodnichenko Yuriy, S. Jan, T. Katherine. Globalization and innovation in emerging markets [J]. World Bank Policy Research Working Paper Series, 2009 (1).

[43] Grossman G, Helpman E. Trade, knowledge spillovers, and growth [J]. European Economic Review, 1991, 35 (2 – 3): 517 – 526.

[44] Halpern L, Korean M, Szeidl A. Imported inputs and productivity [J]. Amercian Economic Review, 2015, 105 (12): 3660 – 3703.

[45] Hanlin R, C. Hanlin. The view from below "lockin" and local procurement in the African gold mining sector [J]. Resources Policy, 2012 (37): 468 – 474.

[46] Hausman J A, Taylor W E. Panel data and unobservable individual effects [J]. Econometrica, 1978 (49): 1377 – 1398.

[47] Hobday M. Innovation in east Asia: The challenge to Japan [M]. Aldershot: Edward Elgar Publishing Limited, 1995.

[48] Holst D R, Weiss J. ASEN and China: Export rivals or partners in regional growth? [J]. The World Economy, 2004 (27): 1255 – 1274.

[49] Hopkins T. Wallerstein I. Commodity chains in the world economy prior to 1800 [J]. Review, 1986, 10 (1): 157 – 170.

[50] Hsu Robert C. Changing domestic demand and ability to export [J]. Journal of Political Economy, 1970, 78 (2): 330 – 337.

[51] Hummels D, Ishiii J, Yi K M. The name and growth of vertical specialization in world trade [J]. Journal of International Economics, 2001, 54 (1): 75 – 96.

[52] Humphrey J, Schmitz H. How does insertion in global value chains affect upgrading in industrial clusters? [J]. Regional Studies, 2002 (36): 1017 – 1027.

[53] Humphrey J, Schmitz H. Governance in global value chains [J]. IDS

Bulletin, 2001, 32 (3): 19 – 29.

[54] Humphrey J. Schimitz H. Developing country firms in the world economy: Governance and upgrading in global value chains [R]. INEF Report 61/2002. Duisburg: INEF – University of Duisburg, 2002.

[55] Johnson R, Noguera G. Accounting for intermediates: Production sharing and trade in value added [J]. Journal of International Economics, 2012, 86 (2): 224 – 236.

[56] Johnson R. Measuring global value chains [J]. Annual Review of Economics, 2018, 10 (8): 207 – 236.

[57] Jones C I. Intermediate goods and weak links in the theory of economic development [J]. American Economic Journal: Macroeconomics, 2011, 3 (2): 1 – 28.

[58] Kaplinsky R, Morris M. Governance matters in value chains [J]. Developing Alternatives, 2003 (9): 11 – 18.

[59] Kaplinsky R. Globalization and unequalisation: What can be learned from value chain analysis [J]. Journal of Development Studies, 2000 (2): 117 – 146.

[60] Kaplinsky R, Morris M, Readman J. The globalization of product markets and immiserising growth: Lessons from the South African furniture industry [J]. World Development, 2002, 30 (7): 1159 – 1177.

[61] Kasahara H, Lapham B. Productivity and the decision to import and export: Theory and evidence [J]. Journal of International Economics, 2013 (89): 297 – 316.

[62] Kimura F, Kiyota K. Exports, FDI, an productivity: Dynamic evidence from Japanese firms [J]. Review of World Economics, 2006, 142 (4): 695 – 719.

[63] Kogut B. Normative observations on the international value – added chain and strategic groups [J]. Journal of International Business Studies, 1984, fall, 151 – 167.

[64] Kogut B. Designing global strategies: Comparative and competitive value added chains [J]. Sloan Management Review, 1985, 26 (4): 15 – 28.

[65] Koopman R, Wang Z, Wei S J. Tracing value added and double counting in gross exports [J]. The American Economic Review, 2014 (104): 459 – 494.

[66] Koopman R, Wang Z, Wei S J. Estimating domestic content in exports when processing trade is pervasive [J]. Journal of Development Economics, 2012, 99 (1): 178 – 189.

［67］ Krugman P. Scale economies, product differentiation and the pattern of trade ［J］. America Economic Review, 1980, 70 (5): 950 – 959.

［68］ Krugman P. Increasing returns and economic geography ［J］. Journal of Political Economy, 1991, 99 (3): 483 – 499.

［69］ Landsmann M, Pöeschl J. Balance of payments constrained growth in central and Eastern Europe ［M］// Knell M. (ed.), Economics of Transition, Cheltenham, UK: Edward Elgar, 1996.

［70］ Lee J R, Chen J S. Dynamic synergy creation with multiple business activities: Toward a competence – based growth model for contract manufacturers ［J］. Applied Business Strategy, 2000 (6A): 209 – 228.

［71］ Lee K, Szapiro M, Mao Z. From global value chains (GVC) to innovation systems for local value chains and knowledge creation ［J］. The European Journal of Development Research, 2017, 30 (3): 1 – 18.

［72］ Linder S B. An essay on trade and transformation ［M］. New York: Wiley, 1961.

［73］ Lipsey R A, Doyle T B. The sporting goods industry: Histoty, practices and products ［M］. McFarland & Company Inc., Publishers, 2006.

［74］ Loecker J D. Do exports generate higher productivity? Evidence from Slovenia ［J］. Journal of International Economics, 2007 (73): 69 – 98.

［75］ Los B, Timmer M P, Vries G J. How global are global value chains? A new approach to measure international fragmentation ［J］. Journal of Regional Science, 2015, 55 (1): 66 – 92.

［76］ Lucas R E. On the mechanics of economic development ［J］. Journal of Monetary Economics, 1988 (22): 3 – 42.

［77］ Malmquist S. Index numbers and indifference surfaces ［J］. Trabajos de Estadística y de Investigación Operativa, 1953 (4): 209 – 242.

［78］ Mankiw N, Romer G, Weil D N. A Contribution to the empires of economic growth ［J］. Quarterly Journal of Economics, 1992, 107 (5): 407 – 437.

［79］ Marceau J, Manley K, Sichlem D. The high road or the low road alternatives for Australia's future ［M］. Australian Business Foundation Ltd, 1997.

［80］ Marsh I W, Stephen P. Tokarick. An Assessment of three measures of competitiveness ［J］. Review of World Economic, 1996, 132 (4): 700 – 722.

［81］ Melitz M J. The impact of trade on intra – industry reallocations and aggregate industry productivity ［J］. Econometrica, 2003, 71 (6): 1695 – 1725.

［82］ Meng B, Xiao H, Ye J and Li S H. Are global value chains truly global? A new perspective based on the measure of trade in value – added ［Z］. IDE Discussion Paper No. 736, 2019.

［83］ Morrison A, Pietrobellic C, Roberto R. Global value chains and technological capabilities: A framework to study learning and innovation in developing countries ［J］. Oxford Development Studies, 2008, 36 (1): 39 – 58.

［84］ Murphy K M, Shleifer A, Vishny R W. Industrialization and the big push ［J］. Journal of Political Economy, 1989, 97 (5): 1003 – 1026.

［85］ OECD. Knowledge – based capital and upgrading in global value chains, in supporting investment in knowledge capital, growth and innovation ［C］. OECD Publishing, 2013.

［86］ Okafor L E, Bhattacharya M, Bloch H. Imported intermediates, absorptive capacity and productivity: Evidence from Ghanaian manufacturing firms ［J］. World Economy, 2017, 40 (2): 369 – 392.

［87］ Page Scott E. Path dependence ［J］. Quarterly Journal of Political Science, 2006, 1 (1): 87 – 115.

［88］ Philips P, Moon H R. Linear regression limit theory for nonstationary panel data ［J］. Econometrica, 1999, 67 (5): 1057 – 1111.

［89］ Pitts B G. Fielding, industry segmentation theory and the sport industry: Developing a sport industry segment model ［J］. Sport Marketing Quarterly, 1994, 3 (1): 15 – 24.

［90］ Porter M E. Competitive advantage: Creating and sustaining superior performance ［M］. New York: Free Press, 1985.

［91］ Powell W W. Neither market nor hierarchy: Network forms of organization ［J］. Research in Organizational Behavior. Greenwich, 1990 (12): 295 – 336.

［92］ Raphael Auer, Claudio Borio and Andrew Filardo. The Globalisation of inflation: The growing importance of global value chains ［R］. BIS Working Pager No. 602, 2017.

［93］ Romer P M. Increasing returns and long – run growth ［J］. Journal of Political Economy, 1986, 94 (5): 1002 – 1037.

［94］ Schmitz H. Learning and earning in global garment and footwear chains ［J］. The European Journal of Development Research, 2006, 18 (4): 546 – 571.

［95］ Schmitz H. Local upgrading in global chains: Recent findings ［R］. Paper to be Presented at the DRUID Summer Conference, 2004.

[96] Senguta J. Dynamics of industry growth [M]. New York: Springer, 2012.

[97] Sheshinki E. Optimal accumulation with learning by doing [M] // Shell K. ed., Essays on the theory of optimal economic growth. Cambridge MA, MIT Press, 1967.

[98] Solow R M. A contribution to the theory of economic growth [J]. Econometrica, 1956, 37 (3): 382 – 397.

[99] Solow R M. Learning from "Learning – by – doing" [M]. MIT Press, 1997.

[100] Staritz C, Gereffi G, Cattaneo O. Special issue on "Shifting end market and upgrading prospects in global value chains" [J]. International Journal of Technological Learning, Innovation and Development, 2011, 4 (1 – 3).

[101] Sutton J. Quality, trade and the moving window: The globalization process [J]. The Economic Journal, 2007, 117 (524): F469 – F498.

[102] Swan T W. Economic growth and capital accumulation [J]. Economic Record, 1956, 32 (2): 334 – 361.

[103] Timmer M P, Erumban A A, Los B. et al. Slicing up global value chains [J]. Journal of Economic Perspectives, 2014, 28 (2): 99 – 118.

[104] Topalova P, Khandelwal A. Trade liberalization and firm productivity: The case of India [J]. Review of Economics and Statistics, 2011, 93 (3): 995 – 1009.

[105] UNCTAD. World investment report 2013: Global value chains: Investment and trade for development [R]. United Nations Conference on Trade and Development, 2013.

[106] UNIDO, Global value chains and development: UNIDO's support towards inclusive and sustainable industrial development [R]. Vienna, 2015.

[107] UNIDO. Inserting local industries into global value chains and global production networks: Opportunities and challenges for upgrading with a focus on Asia [J]. Working Papers, 2004.

[108] Upward R, Wang Z, Zhang J. Weighing china's export basket: The domestic content and technology intensity of Chinese exports [J]. Journal of Comparative Economic, 2013, 41 (2): 527 – 543.

[109] Valentina De Marchi, Elisa Giuliani, Roberta Rabellotti. Do global value chains offer developing countries learning and innovation opportunities? [J]. The Eu-

ropean Journal of Development Research, 2018（30）：389 –407.

［110］Wang Z, Wei S J, Yu X, Zhu K. Characterizing global value chains：Production length and upstreamness［R］. NBER Working Paper No. 23261, 2017.

［111］Weder R. How domestic demand shapes the pattern of international trade［J］. World Economy, 1996, 19（3）：273 –286.

［112］WIPO. Intangible capital in global value chains—world intellectual property report［R］. Geneva, 2017.

［113］WOO Jacjoon. Technological upgrading in China and India：What do we know?［R］. OECD Development Center, Working Paper No. 308, 2016.

［114］World Bank, WTO. Global value chain development report（2019）：Technological innovation, supply chain, trade, and workers in a globalized world［R］. Geneva, 2019.

［115］Ahmed, Swarnali, Maximiliano Appendino, Michele Ruta. 全球价值链与出口汇率弹性［A］//郑艳玲. 全球价值链理论研究与实践应用［C］. 北京：中国商务出版社，2017.

［116］Nadim Ahmad, Annalisa Primi. 从国内到区域再到全球［A］//［美］杜大伟，莱斯，王直. 全球价值链发展报告（2017）［C］. 北京：社会科学文献出版社，2018：101.

［117］［澳］杨小凯，黄有光. 专业化与经济组织——一种新兴古典微观经济学框架［M］. 张玉纲译. 北京：经济科学出版社，1999.

［118］［美］H. 钱纳里等. 工业化和经济增长的比较研究［M］. 吴奇等译. 上海：上海三联书店，上海人民出版社，1995.

［119］［美］保罗·克鲁格曼. 克鲁格曼国际贸易新理论［M］. 黄胜强译. 北京：中国社会科学出版社，2001.

［120］［美］戴维·罗默. 高级宏观经济学［M］. 北京：商务印书馆，1999.

［121］［美］加里·杰里菲等. 全球价值链和国际发展：理论框架、研究发现和政策分析［M］. 上海：上海人民出版社，2017.

［122］［美］罗斯托. 经济增长理论史：从大卫·休谟至今［M］. 陈春良等译. 杭州：浙江大学出版社，2016.

［123］［美］迈克尔·波特. 竞争论［M］. 刘宁等译. 北京：中信出版社，2009.

［124］［美］迈克尔·波特. 国家竞争优势［M］. 李明轩，邱如美译. 北京：华夏出版社，2002.

［125］［美］韦尔．经济增长［M］．金志农，古和今译．北京：中国人民大学出版社，2007.

［126］［美］伍德里奇．计量经济学导论：现代观点（第三版）［M］．北京：清华大学出版社，2007：200－204，715－717.

［127］［美］熊彼特．经济发展理论［M］．何畏，易家祥等译．北京：商务印书馆，1990.

［128］［美］雅各布·明塞尔．人力资本研究［M］．张凤林译．北京：中国经济出版社，2001.

［129］［日］Satoshi Inomata．全球价值链分析框架：综述［A］∥［美］杜大伟，莱斯，王直．全球价值链发展报告（2017）［C］．北京：社会科学文献出版社，2018：27.

［130］［英］阿弗里德·马歇尔．经济学原理［M］．廉运杰译．北京：华夏出版社，2017：289－290.

［131］［英］弗里曼，苏特．工业创新经济学（第三版）［M］．华宏勋等译．北京：北京大学出版社，2004.

［132］鲍芳芳．中国体育用品制造业的比较优势研究［D］．北京：北京体育大学，2013.

［133］蔡昉，王德久，王美艳．工业竞争力与比较优势——WTO框架下提高我国工业竞争力的方向［J］．管理世界，2003（2）：58－70.

［134］蔡昉．劳动力成本提高条件下如何保持竞争力［J］．开放导报，2007（1）：27－29.

［135］蔡昉．转向高质量发展"三谈"［N］．经济日报，2018－02－08.

［136］蔡昉等．改革开放40年与中国经济发展［J］．经济学动态，2018（8）：4－17.

［137］陈丰龙，徐康宁．本土市场规模与中国制造业全要素生产率［J］．中国工业经济，2012（5）：44－56.

［138］陈颀．经济新常态下我国体育用品制造企业主要财务指标比较及对策研究［J］．武汉体育学院学报，2017（9）：34－41.

［139］陈羽，邝国良．"产业升级"的理论内核及研究思路述评［J］．改革，2009（10）：85－89.

［140］程承坪，张旭，程莉．工资增长对中国制造业国际竞争力的影响研究——基于中国1980－2008年数据的实证分析［J］．中国软科学，2012（4）：60－67.

［141］程林林．当代中国体育利益格局演化研究［M］．北京：学习出版

社，2011.

[142] 戴翔，刘梦，张为付. 本土市场规模扩张如何引领价值链攀升 ［J］. 世界经济，2017（9）：27－50.

[143] 戴翔. 中国制造业国际竞争力：基于贸易附加值的测算 ［J］. 中国工业经济，2015（1）：78－88.

[144] 当代上海研究所. 长江三角洲发展报告：转型发展与产业升级 ［M］. 上海：上海人民出版社，2012.

[145] 董强等. 我国省域体育用品制造业企业竞争力的实证研究 ［J］. 武汉体育学院学报，2017，51（9）：42－46.

[146] 杜江静. "中国制造2025" 战略下我国体育用品业国际竞争力提升研究 ［J］. 南京体育学院学报，2017（6）：52－57.

[147] 对外经济贸易大学，联合国工业发展组织（UIBE 和 UNIDO）. 全球价值链与工业发展：来自中国、东南亚和南亚的经验 ［M］. 赵静译. 北京：社会科学文献出版社，2019.

[148] 樊烨. 体育用品制造业 ［M］//江小娟等. 体育产业的经济学分析：国际经验及中国案例. 北京：中信出版社，2018.

[149] 菲利普·阿吉翁，彼特·霍依特. 内生增长理论 ［M］. 北京：北京大学出版社，2004.

[150] 冯伟，李嘉佳. 本土市场规模与产业升级：需求侧引导下的供给侧改革 ［J］. 云南财经大学学报，2018（10）：13－26.

[151] 冯伟. 本土市场规模与产业生产率：来自中国制造业的经验研究 ［J］. 财贸研究，2015（5）：11－18.

[152] 全国唯一！晋江获评运动鞋服产业执行品牌创建示范区 ［N］. 福建日报，2018－01－22.

[153] 高启明. 全球化条件下我国通用航空制造业转型升级的策略选择 ［J］. 改革，2013（6）：43－50.

[154] 高涛，荣思军. 全球产业价值链视角下我国体育用品制造业升级途径研究 ［J］. 福建体育科技，2016，35（6）：1－3，7.

[155] 高煜. 国内价值链构建中的产业升级机理研究 ［M］. 北京：中国经济出版社，2011.

[156] 耿晔强，郑超群. 中间品贸易自由化、进口多样性与企业创新 ［J］. 产业经济研究，2018（2）：39－52.

[157] 郭春丽等. 正确认识和有效推动高质量发展 ［J］. 宏观经济管理，2018（4）：18－25.

［158］郭京京，穆荣平，张婧婧等．中国产业国际竞争力演变态势与挑战
［J］．中国科学院院刊，2018（1）：56－67．

　　［159］国家体育总局经济司．国家体育产业统计分类［EB/OL］．（2015－
09－18）［2018－01－16］．http：//www．sport．gov．cn/n315/n329/c216782/con-
tent_ 1.html．

　　［160］国务院发展研究中心课题组．金融危机对全球供应链的影响与中国的
战略［M］．北京：中国发展出版社，2013．

　　［161］黄群慧．改革开放40年中国的产业发展与工业化进程［J］．中国工
业经济，2018（9）：5－23．

　　［162］黄群慧．经济形势年中看：工业高质量发展基础不断夯实［N］．人
民日报，2018－08－09．

　　［163］黄群慧．中国制造当积极应对"双端挤压"［N］．人民日报，2015－
06－25（5）．

　　［164］黄先海，杨高举．中国高技术产业的国际分工地位研究：基于非竞争
型投入产出模型的跨国分析［J］．世界经济，2010（5）：82－100．

　　［165］纪月清等．进口中间品、技术溢出与企业出口产品创新［J］．产业
经济研究，2018（5）：54－65．

　　［166］加里·杰里菲等．全球价值链和国际发展：理论框架、研究发现和政
策分析［M］．上海：上海人民出版社，2018．

　　［167］贾根良，刘书翰．生产性服务业：构建中国制造业国家价值链的关键
［J］．学术月刊，2012，44（12）：60－67．

　　［168］江静，路瑶．要素价格与中国产业国际竞争力：基于ISIC的跨国比
较［J］．统计研究，2010（8）：56－65．

　　［169］江静．全球价值链视角下的中国产业发展［M］．南京：南京大学出
版社，2014．

　　［170］江亮．中国体育用品业品牌化战略研究［M］．北京：北京体育大学
出版社，2018．

　　［171］江小涓，李蕊．FDI对中国工业增长和技术进步的贡献［J］．中国工
业经济，2002（7）：5－16．

　　［172］江小涓等．体育产业的经济学分析：国际经验及中国案例［M］．北
京：中信出版社，2018．

　　［173］江小涓等．体育消费：发展趋势与政策导向［M］．北京：中信出版
社，2020．

　　［174］江小娟．中国体育产业：发展趋势及支柱地位［J］．管理世界，

2018 (5)：1 – 9.

[175] 姜青克，戴一鑫，郑玉．进口中间品技术溢出与全要素生产率 [J]．产业经济研究，2018 (5)：99 – 112.

[176] 焦亮亮，张玉超，周敏．国内外体育用品业在华专利授权比较分析 [J]．体育成人教育学刊，2016 (4)：14 – 17.

[177] 金碚，李鹏飞，廖建辉．中国产业国际竞争力现状及演变趋势——基于出口商品的分析 [J]．中国工业经济，2013 (5)：5 – 17.

[178] 金碚．中国工业国际竞争力——理论、方法与实证研究 [M]．北京：经济管理出版社，1997.

[179] 金碚．产业国际竞争力研究 [J]．中国工业经济，1996 (11)：39 – 44，59.

[180] 金碚．工业的使命和价值——中国产业转型升级的理论逻辑 [J]．中国工业经济，2014 (9)：51 – 64.

[181] 金碚．全球化新时代的中国产业转型升级 [J]．中国工业经济，2017 (6)：41 – 46.

[182] 孔令夷．我国体育用品业发展现状、特征及趋势预测 [J]．科学管理研究，2013 (18)：212 – 220.

[183] 李碧珍等．价值链视域下体育用品制造业服务化转型路径及其实践探索 [J]．福建师范大学学报 (哲学社会科学版)，2017 (5)：16 – 27.

[184] 李滨，刘兵．全球价值链新动向对我国体育用品业发展的启示 [J]．上海体育学院学报，2017，41 (2)：25 – 29，46.

[185] 李博．产业结构优化升级的综合测评和动态监测研究 [M]．武汉：华中科技大学出版社，2013.

[186] 李采丰，白震．基于全球价值链驱动力视角审视我国运动鞋业集群升级 [J]．成都体育学院学报，2013 (12)：36 – 40.

[187] 李春顶，尹翔硕．我国出口企业的"生产率悖论"及其解释 [J]．财贸经济，2009 (11)：84 – 90，111，137.

[188] 李春顶．中国企业"出口—生产率悖论"研究综述 [J]．世界经济，2015 (5)：148 – 175.

[189] 李锋．异质企业与中国企业升级 [M]．北京：社会科学文献出版社，2015.

[190] 李钢，刘吉超．入世十年中国产业国际竞争力的实证分析 [J]．财贸经济，2012 (8)：88 – 96.

[191] 李加鹏，陈海春．福建省体育产品制造业发展影响因素未来趋势及实

证分析研究［J］．福建体育科技，2018，37（2）：1－4，12.

［192］李建军．我国体育用品本土品牌建设：基于产业价值链视角［M］．北京：经济管理出版社，2018.

［193］李明，邹玉玲．中外体育产业比较与思考［M］．长春：吉林人民出版社，2005.

［194］李书娟．体育用品制造业效率评价研究：以湖北为例［J］．首都体育学院学报，2017，29（4）：318－322.

［195］李骁天，王莉．对我国体育用品产业市场结构特征的研究［J］．体育科学，2007，27（5）：15－22.

［196］李晓华．中国工业的发展差距与转型升级路径［J］．经济研究参考，2013（51）：15－30.

［197］李晓华．中国国际直接投资角色的转变［J］．当代经济管理，2015（12）：44－53.

［198］李晓钟．FDI 对我国纺织服装业技术溢出效应分析［J］．财贸经济，2009（7）：88－93，136.

［199］李子奈，叶阿忠．高级应用计量经济学［M］．北京：清华大学出版社，2012.

［200］联合国贸易和发展组织（UNCTAD）．世界投资报告 2013：全球价值链：促进发展的投资与贸易［M］．北京：经济管理出版社，2013.

［201］梁军．全球价值链框架下发展中国家产业升级研究［J］．天津社会科学，2007（4）：86－92.

［202］梁希，袁云．嵌入 GVC 的我国体育用品制造业定位于升级路径选择［J］．当代体育科技，2017（15）：233－237.

［203］林毅夫．繁荣的求索：发展中经济如何崛起［M］．张建华译．北京：北京大学出版社，2012.

［204］刘洪铎，陈明珊．中、美、日体育用品出口质量的测度及比较［J］．上海体育学院学报，2018，42（2）：52－58.

［205］刘世锦．"十二五"应以发展方式实质性转变为主线［N］．经济参考报，2010－02－24（6）．

［206］刘仕国，吴海英，马涛等．利用全球价值链促进产业升级［J］．国际经济评论，2015（1）：64－84.

［207］刘雪娇．GVC 格局、ODI 逆向技术溢出与制造业升级路径研究［D］．北京：对外经济贸易大学，2017.

［208］刘耀彬，姚成胜，白彩全．产业经济学模型与案例分析［M］．北

京：科学出版社，2015.

　　［209］刘勇．新时代传统产业转型升级：动力、路径与政策［J］．学习与探索，2018（11）：102－109.

　　［210］刘志彪，凌永辉．结构转换、全球生产率与高质量发展［J］．管理世界，2020（7）：15－28.

　　［211］刘志彪，张杰．全球代工体系下发展中国家俘获型网络的形成、突破与对策——基于 GVC 与 NVC 的比较视角［J］．中国工业经济，2007（5）：39－47.

　　［212］刘志彪．"一带一路"倡议下全球价值链重构与中国制造业振兴［J］．中国工业经济，2017（6）：35－41.

　　［213］刘志彪．利用和培育国内市场问题的研究［J］．学术研究，2019（10）：76－84.

　　［214］刘志彪．全球化背景下中国制造业升级的路径与品牌战略［J］．财经问题研究，2005（5）：25－31.

　　［215］刘志彪．战略历年与实现机制：中国第二波经济全球化［J］．学术月刊，2013（1）：88－96.

　　［216］刘志迎．现代产业经济学教程［M］．北京：科学出版社，2013.

　　［217］隆国强．全球化背景下的产业升级新战略——基于全球生产价值链的分析［J］．国际贸易，2007（7）：27－34.

　　［218］卢泽华．提升体育用品产业"附加值"［N］．人民日报（海外版），2016－08－29.

　　［219］吕越，陈帅，盛斌．嵌入全球价值链会导致中国制造的"低端锁定"吗？［J］．管理世界，2018（8）：11－29.

　　［220］吕越，黄艳希，陈勇兵．全球价值链嵌入的生产率效应：影响与机制分析［J］．世界经济，2017（7）：28－49.

　　［221］马海燕．中国服装产业国际竞争力研究：全球价值链的视角［M］．北京：中国地质大学出版社，2010.

　　［222］马述忠，吴国杰．中间品进口、贸易类型与企业出口产品质量——基于中国企业微观数据的研究［J］．数量经济技术经济研究，2016（11）：77－93.

　　［223］马述忠，郑博文．中国企业出口行为与生产率关系的历史回溯：2001—2007［J］．浙江大学学报（人文社会科学版），2010（5）：144－153.

　　［224］马向文，靳磊，白震．全球价值链下我国晋江运动鞋业集群升级的研究［J］．北京体育大学学报，2011，34（8）：9－12.

　　［225］马轶群．我国体育用品产业存在"生产率悖论"吗？——基于我国

体育用品生产企业数据的检验 [J]．成都体育学院学报，2017（6）：21 – 26.

[226] 毛日昇．中国制造业贸易竞争力及其决定因素分析 [J]．管理世界，2006（8）：65 – 75.

[227] 茅锐，张斌．中国的出口竞争力：事实、原因与变化趋势 [J]．世界经济，2013（12）：3 – 28.

[228] 倪红福．全球价值链测度理论及应用研究新进展 [J]．中南财经政法大学学报，2018（3）：115 – 126.

[229] 牛建国，张世贤．全球价值链视角下的中国传统制造业国际竞争力与要素价格影响的非线性效应研究 [J]．经济问题探索，2019（8）：81 – 91.

[230] 牛建国，张世贤．全球价值链影响与制造业升级的动力演化研究 [J]．山东财经大学学报，2020（4）：54 – 69.

[231] 牛建国．企业家精神的“二重性”与后发企业的技术赶超 [J]．企业经济，2018（11）：63 – 69.

[232] 潘磊．FDI 和我国对外直接投资对体育用品制造业进出口贸易影响的实证研究——基于 2003 – 2012 年数据 [J]．湖北函授大学学报，2016，29（7）：103 – 106.

[233] 彭训文．体育用品迎来新“黄金十年” [N]．人民日报（海外版），2017 – 05 – 31.

[234] 皮建才，赵润之．我国企业在全球价值链中不同攀升路径的比较分析 [J]．国际经贸探索，2017（12）：37 – 51.

[235] 钱学锋，王菊蓉，黄云湖等．出口与中国工业企业的生产率——自我选择效应还是出口学习效应 [J]．数量经济技术经济研究，2011（2）：37 – 51.

[236] 任若恩．关于中国制造业国际竞争力的进一步研究 [J]．经济研究，1998（2）：3 – 13

[237] 芮明杰，富立友，陈晓静．产业国际竞争力评价理论与方法 [M]．上海：复旦大学出版社，2009：23.

[238] 邵安菊．基于“产品内分工视角”的上海制造业价值链重构与产业升级研究 [J]．经济体制改革，2013（4）：106 – 109.

[239] 沈利生，王恒．增加值率下降意味着什么 [J]．经济研究，2006（3）：59 – 66.

[240] 盛斌．中国对外贸易政策的政治经济分析 [M]．上海：上海人民出版社，2002.

[241] 石奇．产业经济学 [M]．北京：中国人民大学出版社，2011.

[242] 司徒绰，周坤，吴兆红．中国体育用品出口增长的三元边际及其影响

因素 [J]. 武汉体育学院学报，2019，53（4）：41-48.

[243] 宋泓. 悖论背后的原因 [J]. 世界经济，2015（5）：179-180.

[244] 宋泓. 战略性新兴产业的发展——宁波和国内相关城市比较研究 [M]. 北京：中国社会科学出版社，2013.

[245] 孙军，梁东黎. 全球价值链、市场规模与发展中国家产业升级机理分析 [J]. 经济评论，2010（4）：34-45.

[246] 孙婷，于东华. 中国制造业国际竞争力要素价格关系研究：基于中国28个制造业行业的实证分析 [J]. 上海经济研究，2016（5）：10-18，57.

[247] 谈艳，张莹，陈颇. 中国体育用品制造业升级的影响因素研究——基于省（市）级面板数据的实证 [J]. 沈阳体育学院学报，2017，36（1）：38-42.

[248] 覃毅，张世贤. FDI 对中国工业企业效率影响的路径——基于中国工业分行业的实证研究 [J]. 中国工业经济，2011（11）：68-78.

[249] 汤二子. 中国企业"出口—生产率悖论"：理论裂变与检验重塑 [J]. 管理世界，2017（2）：30-42，187.

[250] 唐宜红，俞峰，李兵. 外商直接投资对中国企业创新的影响——基于中国工业企业数据与企业专利数据的实证检验 [J]. 武汉大学学报（哲学社会科学版），2019（1）：104-120.

[251] 体育社会科学研究状况与发展趋势课题组. 我国体育社会科学研究状况与发展趋势 [M]. 北京：人民体育出版社，1998：34.

[252] 田巍，余淼杰. 中间品贸易自由化和企业研发：基于中国数据的经验分析 [J]. 世界经济，2014（6）：90-112.

[253] 田巍，余淼杰. 企业出口强度与进口中间品贸易自由化：来自中国企业的实证研究 [J]. 管理世界，2013（1）：28-44.

[254] 涂颖清. 全球价值链视野下我国制造业升级研究 [M]. 南昌：江西人民出版社，2015.

[255] 王海杰等. 中国制造业全球价值链重构与地位提升研究：制度经济理论创新与应用 [M]. 北京：经济科学出版社，2017.

[256] 王岚，李宏艳. 中国制造业融入全球价值链路径研究——嵌入位置和增值能力的视角 [J]. 中国工业经济，2015（2）：76-88.

[257] 王学实，潘磊. 人民币有效汇率变动对我国体育用品制造业进出口贸易的影响——基于2003—2014年度数据的实证分析 [J]. 武汉体育学院学报，2018，52（4）：38-43.

[258] 王燕武，李文傅，李晓静. 基于单位劳动力成本的中国制造业国际竞

争力研究［J］．统计研究，2011（10）：60－67.

［259］王直，魏尚进，朱坤福．总贸易核算法：官方贸易统计与全球价值链的度量［J］．中国社会科学，2015（9）：108－127，205－206.

［260］魏和清，冒小栋，李燕辉．对体育产业总规模"1.7万亿"的若干解读——基于统计学视角［J］．武汉体育学院学报，2018（3）：11－16.

［261］魏太森，任悲涛，王少平．泉州体育用品制造业发展历史回顾与转型升级研究［J］．韶关学院学报，2019，40（6）：104－108.

［262］吴超林，杨晓生．体育产业经济学［M］．北京：高等教育出版社，2004.

［263］吴海英．全球价值链对产业升级的影响［D］．北京：中央财经大学，2016.

［264］吴建堂．"中国制造2025"战略背景下的体育用品制造业发展路径研究［J］．体育与科学，2016（9）：55－61.

［265］吴进红．开放经济与产业结构升级［M］．北京：社会文献出版社，2007.

［266］吴友富，章玉贵．中国自主品牌制造业的品牌升级路径［J］．上海管理科学，2008（2）：9－12.

［267］席艳乐，胡强．企业异质性、中间品进口与出口绩效——基于中国企业微观数据的实证研究［J］．产业经济研究，2014（5）：72－82.

［268］席玉宝，金涛．正确认识和界定体育用品与体育用品业［J］．北京体育大学学报，2006（7）：880－882.

［269］席玉宝等．中国体育用品产业与市场实证研究［M］．北京：北京体育大学出版社，2006.

［270］夏明，张红霞．跨国生产、贸易增加值与增加值率的变化——基于投入产出框架对增加值率的理论解析［J］．管理世界，2015（2）：32－44.

［271］向绍信．我国体育用品产业升级路径研究［J］．天津体育学院学报，2014，29（5）：415－420.

［272］项亚光等．国际体育用品转移承继历程、规律与经验借鉴［J］．哈尔滨体育学院学报，2018（1）：25－31.

［273］肖宇，夏杰长，倪红福．中国制造业全球价值链攀升路径［J］．数量经济技术经济研究，2019（11）：40－59.

［274］谢洪伟，张红艳．基于全球价值链理论的区域体育用品制造产业集群升级研究——以福建晋江为例［J］．南京体育学院学报，2009（5）：41－44.

［275］谢军，张博，白震．从GVC到NVC：我国体育用品产业升级路径的

研究〔J〕．体育学刊，2015（1）：28 – 32

［276］谢小平，傅元海．大国市场优势、消费结构升级与出口商品结构高级化〔J〕．广东财经大学学报，2018（4）：27 – 37.

［277］谢悦，王菊花，王振国．全球价值链背景下中国产业国际竞争力动态变迁及国际比较〔J〕．世界经济研究，2017（11）：100 – 112.

［278］邢中有．我国体育用品制造企业转型升级研究〔J〕．上海体育学院学报，2015（5）：12 – 17.

［279］徐康宁，冯伟．基于本土市场规模的内生化产业升级：技术创新的第三条道路〔J〕．中国工业经济，2010（11）：58 – 67.

［280］徐娜．中国制造企业全球价值链的嵌入与升级研究：以中国食品产业为例〔M〕．天津：南开大学出版社，2017.

［281］徐宁，皮建才，刘志彪．全球价值链还是国内价值链——中国代工企业的链条选择机制研究〔J〕．经济理论与经济管理，2014（1）：62 – 74.

［282］徐永鑫，吕玉萍．全球价值链理论视域下我国体育用品产业集群转移的研究〔J〕．武汉体育学院学报，2015，49（2）：39 – 43.

［283］许德友．以内需市场培育出口竞争力新优势：基于市场规模的视角〔J〕．学术研究，2015（5）：92 – 98.

［284］许家云，毛其淋，胡鞍钢．中间品进口与企业出口产品质量升级：基于中国证据的研究〔J〕．世界经济，2017（3）：52 – 75.

［285］许玲．基于边际产业扩张理论的中国体育用品业海外并购研究〔J〕．体育与科学，2011（3）：54 – 59，63.

［286］许培源，张华．包含 R&D 和干中学两类知识积累的内生增长模型〔J〕．宏观经济研究，2013（5）：47 – 52.

［287］许召元，胡翠．成本上升的产业竞争力效应研究〔J〕．数量经济技术经济研究，2014（8）：39 – 55.

［288］薛林峰，杨明．我国体育用品加工贸易转型升级研究〔J〕．武汉体育学院学报，2018（5）：42 – 49.

［289］杨丹辉．构建全球价值链治理新体系〔N〕．中国社会科学报，2016 – 08 – 24.

［290］杨丽丽，盛斌，吕秀梅. OFDI 的母国产业效应：产业升级抑或产业"空心化"——基于我国制造业行业面板数据的经验研究〔J〕．华东经济管理，2018（7）：93 – 101.

［291］杨明，李留东．基于全球价值链的我国体育用品产业升级路径及对策研究〔J〕．中国体育科技，2008，44（3）：3，41 – 46.

［292］杨明．我国体育用品制造业企业软实力构成要素研究［J］．中国体育科技，2016，52（5）：3－10，33.

［293］杨明．中国体育用品制造产业继续发展模式研究［M］．杭州：浙江大学出版社，2016.

［294］杨汝岱，朱诗娥．中国对外贸易结构与竞争力研究：1978—2006［J］．财贸经济，2008（2）：112－119，128.

［295］杨汝岱．中国企业"出口—生产率悖论"典型事实［J］．世界经济，2015（5）：182－183.

［296］杨天宇，陈明玉．消费升级对产业卖相中高端的带动作用：理论逻辑和经验证据［J］．经济学家，2018（11）：48－54.

［297］杨晓静．中国本土制造业价值链地位提升了吗？——基于出口国内技术含量的分析［J］．山东财经大学学报，2019（2）：72－83.

［298］姚枝仲．对《中国企业"出口—生产率悖论"研究综述》的评论［J］．世界经济，2015（5）：185－187.

［299］易先忠，高凌云．融入全球产品内分工为何不应脱离本土需求［J］．世界经济，2018（6）：53－76.

［300］易先忠，晏维龙，李陈华．国内大市场与本土企业出口竞争力——来自电子消费品行业的新发现及其解释［J］．财务经济，2016（4）：86－100.

［301］于春海，常海龙．再论我国制造业增加值率下降的原因——基于WIOD数据的分析［J］．经济理论与经济管理，2015（2）：20－30.

［302］余典范.2018中国产业发展报告：改革开放40年中国产业发展：转型升级与未来趋势［M］．上海：上海人民出版社，2018.

［303］余东华，田双．嵌入全球价值链对中国制造业转型升级的影响机理［J］．改革，2019（3）：50－60.

［304］岳中刚，刘志彪．零供发展困境、协同战略与内生化产业升级［J］．商业经济与管理，2013（11）：17－24.

［305］臧旭恒，杨惠馨，徐向艺．产业经济学［M］．北京：经济科学出版社，2015.

［306］张超．消费升级背景下消费者需求创造影响因素分析［J］．商业经济研究，2019（21）：48－50.

［307］张二震．全球化与中国发展道路的理论思考［J］．南京大学学报，2007（1）：43－49.

［308］张国胜．本土市场规模与产业升级：一个理论建构是研究［J］．产业经济研究，2011（4）：26－34.

［309］张宏伟，李雪冬．我国体育用品制造业全要素生产率分析［J］．首都体育学院学报，2012，24（6）：499－502.

［310］张宏伟．FDI 对我国体育用品制造业技术溢出效应分析［J］．体育科学，2010，30（4）：77－80.

［311］张辉．全球价值链下地方产业集群转型和升级［M］．北京：经济科学出版社，2006.

［312］张建华等．中国工业结构转型升级的原理、路径与政策［M］．武汉：华中科技大学出版社，2018.

［313］张杰，刘元春，郑文平．为什么出口会抑制中国企业增加值率？——基于政府行为的考察［J］．管理世界，2018（6）：12－27，187.

［314］张杰，郑文平．全球价值链下中国本土企业的创新效应［J］．经济研究，2017（3）：151－165.

［315］张鹏辉．中国制造业出口企业存在生产率悖论吗——基于企业出口状态转换的视角［J］．财贸研究，2016（5）：58－66.

［316］张强，阴腾龙，栗丽．体育用品国家价值链的构建及产业升级［J］．武汉体育学院学报，2016，50（2）：47－51.

［317］张瑞林．全球价值链视角下我国体育用品业的发展研究［J］．上海体育学院学报，2011，35（1）：39－43.

［318］张少军，刘志彪．国际贸易与内资企业的产业升级——来自全球价值链的组织和治理力量［J］．财贸经济，2013（2）：68－79.

［319］张少军，刘志彪．全球价值链模式的产业转移——动力、战略与对中国产业升级和区域协调发展的启示［J］．中国工业经济，2009（11）：5－15.

［320］张世贤，杨世伟，赵宏大．中国企业品牌竞争力指数报告（2011—2012）［M］．北京：经济管理出版社，2012.

［321］张世贤．现代品牌战略（2版）　［M］．北京：经济管理出版社，2013.

［322］张艳，唐宜红，李兵．中国出口企业"生产率悖论"——基于国内市场分割的解释［J］．国际贸易问题，2014（10）：23－33.

［323］张翊，陈雯，骆时雨．中间品进口对中国制造业全要素生产年率的影响［J］．世界经济，2015（9）：107－129.

［324］张颖．我国体育用品品牌竞争力研究［M］．北京：经济科学出版社，2016.

［325］郑芳，杨越．体育产业现状与分类［M］∥江小娟等．体育产业的经济学分析：国际经验及中国案例．北京：中信出版社，2018.

［326］郑海霞，任若恩．多边比较下的中国制造业国际竞争力研究：1980—2004［J］．经济研究，2005（12）：77 – 89.

［327］中国经济增长与宏观稳定课题组．干中学、低成本竞争和增长路径转变［J］．经济研究，2006（4）：4 – 14.

［328］中国商务部等 7 部委．关于加强国际合作提高我国产业全球价值链地位的指导意见［EB/OL］．［2016 – 12］（2018 – 10 – 09）．http：//www. mofcom. gov. cn/article/b/fwzl/201612/20161202061465. shtml.

［329］中国社会科学院工业经济研究所．中国工业发展报告 2016［M］．北京：经济管理出版社，2016.

［330］中国体育科学学会体育产业分会．中国体育及相关产业统计［M］．北京：人民体育出版社，2011.

［331］钟华梅，王兆红，程冬艳．体育用品出口贸易结构的稳定性及影响因素研究［J］．首都体育学院学报，2017，29（1）：13 – 16.

［332］钟华梅，王兆红．人口红利、劳动力成本与体育用品出口贸易竞争力关系的实证研究［J］．武汉体育学院学报，2018，52（6）：50 – 55.

［333］周建社，陶成武．体育用品产业链的结构与功能分析［J］．运动，2013（7）：130 – 132.

［334］周琢，徐建伟，傅钧文等．国际经济学国际理论前沿：全球价值链与失衡［M］．上海：上海社会科学院出版社，2017.

［335］朱允卫，易开刚．体育用品业的自主创新能力研究［J］．体育科学，2008，28（3）：3，16 – 27.

［336］左大培，杨春学等．经济增长理论模型的内生化历程［M］．北京：中国经济出版社，2007.

后记

　　书稿付梓之际，反而越发觉得本书有诸多方面需要进一步研究和完善，这或许就是学术研究的魅力所在。之所以选择这样一个特定产业进行研究，是基于多年的从业经历以及攻读博士阶段的学术研究。深入到一个特定产业中进行研究，往往不是一件易事，特别是体育用品制造业这样一个在通常的产业研究中并不受到"重视"的细分行业。研究中难免存在不足和瑕疵，欢迎提出宝贵的批评意见，共同促进我国体育用品制造业升级的相关研究。

　　本书研究能够顺利完成、书稿能够得以出版，需要感谢工作、求学、生活中的各位师长、同事、同窗、朋友和我的家人。在此特别感谢我的导师，中国社会科学院的张世贤研究员（教授），从研究到出版都离不开张老师的鼓励和支持。本书研究还要感谢中国社会科学院学部委员金碚研究员（教授），中国社会科学院刘戒骄研究员（教授），刘勇研究员（教授），北京师范大学戚聿东教授，中国人民大学李义平教授、方竹兰教授等老师和学术前辈的指导。同时，感谢山东女子学院和山东女子学院经济学院的领导与同事们，感谢项目组成员的支持与投入，感谢山东女子学院优秀学术著作出版基金项目和高层次人才引进科研项目的资助。书稿得以顺利付印，还要感谢经济管理出版社的鼎力支持，特别是高娅老师的耐心、细致和富有效率的工作。

牛建国
2021 年 6 月